Yoshiko Mizuno

# NÄHEN *perfekt*

## Die Grundlagen sauberen Nähens



stiebner

# Inhalt

Rechte Stoffseite



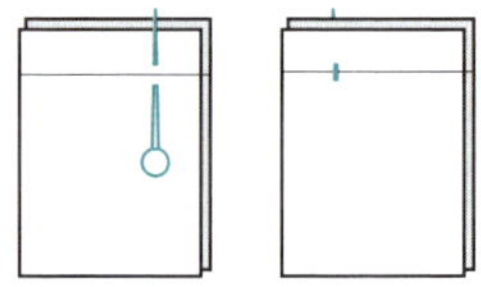



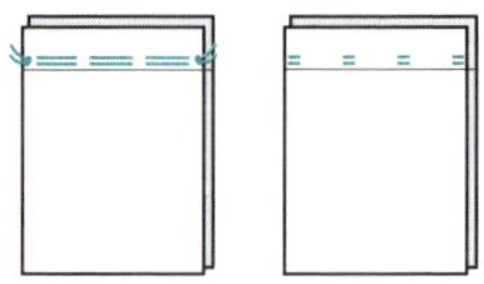



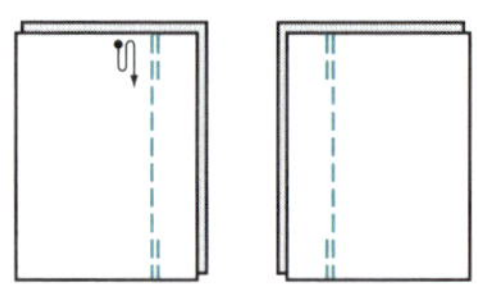



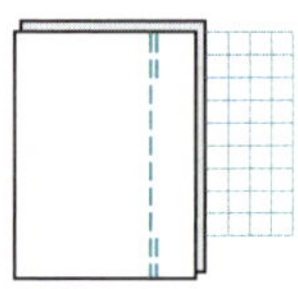



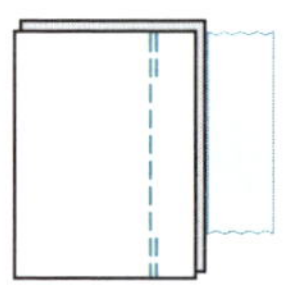



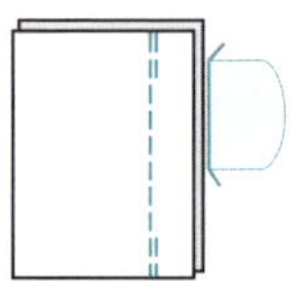



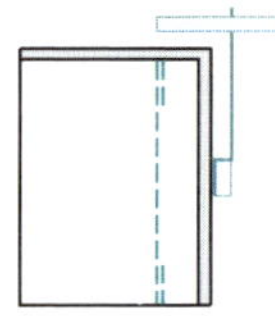



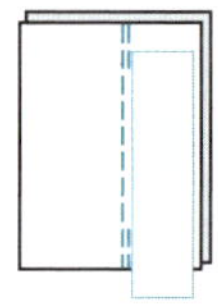



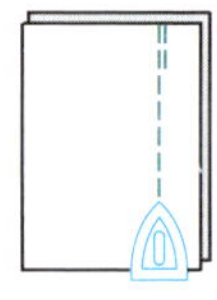



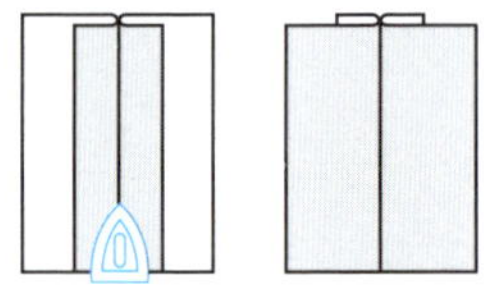



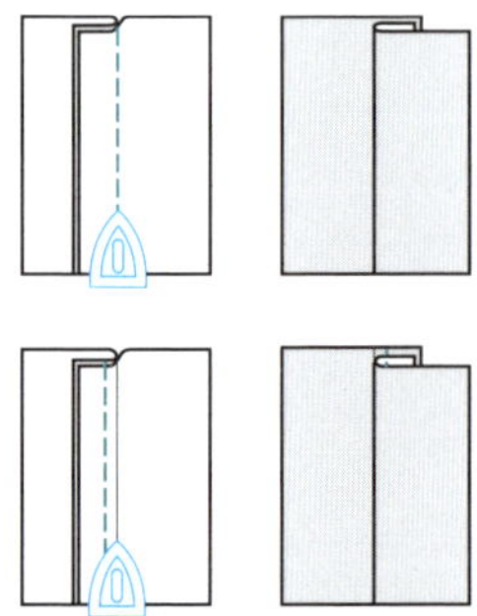



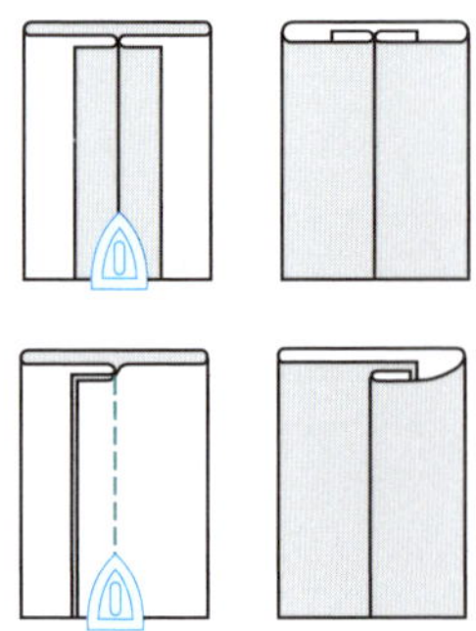

# Verstürzen

**Verstürzen...42**

Stoß an Stoß

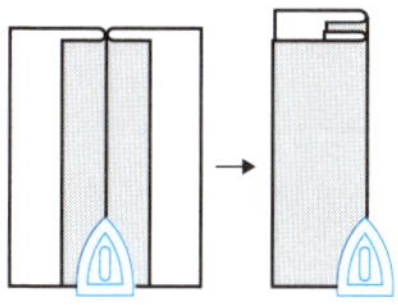

Naht nach innen versetzt

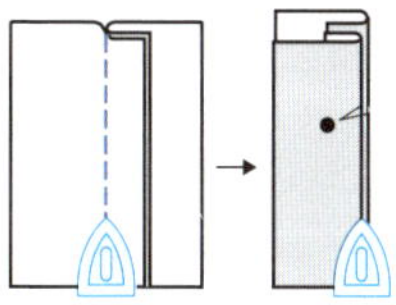

**Ecken...43**

Nach außen verstürzte Ecke

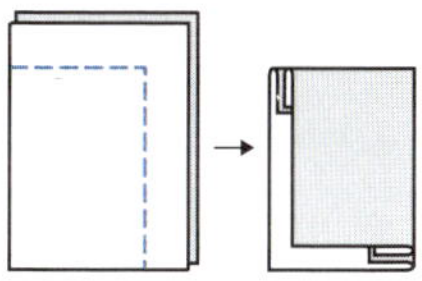

Nach außen verstürzte spitze Ecke

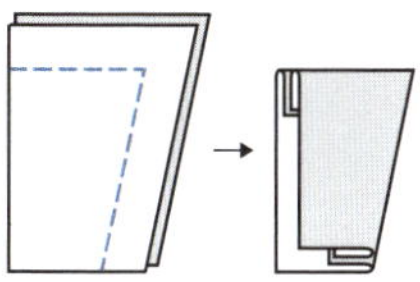

Nach innen verstürzte Ecke

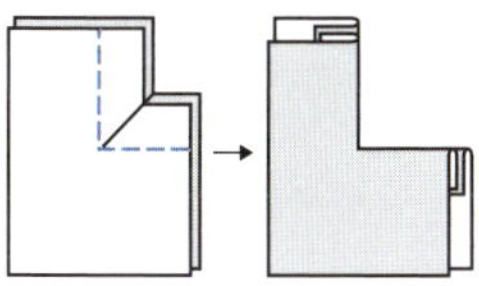

**Eckige Übergänge...50**

Zusammennähen von Außen- und Innenecken

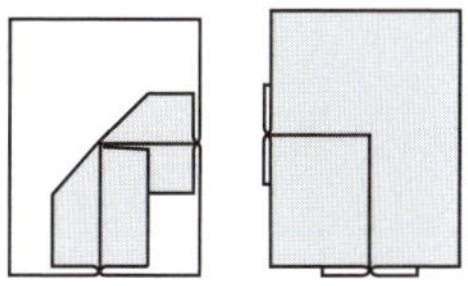

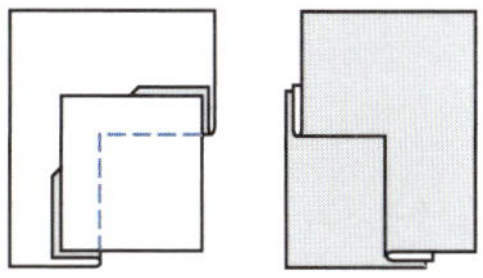

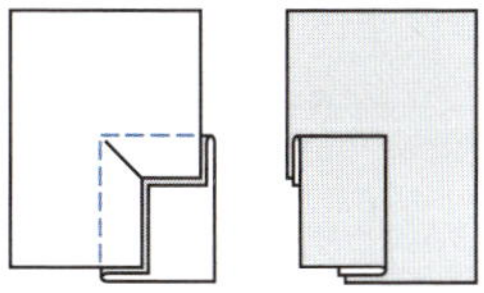

**Ecken und gerade Kanten...54**

Zusammennähen von Ecken und geraden Kanten

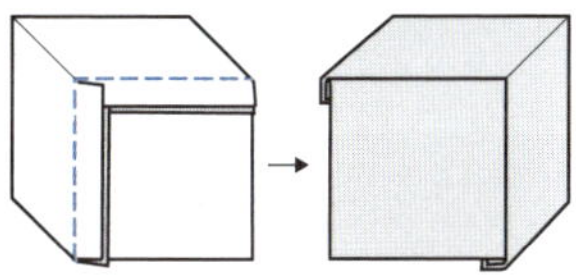

**Rundungen...56**

Nach außen verstürzte Rundungen

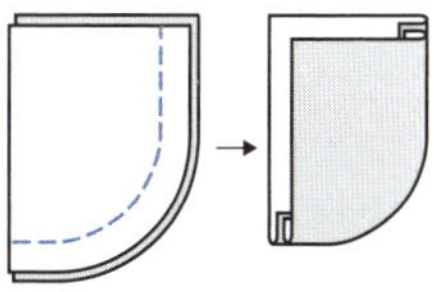

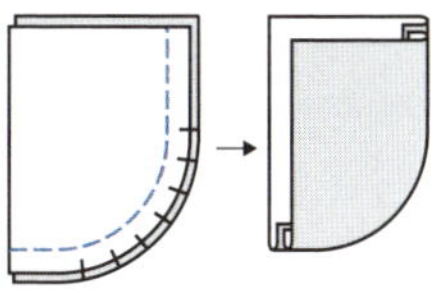

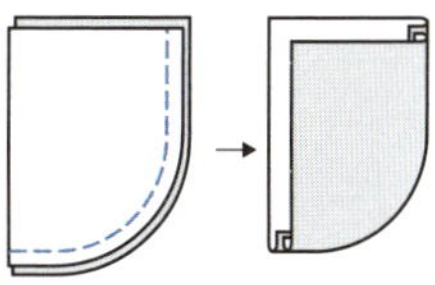

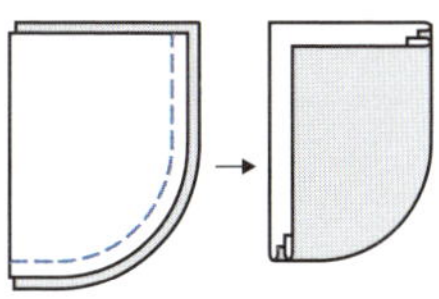

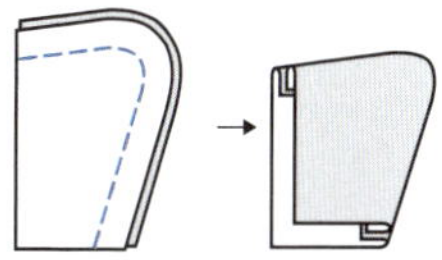

Nach innen verstürzte Rundungen

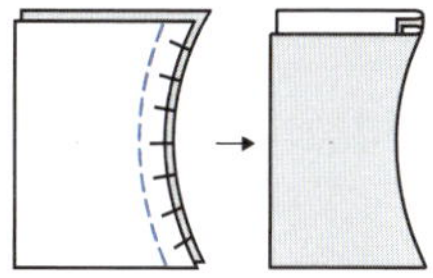

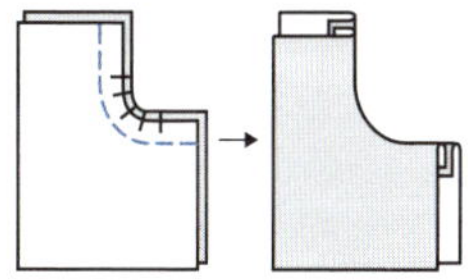

**Runde Übergänge...56**

Zusammennähen von Außen- und Innenrundungen

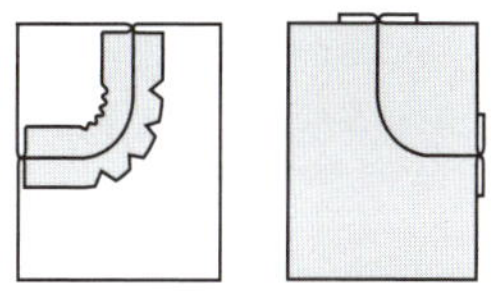

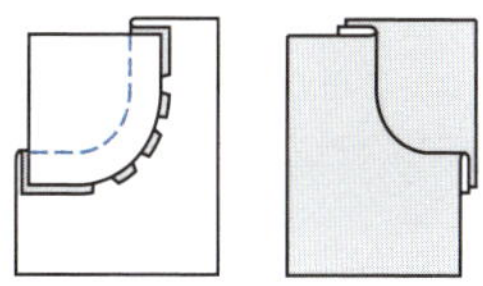

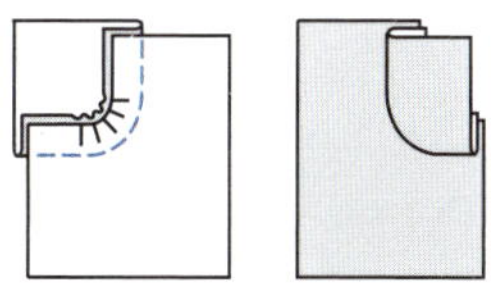

**Rundungen und gerade Kanten...70**

Boden von Röhren verstürzen

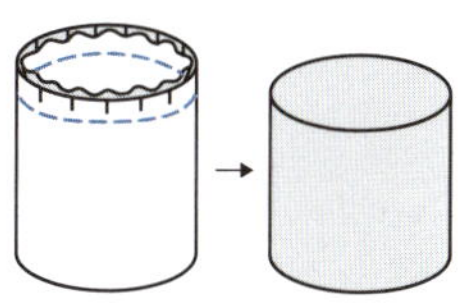

# Versäubern von Naht- und Saumzugaben

## ● Zickzacknaht...74

Zickzacknaht mit Abstand von der Stoffkante

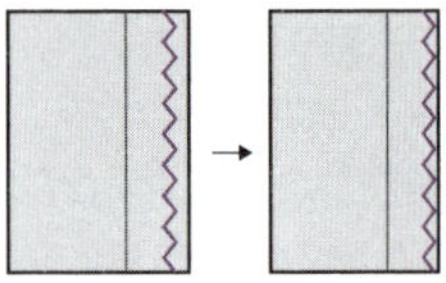

Zickzacknaht direkt an der Schnittkante

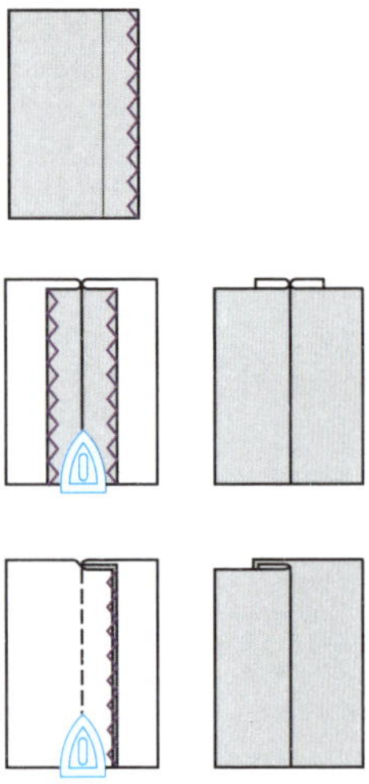

## ● Overlocknaht...76

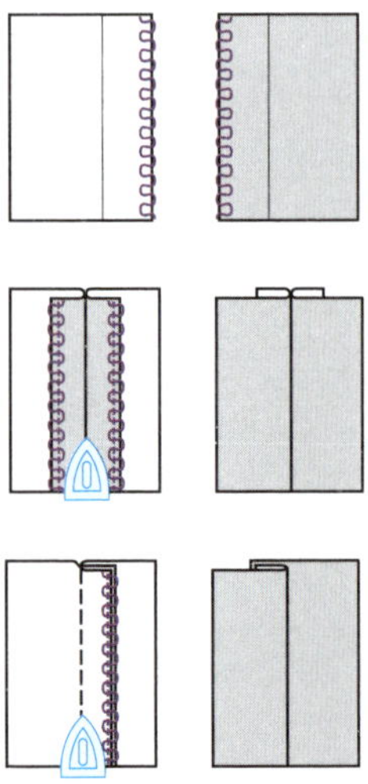

## ● Stütznaht...78

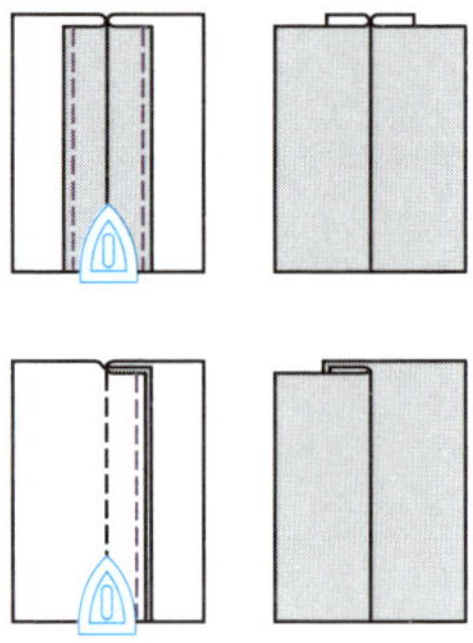

## ● Gesäumte Saumzugabe...79

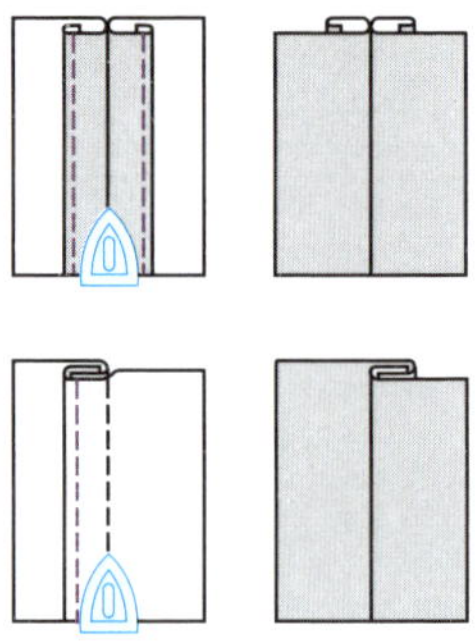

## ● Schnelle Jeansnaht...81

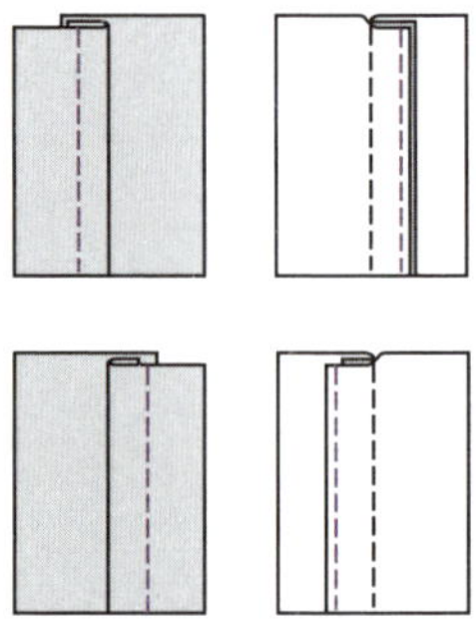

## ● Kappnaht...82

Nahtzugaben in eine Richtung

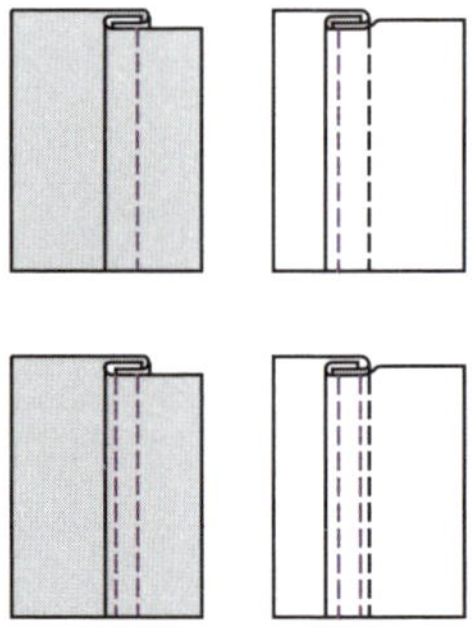

Auseinandergesteppte Naht

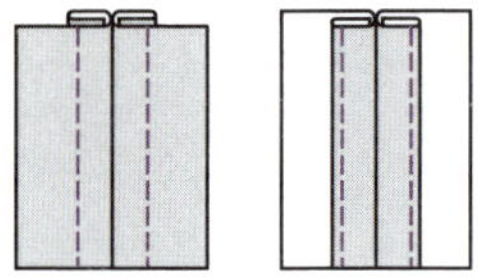

## ● Französische Naht...84

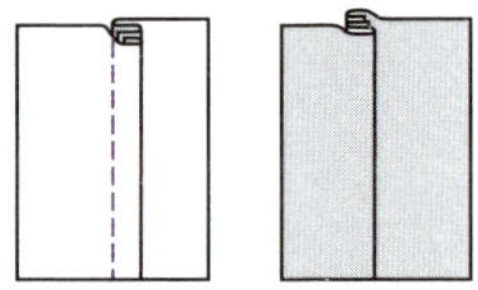

## ● Einfacher Saum...85

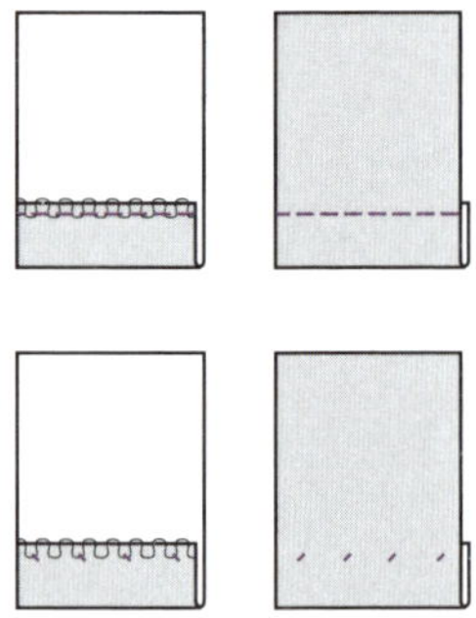

## ● Doppelter Saum...87

Echter Doppelsaum

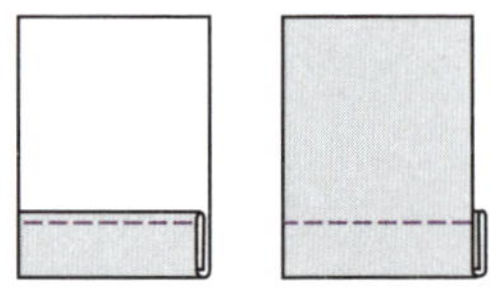

Knapp eingeschlagener Saum

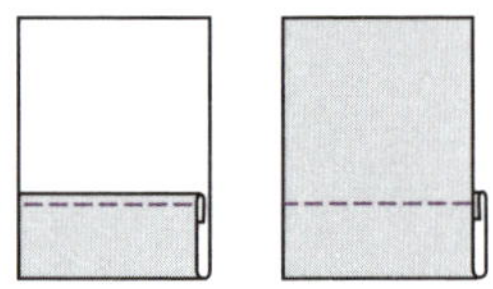

## Versäubern von Säumen



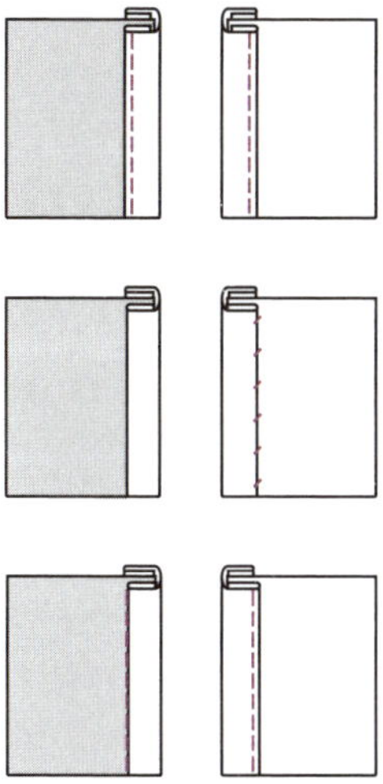

Schrägband nur auf der rechten Seite eingeschlagen

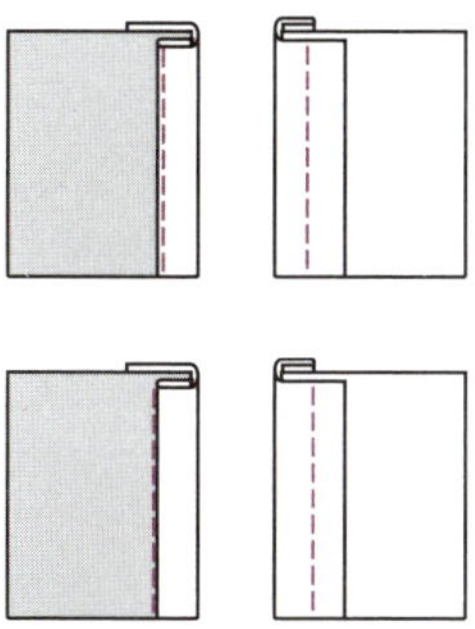



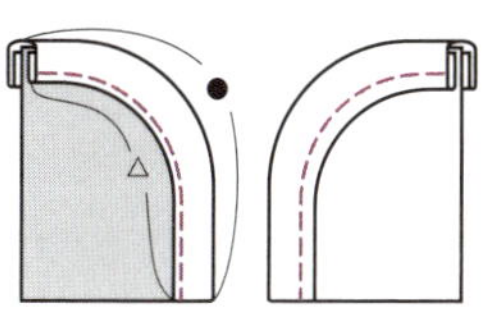

Innenrundung

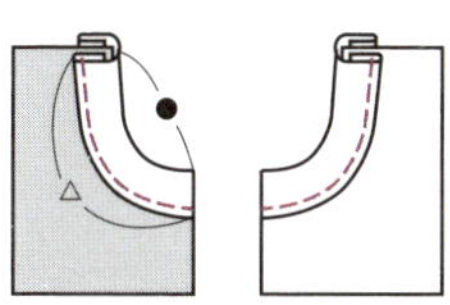



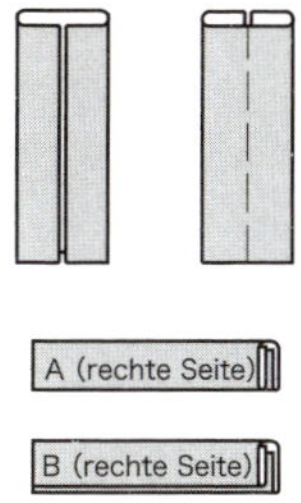




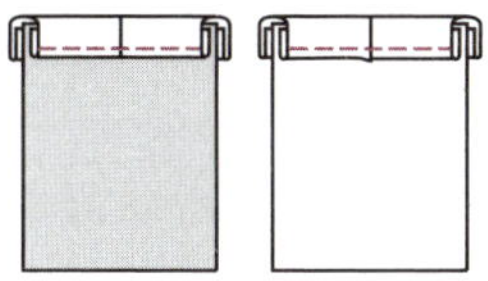



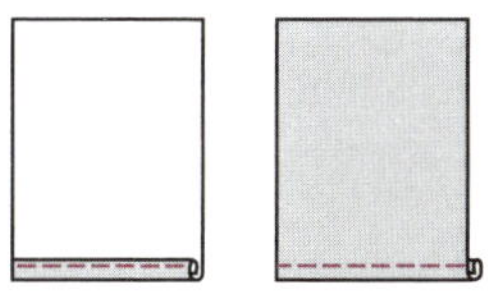

Verbinden von Rollsäumen

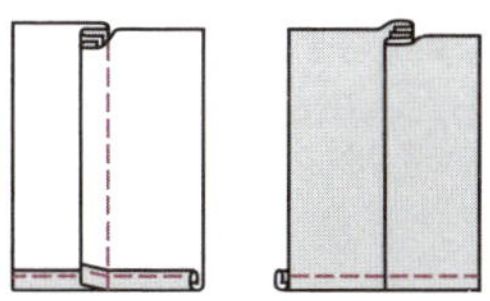



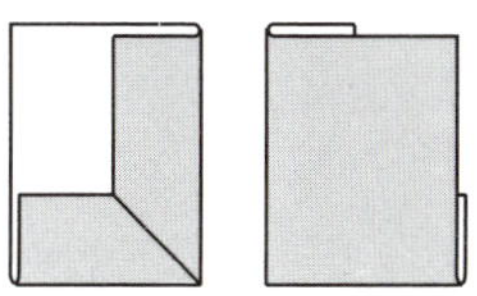

Breiter doppelter Saum

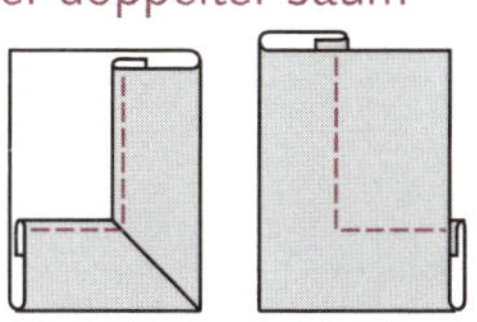

## Abschluss-arbeiten



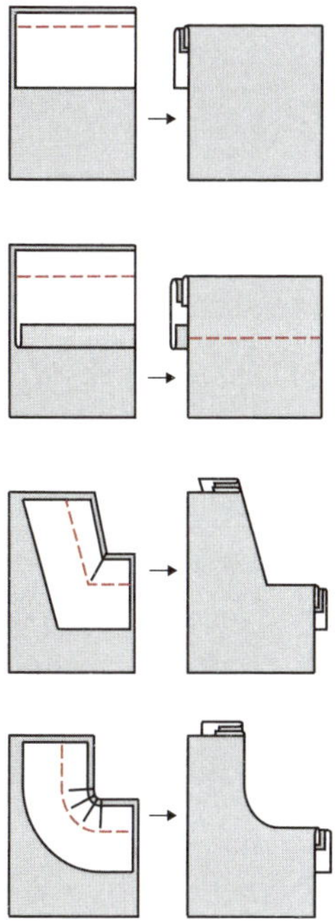

Besatzband

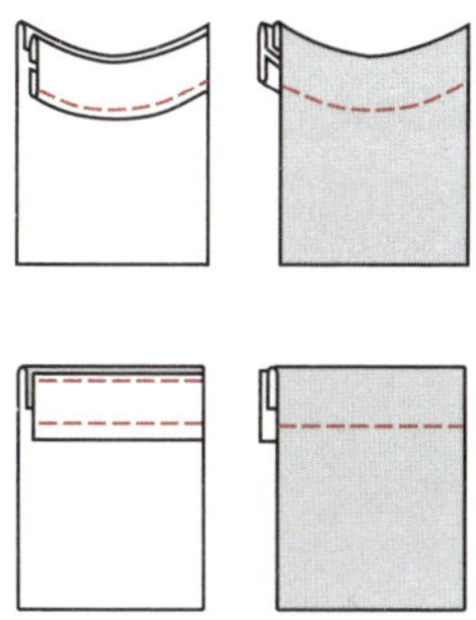



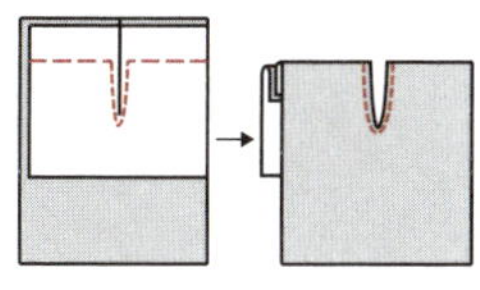

## Abnäher...110

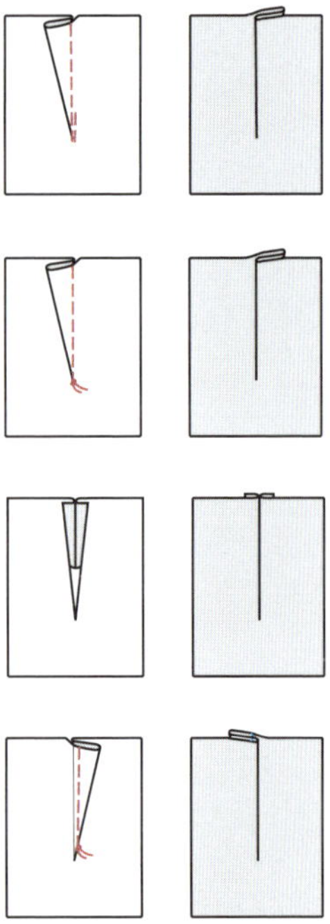

## Kräuseln...112

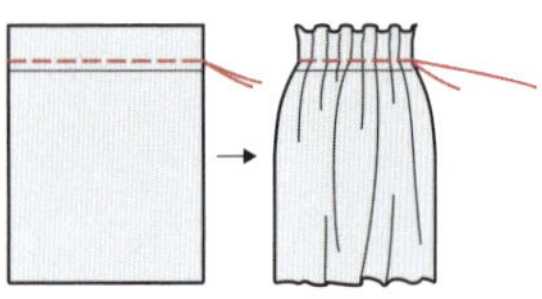

## Reißverschlüsse annähen...114

Nahtverdeckt

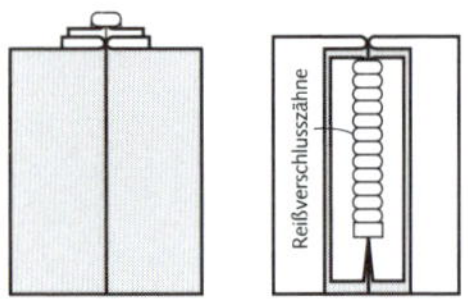


Sichtbar

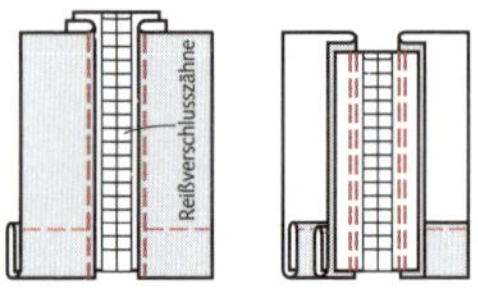


Verdeckt mit Naht

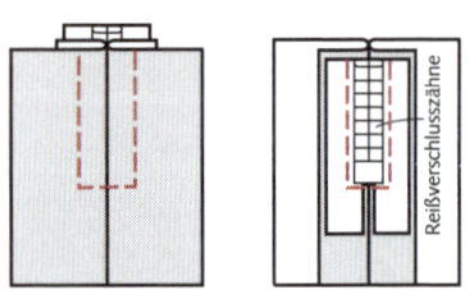


## Bund...121

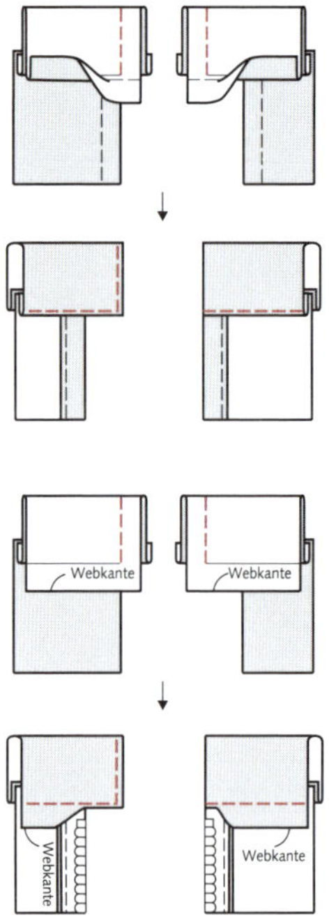


## Tunnelbund...124

Umgeschlagen aus der Stoffkante

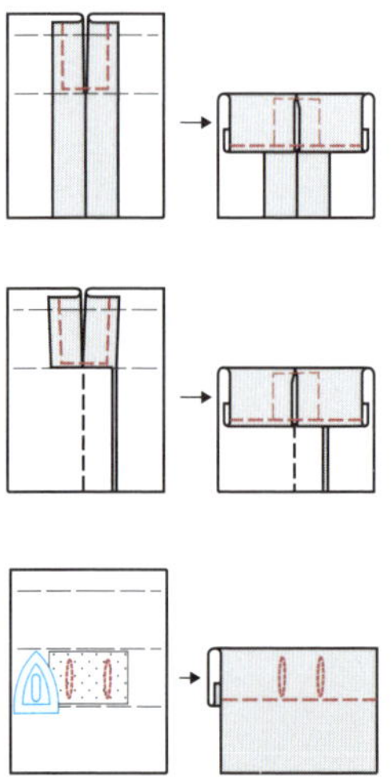

Auf die Außenseite genäht

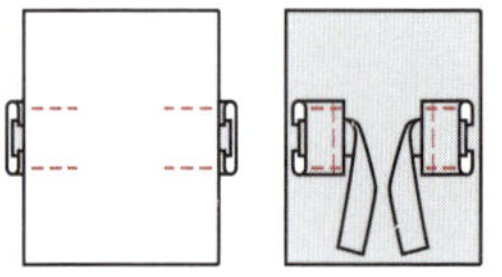

## Tunnelgürtel...126

Schmaler Gürtel aus einem Stoffteil

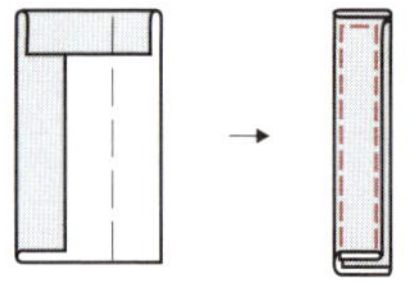

Breiter Gürtel aus zwei Stoffteilen

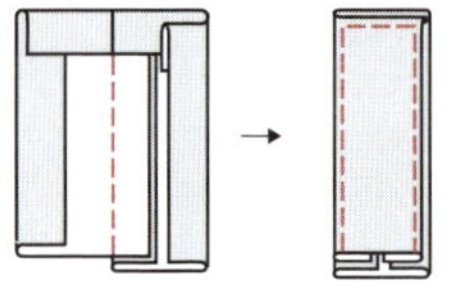

# Bügeltechniken

Je nachdem, ob Sie Falten im Stoff glätten oder eine Naht flach bügeln möchten, müssen Sie mit demselben Bügeleisen unterschiedliche Techniken anwenden. Dabei fahren Sie nicht einfach über den gesamten Stoff, sondern überlegen vorher, welchen Teil Sie wie gestalten möchten, und setzen das Bügeleisen dort gezielt ein. Neben dem Ausprobieren ist dabei vor allem das sogenannte Zwischenbügeln während des Nähens ein entscheidender Faktor für ein sauberes Ergebnis. Auf den folgenden Seiten finden Sie wichtige Bügeltechniken, die Sie so vielleicht noch nicht kannten.

# Hilfsmittel

Praktische Helfer neben Bügeleisen und Bügelbrett.

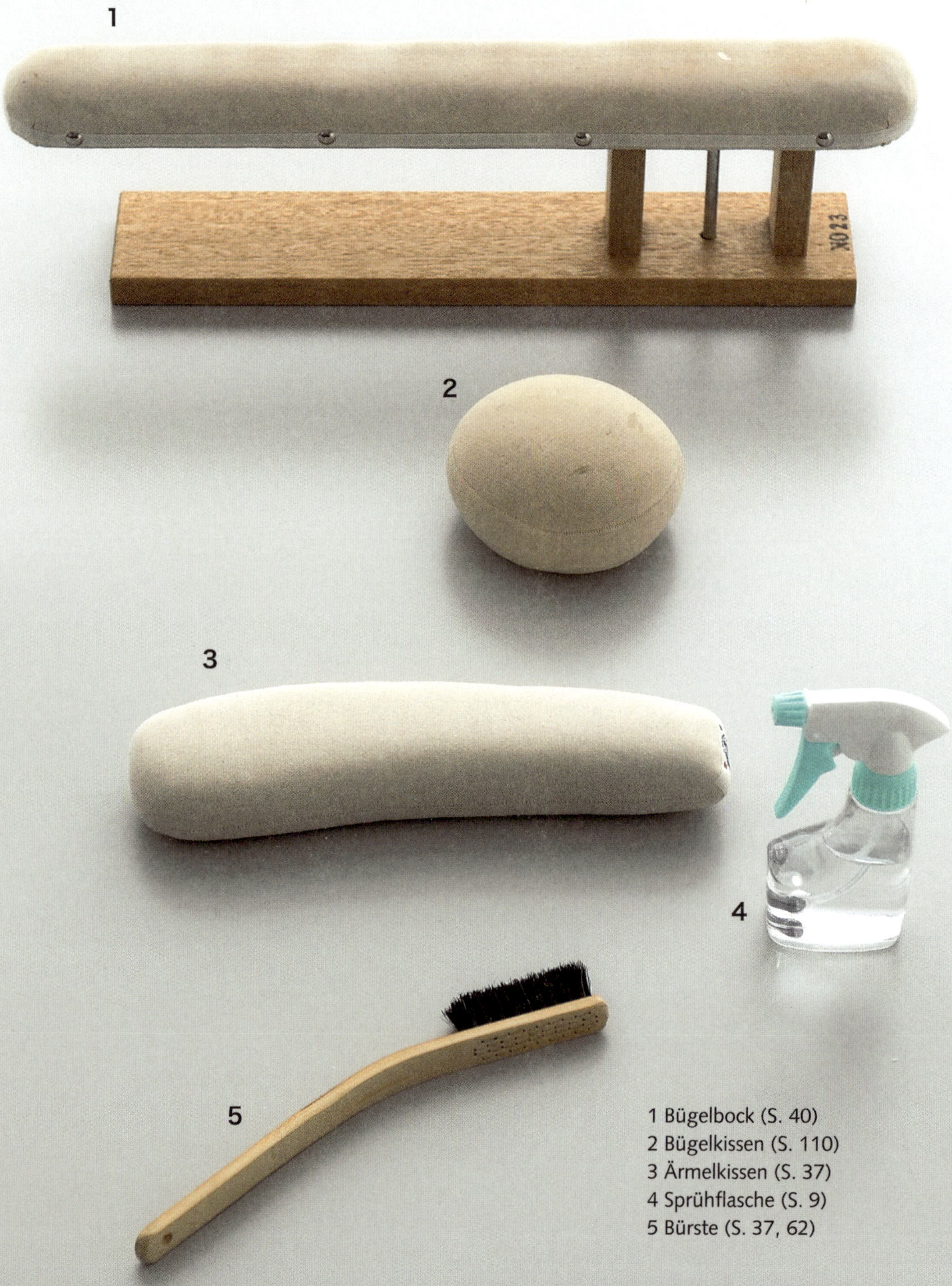


1 Bügelbock (S. 40)
2 Bügelkissen (S. 110)
3 Ärmelkissen (S. 37)
4 Sprühflasche (S. 9)
5 Bürste (S. 37, 62)

# Grundlagen des Bügelns

Grob gesagt gibt es zwei Bügeltechniken. Handhabung und Bewegungsrichtung des Bügeleisens unterscheiden sich dabei je nach Anwendung.



## Bügeltemperatur

**Tipp:** Auf dem verwendeten Stoff stets eine Bügelprobe durchführen!

Jeder Stoff hat eine bestimmte Bügeltemperatur. Stellen Sie die Temperatur an Ihrem Bügeleisen nach der Tabelle „Temperatureinstellung für Haushaltsbügeleisen" ein und machen Sie anschließend in jedem Fall eine Bügelprobe auf dem verwendeten Stoff. Beachten Sie dabei, dass manche Stoffe bei Kontakt mit Dampf einlaufen.

Temperatureinstellung für Haushaltsbügeleisen

| | | |
|---|---|---|
| hoch | Baumwolle, Leinen etc. | 180–210 °C |
| mittel | Wolle, Seide, Nylon, Polyester, Kunstseide etc. | 140–180 °C |
| niedrig | Acryl, Polyurethan etc. | 85–120 °C |

Einstellungen für Bügeleinlagen

| | |
|---|---|
| dickes Material | 150–160 °C |
| mittelstarkes Material | 140–150 °C |
| ultradünnes oder nicht hitzefestes Material | ca. 130 °C |

## Krumpfen

Manchmal liegen die Fäden im Stoff nicht rechtwinklig zueinander oder kräuseln sich. Dann wird der Stoff gekrumpft. Je nach Stoffart bügelt man dafür trocken oder mit Dampf oder befeuchtet den Stoff vor dem Bügeln.

**Tipp:** Immer mit dem Fadenlauf oder senkrecht dazu bügeln!

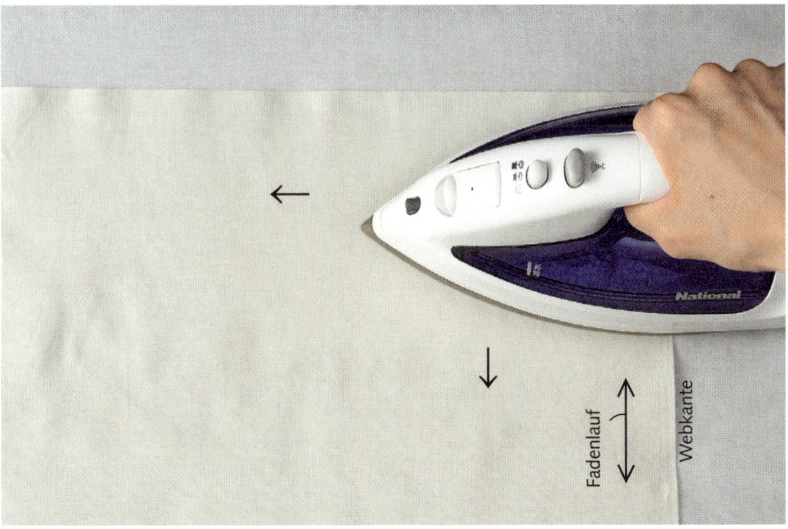


Den Stoff mit der linken Seite nach oben auf das Bügelbrett legen und mit der Hand den Fadenlauf in Form ziehen. Mit leichtem, gleichmäßigem Druck den Stoff mit dem Fadenlauf und senkrecht zum Fadenlauf bügeln.

### ◆ Sprühflasche

Hilfsmittel, das einen Wassernebel versprüht, um große Flächen gleichmäßig anzufeuchten. Stoffe, auf denen ein Dampfbügeleisen Spuren hinterlassen würde, lassen sich gut mit einer Sprühflasche und einem trockenen Bügeleisen krumpfen.

# Bügeltechnik zum Krumpfen und zum Glätten von Falten

Den Stoff glatt auslegen und das Bügeleisen mit dem Fadenlauf darübergleiten lassen.

**Tipp:** Das Bügeleisen erst auf den Stoff setzen und dann bewegen.

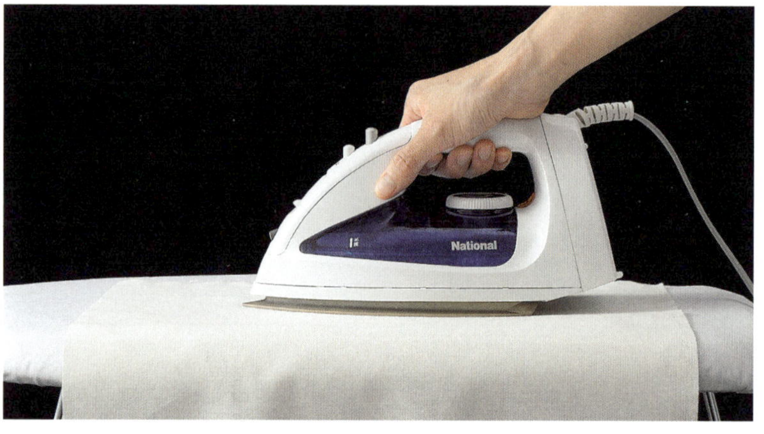


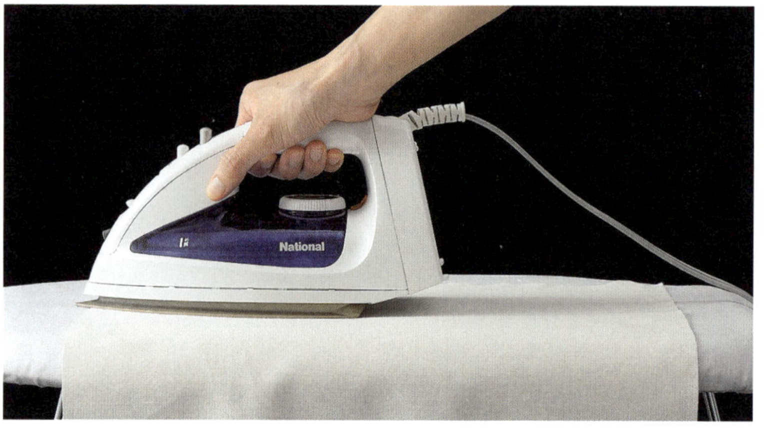

# Bügeltechnik mit Absetzen

Zum Zwischenbügeln (Nähte flach bügeln, Einlagen aufbügeln, Nahtzugaben auseinanderbügeln, Nahtzugaben umbügeln etc.) wird das Bügeleisen auf den Stoff gesetzt.

**Tipp:** Vor dem Bewegen das Bügeleisen vom Stoff heben.

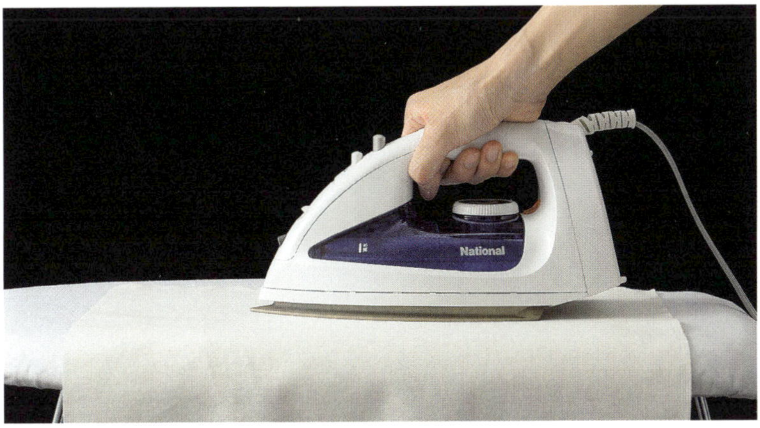

# Aufbügeln von Bügeleinlagen

Da der Stoff durch das Aufbringen von Bügeleinlagen je nach Stoff und Art der Bügeleinlage einlaufen kann oder sich die Einlage aus einem anderen Grund nicht aufbügeln lässt, führen Sie immer erst mit den Einstellungen aus der Tabelle „Einstellungen für Bügeleinlagen" auf Seite 9 auf einem Stoffrest eine Bügelprobe durch.

## ❍ Grundtechnik

**Tipp:** Die Einlage ohne Dampf und mit leichtem Druck fixieren, den zu verstärkenden Stoff dabei nicht bewegen!

1 Bügeleinlage mit der beschichteten Seite passgenau auf die linke Stoffseite legen.

2 Mit dem Bügeleisen ohne Dampf mit leichtem Druck vorfixieren. Dabei das Bügeleisen aufsetzen und nicht über den Stoff bewegen (vgl. S. 11).

3 Die Bügeleinlage ein zweites Mal festbügeln, diesmal mit kräftigem Druck. Den Stoff liegen lassen, bis er vollständig abgekühlt ist, da er schnell ausdehnt, wenn er in noch heißem Zustand bewegt wird.

## ❍ Verschiedene Arten von Bügeleinlagen

Bügeleinlagen bestehen aus Trägerstoff und einer Haftbeschichtung. Sie werden unterschiedlich verwendet.

### Gewebte Einlage

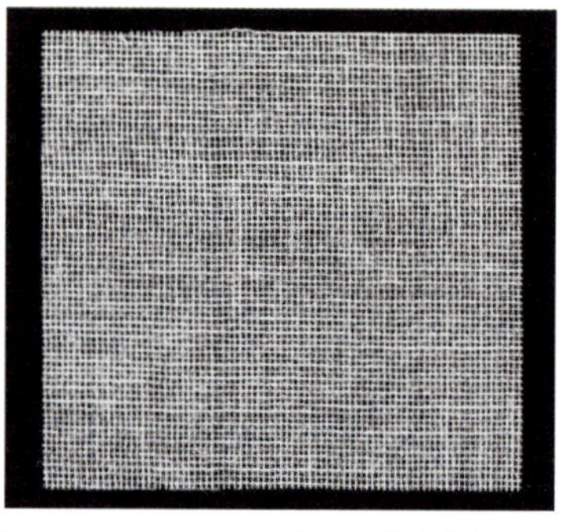

Der einfach gewebte Trägerstoff bleibt auf dem Oberstoff unsichtbar und verhindert das Ausdehnen, der Oberstoff bleibt elastisch.

### Gewirkte Einlage

Der gewirkte Trägerstoff ist elastisch. Er macht die Bewegungen des Oberstoffs mit, fühlt sich weich an und hält in Querrichtung die Spannung.

### Vlieseinlage

Der Trägerstoff besteht aus ungeordneten Textilfasern, ist leicht und knittert nicht. Vlieseinlagen verhindern das Ausdehnen des verstärkten Stoffes und gehen nicht ein.

# Aufbügeln von Bügelband

Je nach Art und Position des Bügelbands kommen unterschiedliche Bügeltechniken zum Einsatz.

## ❍ Grundtechnik

**Tipp:** Das Bügelband nicht dehnen und unter Zuhilfenahme der freien Hand Stück für Stück aufbügeln.

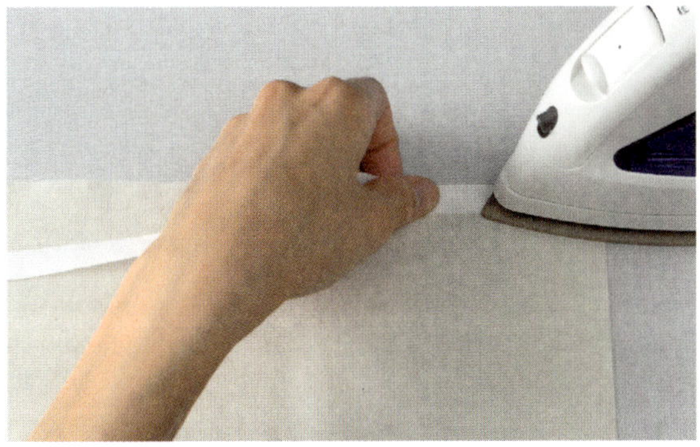

1

2

3



## ❍ Position

**Tipp:** Das Bügelband so aufbügeln, dass die Naht verdeckt wird.

Bei dünnem Stoff

Schimmert das Bügelband auf der rechten Seite durch, wird es von der Nahtlinie her auf die Nahtzugabe gebügelt.

Für eine präzise Nahtlinie

Hier wird das Bügelband ein Stück über der Nahtlinie von der Nahtzugabe weg angesetzt.

## ○ Rundungen verstärken

### Rundung nach innen

**1** Das Bügelband auf der inneren langen Seite der Rundung kurz so anbügeln, dass es keine Falten wirft.

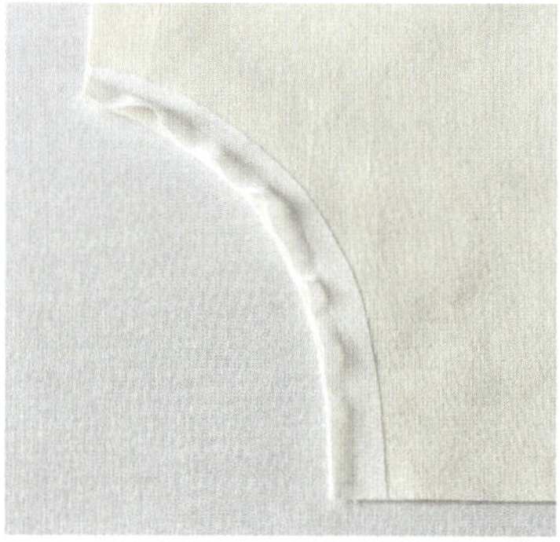

**2** Den unbefestigten Teil des Bügelbands durch kräftiges Andrücken mit dem Bügeleisen an die Rundung anpassen.

### Rundung nach außen

**1** Das Bügelband auf der äußeren langen Seite der Rundung kurz anbügeln.

**2** Den unbefestigten Teil des Bügelbands durch kräftiges Andrücken mit dem Bügeleisen an die Rundung anpassen.

## ○ Verschiedene Arten von einseitig beschichtetem Bügelband

Ein Bügelband besteht aus einem bandförmigen Trägermaterial mit einer Haftbeschichtung. Es wird an Vordersaum, Schulter, Armausschnitt, Halsausschnitt etc. des Kleidungsstücks appliziert, um ein Ausdehnen zu verhindern.

### Geradband

Geringe Elastizität, verhindert Dehnen zuverlässig. Auf Rundungen schwierig. Auch zur Verstärkung von Tascheneingriffen geeignet.

### Halbschräges Band

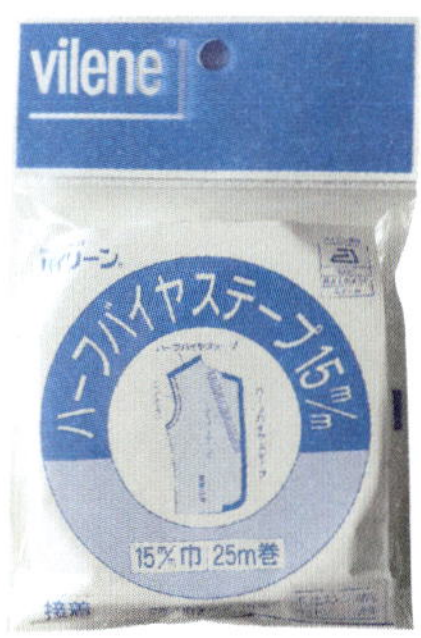


Mäßig dehnbar, verhindert bis zu einem gewissen Grad ein Dehnen des Stoffes. Gut geeignet zum Verstärken von Nahtlinien (Säumen).

### Stretchband

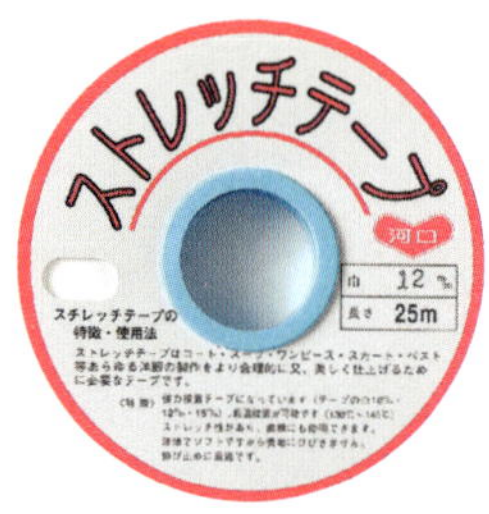


Bleibt auch nach dem Aufbügeln elastisch. Verhindert das Ausdehnen von Trikotagen, deren Elastizität erhalten bleiben soll, ohne sie jedoch beim Vernähen zu dehnen.

# Nähen mit der Nähmaschine

Bevor Sie mit dem „richtigen“ Nähen beginnen, sollten Sie mit Schnittresten des benutzten Stoffes zunächst eine Nähprobe vornehmen. So müssen Sie später kein Fadengewirr wieder auflösen, sondern können anhand der Nähprobe die Fadenspannung einstellen und machen sich außerdem mit der Maschine vertraut. Eine innige Beziehung zu Ihrer Nähmaschine herzustellen ist ohnehin Ihre allererste Aufgabe.

# Hilfsmittel

Diese Dinge sollten Sie stets in Reichweite der Nähmaschine aufbewahren.

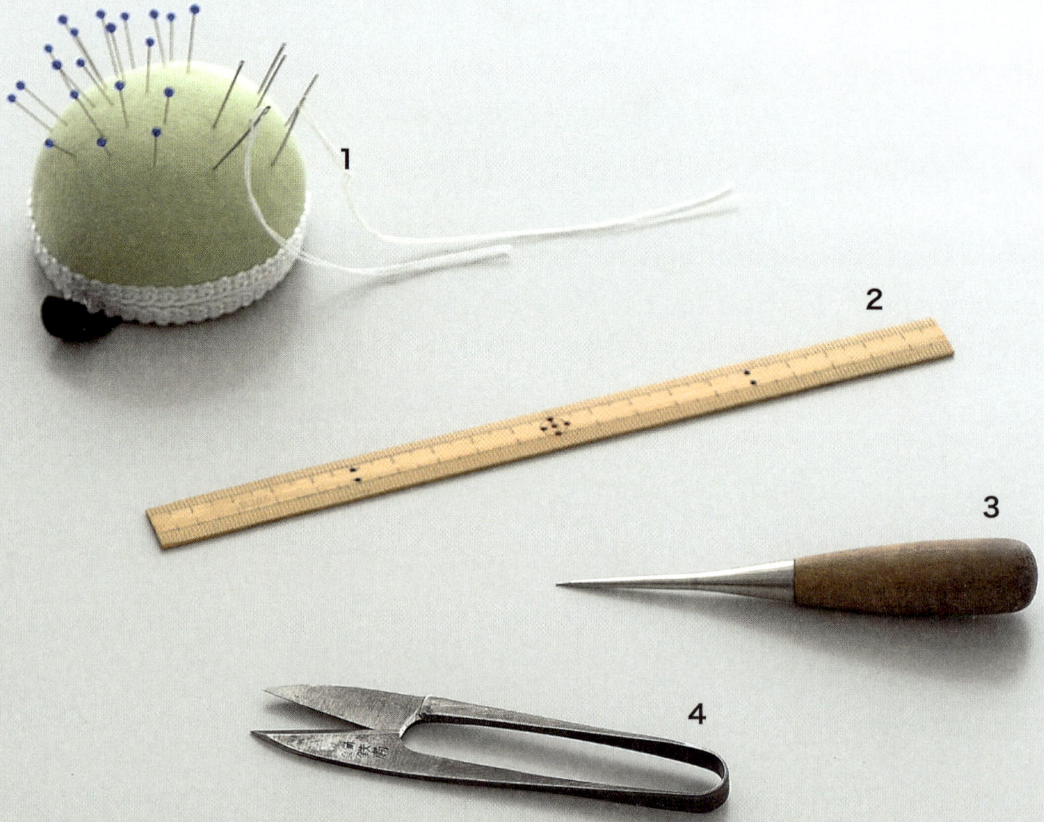


1 Nadelkissen
2 Holzlineal (S. 85)
3 Pfriem
4 Fadenschneider (S. 33)
5 Nahtabstandhalter (S. 35)
6 Teflonfuß (S. 23)
7 Nähfuß für verdeckte Reißverschlüsse (S. 114)
8 Rollsaumfuß (S. 101)

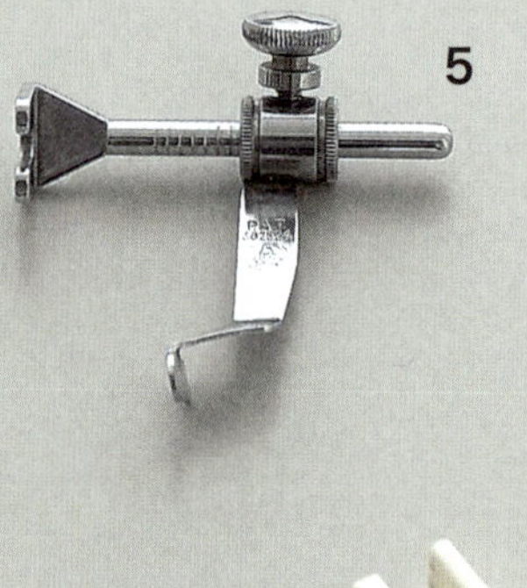


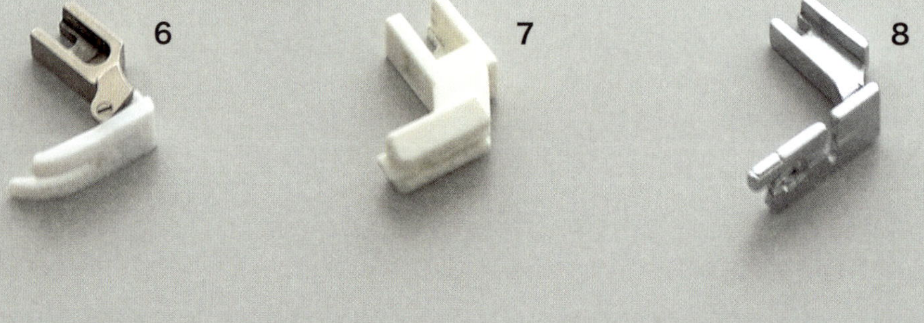

# Grundtechniken

Bevor Sie loslegen, führen Sie stets eine Nähprobe durch, um die Fadenspannung von Ober- und Unterfaden richtig einzustellen.

## ○ Nähprobe vornehmen

**Tipp:** Die Nähprobe mit dem später verwendeten Stoff und Garn unter denselben Bedingungen und in derselben Nähgeschwindigkeit vornehmen.

Falls sich beim Nähen Garnstärke oder Anzahl der Stofflagen ändern führen Sie erst eine neue Nähprobe durch.

1 Das Garn ohne Schlingen unter dem Nähfuß hindurchführen und nach hinten wegziehen.

2 Beim Nähen den Stofftransport mit den Fingern unterstützen und darauf achten, dass die Naht gerade ist.

3 Zum Zusammennähen zwei Stofflagen zusammen mit dem Nähfuß hinunterdrücken und so darübernähen, dass der Stoff nicht verrutscht.

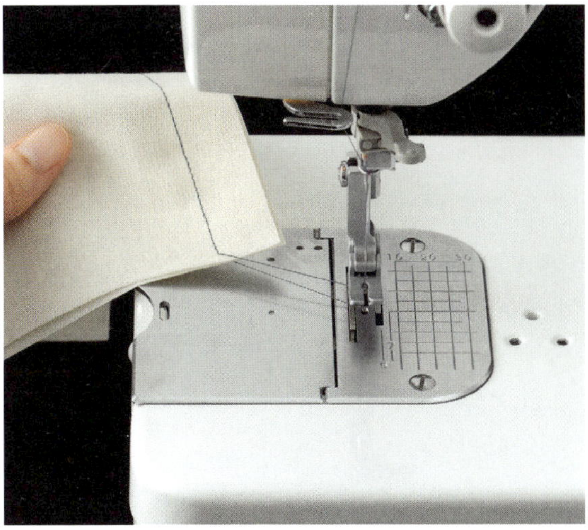

4 Vor dem Herausziehen des Stoffes immer darauf achten, dass die Nadel ganz oben ist, dann den Nähfuß anheben. Nun lässt sich der Faden herausziehen, ohne dass die Naht sich zusammenzieht.

## Fadenspannung

Das erste Beispiel zeigt, wie Ober- und Unterfaden durch eine einheitliche Spannung eine saubere Naht ergeben.

Korrekte Fadenspannung. Ober- und Unterfaden verschlingen sich genau zwischen den beiden Stofflagen.

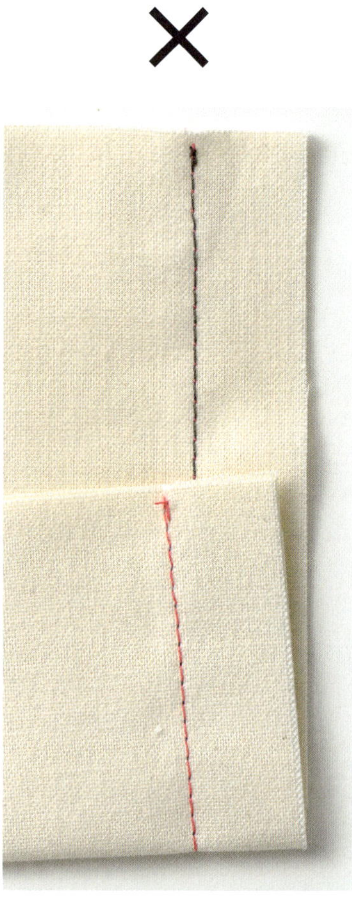

Oberfadenspannung zu stark. Unterfaden prüfen, Oberfadenspannung schwächer einstellen.

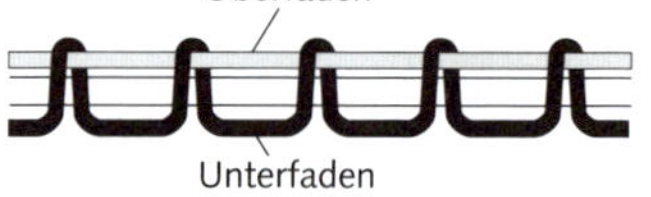


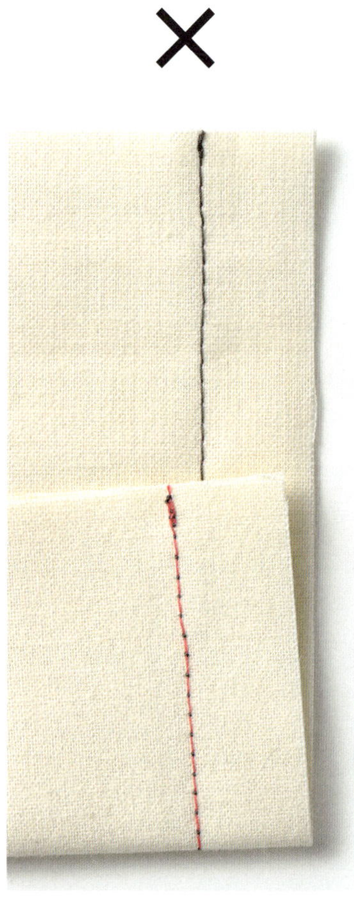

Oberfadenspannung zu schwach. Unterfaden prüfen, Oberfadenspannung stärker einstellen.

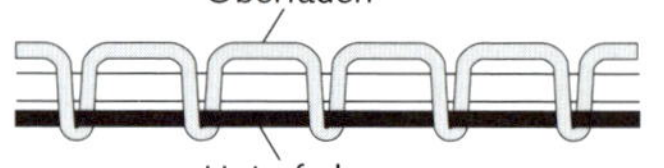


## Unterfaden

Ist der Unterfaden unsauber aufgespult, kann sich dies ebenfalls nachteilig auf die Fadenspannung auswirken.

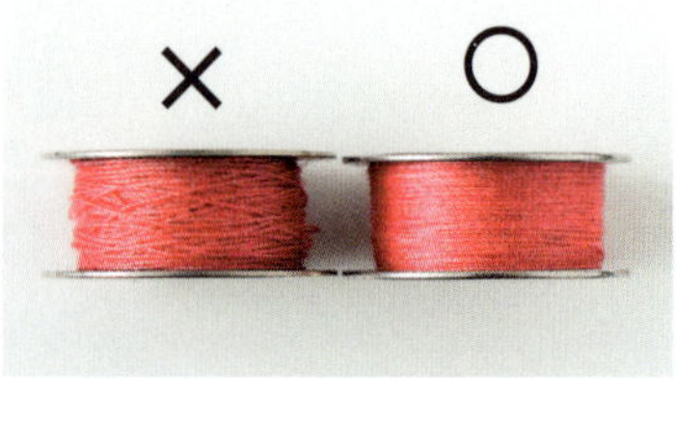

# Stoffe, Garne und Nadeln

## Dünne Stoffe

① sehr feines Garn
② dünnes Garn
③ mittelstarkes Garn
④ Nadel, Stärke 55
⑤ Nadel, Stärke 65

① ② ③ ④ ⑤



### Tüll

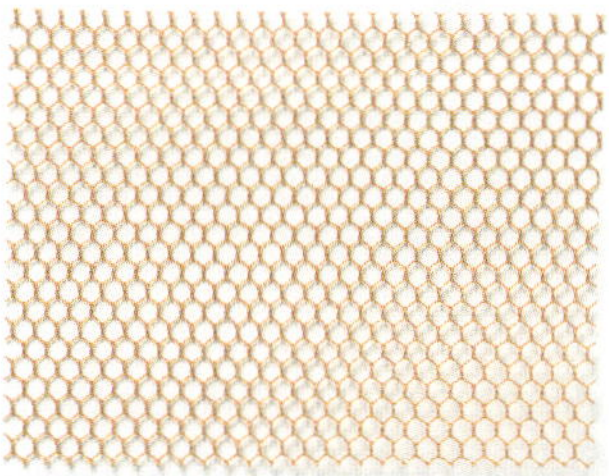

Eine Art dünner Netzspitze aus sechseckigen Maschen. Der Name leitet sich von der Stadt Tulle in der Nähe von Paris ab.

### Organdy

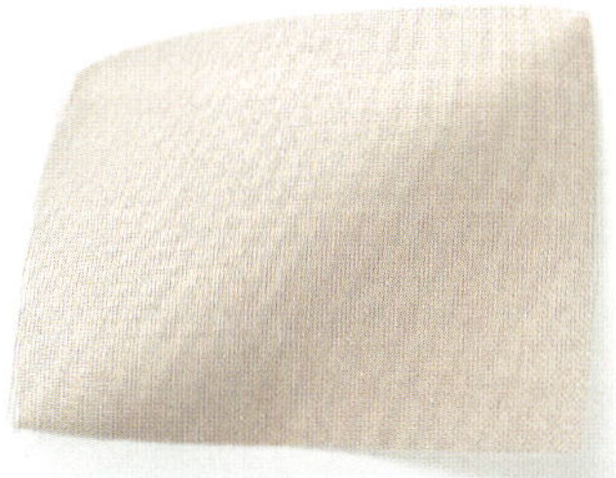

Dünnes, leichtes, durchscheinendes Baumwollgewebe. Fühlt sich fest an und glänzt.

### Linon

Hochwertiger, dünner Baumwollstoff in Leinwandbindung. Fühlt sich dank seiner Appretur an wie Leinen.

### Georgette

Relativ dichtes, raues Seidengewebe in Leinwandbindung mit Kreppeffekt. Guter Faltenwurf, fühlt sich kühl an.

### Gaze

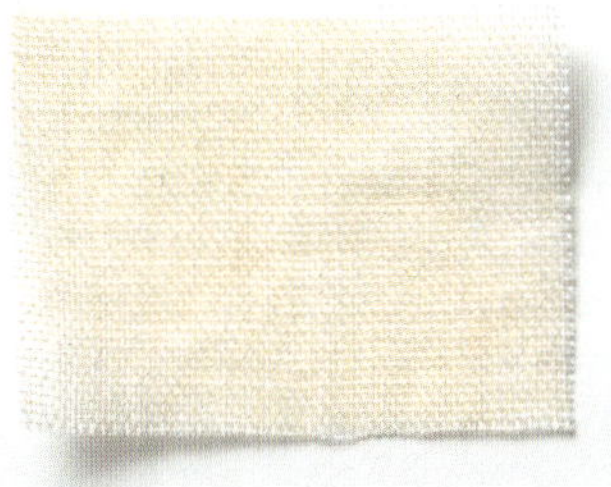

Grobes Gewebe in Leinwandbindung aus leicht verdrillten Fasern, gebleicht und weich appretiert. Baumwollweicher Stoff.

### Satin

Gewebe in Atlasbindung mit glänzender rechter und matter linker Stoffseite. Weicher Glanz und guter Faltenwurf.

### Futterstoff

Zum Abfüttern von Kleidungsstücken. Besteht oft aus Kunstfasern wie Cupro (Kupferseide), Acetatseide oder Polyester.

# Mitteldicke Stoffe

## Kettköper

Köper mit deutlicher Rippenstruktur, bei dem der Kettfaden obenauf liegt. Weicher Griff, schmale Rippen erkennbar.

## Doppelgaze

Zweilagige, leichte Gaze. Rechte und linke Stoffseite werden getrennt gewebt. Wird mit jedem Waschen weicher.

## Yoryu-Krepp

Senkrecht gekräuseltes Gewebe in Leinwandbindung aus einem Baumwollkettfaden und einem Kreppgarnschussfaden. Für Sommerkleidung verwendet.

## Krepp

Sammelbegriff für Gewebe mit gekräuselter Oberfläche. Schwerer, massiver Griff mit schönem Glanz.

## Schirting

Leinwandbindiges Baumwollgewebe aus schwerem Garn, wird für Probestücke und als Futterstoff verwendet. Das Foto zeigt den ungefärbten Stoff.

## Baumwollwalk

Dichtes, leinwandbindiges Baumwollgewebe mit feinen Querrippen an der Oberfläche. Fühlt sich weich an und glänzt.

## Leinen

Gewebe aus Flachsfasern. Wegen seiner guten Haltbarkeit und Luftdurchlässigkeit und weil es sich auf der Haut kühl anfühlt, für Sommerkleidung geeignet.

Mittelstarkes Garn
① Nähmaschinennadel Stärke 65
② Nähmaschinennadel Stärke 75

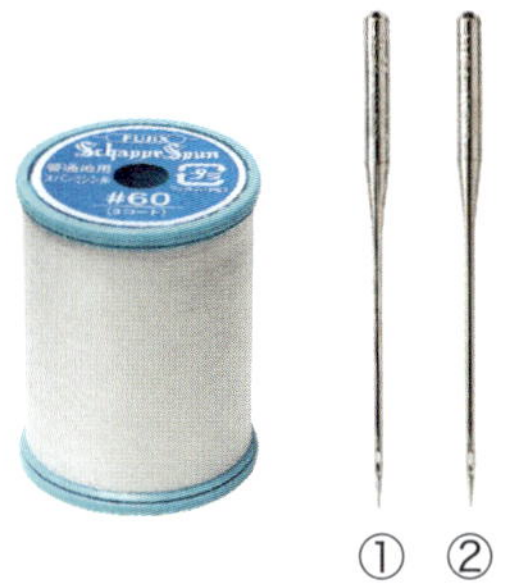




## Seidenrips

Dicht gewebter Stoff mit ca. 1 mm starken Querrippen. Die groben Kettfäden liegen so dicht, dass die Schussfäden darunter verschwinden.

## Waffelpiqué

Stoff, dessen Oberfläche wie bei einer Waffel mit kästchenförmigen Vertiefungen überzogen ist.

## Feincord

Auch Babycord genannt, leinwandbindiger Rips mit schmalen Rippen auf der Rechten Seite.

## Popeline

Leinwandgewebe mit feinen Rippen in Kettfadenrichtung. Ursprünglich aus Baumwolle, mittlerweile gibt es Popeline auch aus anderen Fasern.

## Burberry

Eingetragenes Warenzeichen des Londoner Unternehmens Burberry. Eine Art Baumwollgabardine mit spezieller wasserfester Ausrüstung.

## Sharkskin

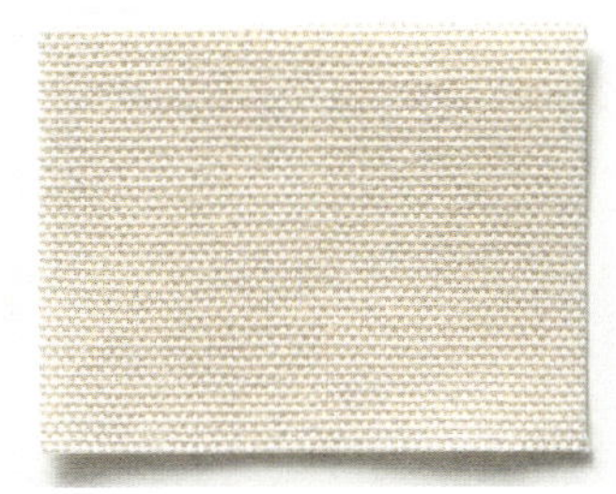

Überwiegend aus Kunstfasern hergestellter, glatter, eleganter Twill oder Panamagewebe.

## Frottee

Florgewebe, auf dessen rechter Stoffseite Schlingen gewebt sind. Die Schlingen bilden den Flor.

# Dicke Stoffe

① mittelstarkes Garn
② starkes Garn
③ Nähmaschinennadel Stärke 65
④ Nähmaschinennadel Stärke 75
⑤ Nähmaschinennadel Stärke 90

① ② ③ ④ ⑤

## Denim

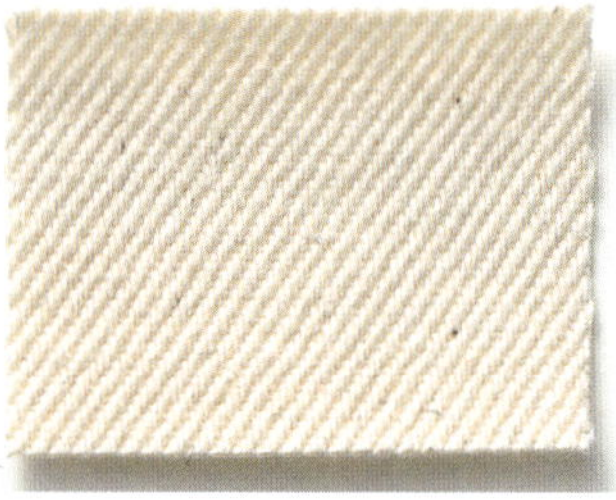

Dickes Baumwollgewebe in Köperbindung. Oft ist das Kettgarn gefärbt, sodass auf der rechten Stoffseite farbiges und auf der linken weißes Garn zu sehen ist.

## Segeltuch

Dickes, leinwandbindiges Baumwollgewebe. Leichtes Segeltuch wird auch als Canvas bezeichnet. Kräftiges, dicht gewebtes Garn, besonders beständig.

## Cord

Gewebe, in dem der Flor vertikale Rippen bildet. Wird im Allgemeinen aus Baumwolle hergestellt, aber auch aus Kunstseide. Alternative Bezeichnung: Cordsamt.

## Mantelvelours

Wollstoff mit samtiger Oberfläche, leicht, weich und nicht kratzend.

## Fischgrat-Tweed

Köpergewebe, das seine Bezeichnung der Ähnlichkeit seines Musters mit Fischgräten verdankt.

## Flanell

Gewebe aus Wollgarn in Leinwand- oder Köperbindung. Eher dicker Stoff mit fester Oberfläche und feinem Flor.

## Tweed

Grobes Leinwand- oder Köpergewebe aus dicker Schurwolle mit schlichter optischer Wirkung.

# Besondere Materialien

Für Leder

① Ledergarn Stärke 30

② Ledergarn gewachst zum Handnähen

③ Nähmaschinennadel für Leder Stärke 90

● Einige der vorgestellten Stoffe lassen sich auch mit dem Zubehör für dicke Stoffe (S. 22) verarbeiten.

① ② ③

### ◆ Teflonfuß

Nähfuß für Materialien mit gleithemmender Oberfläche.

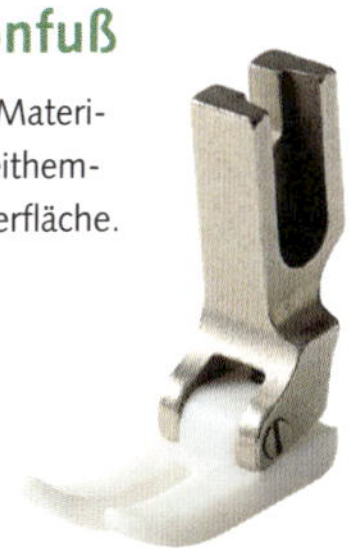



## Glattleder

Oberbegriff für Rinds- oder Schafsleder mit beschichteter Oberfläche, beispielsweise mit Farbauftrag. Foto: Lammleder.

## Rauleder

Leder mit aufgerauter Rückseite. Der häufig verwendete Begriff Wildleder bezieht sich streng genommen nur auf Leder von Wildtieren. Foto: Schweinsvelours.

## Nubuk

Rindsleder, dessen Oberfläche ganz leicht mit Sandpapier angeschliffen und damit aufgeraut wurde. Ähnlich wie Veloursleder.

## Kunstleder

Material aus Textilgewebe oder Vliesstoff, dessen Oberfläche durch die Beschichtung mit Kunststoff echtem Leder ähnelt.

## Alcantara

Künstlich hergestelltes Material, das die Struktur echten Leders imitiert. Luftdurchlässig. In Japan als „Ecsaine“, in den USA als „Ultrasuede“ bekannt.

## Lackleder

Glänzendes Material, dessen Oberfläche mit Farbe, Firnis, Lack o. Ä. behandelt wurde.

## Laminatgewebe

Stoff für die Innenausstattung mit vinylbeschichteter (laminierter) Oberfläche.

# Trikotagen

① Polyestergarn Stärke 50
② Bauschgarn Stärke 50
③ Nähmaschinennadel für Jersey, Stärke 75

① ② ③

| Glattstrick | Rippstrick | Sweatshirtstoff |
|---|---|---|
|  |  |  |
| Doppelseitig gestrickt, identisches Maschenbild auf rechter und linker Stoffseite. Glatter, dicker Griff und mäßige Elastizität. | Bündchenmuster mit hervortretenden Rippen. Besonders querelastisch. | Maschenware mit flauschiger linker Stoffseite. Foto: rechte Stoffseite Flachstrick, linke Stoffseite Flor. |

# Nähen mit Steppgarn

① ② Jeansgarn Stärke 20
③ Polyestergarn Stärke 30
④ Universalnadel Stärke 90
⑤ Jeansnadel Stärke 100

① ② ③ ④ ⑤

Bei Verwendung von Polyestergarn für Ober- und Unterfaden

Oberfaden Polyestergarn, Unterfaden Jeansgarn

Bei dicken Garnen wie Jeansgarn lässt sich die Fadenspannung aufgrund der starken Reibung am Nadelöhr schlecht einstellen, insbesondere für den Oberfaden. Verwenden Sie in diesem Fall nur für den Unterfaden Jeansgarn (Stärke 20) und für den Oberfaden ein etwas dünneres Garn (Stärke 30), um eine gute Fadenspannung zu erzielen. Drehen Sie dabei die Arbeit so um, dass die Seite, auf der die Naht später zu sehen sein soll (rechte Seite), unten liegt.

# Grundlagen des Zusammennähens

Stoffstücke aufeinander ausrichten, mit der Nähmaschine zusammennähen, bügeln – eigentlich ganz einfach, doch man muss die Grundschritte richtig beherrschen, damit das gelingt. Bevor Sie loslegen, machen Sie sich zuerst mit der richtigen Anwendung der Nähmaschine und der Bügelutensilien vertraut und erfahren Sie mehr über die Grundlagen des Maschinennähens.

# Heften mit Stecknadeln

**Tipp:** Die Teile so zusammenheften, dass die zu nähenden Stellen nicht verrutschen können.

## Grundlagen

Vor dem Zusammennähen werden die Stoffteile mit Stecknadeln so aneinander befestigt, dass sie nicht verrutschen können.

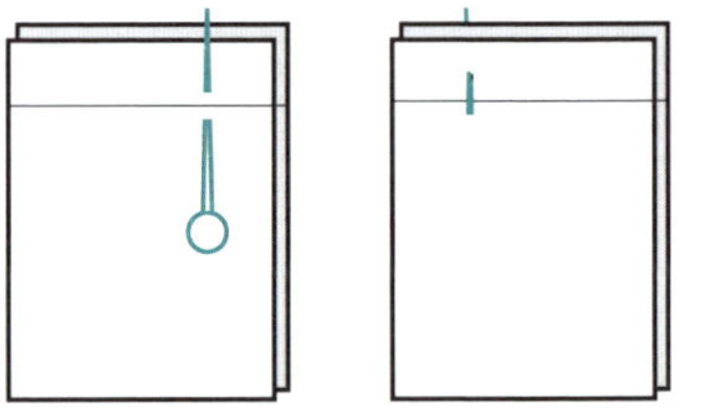

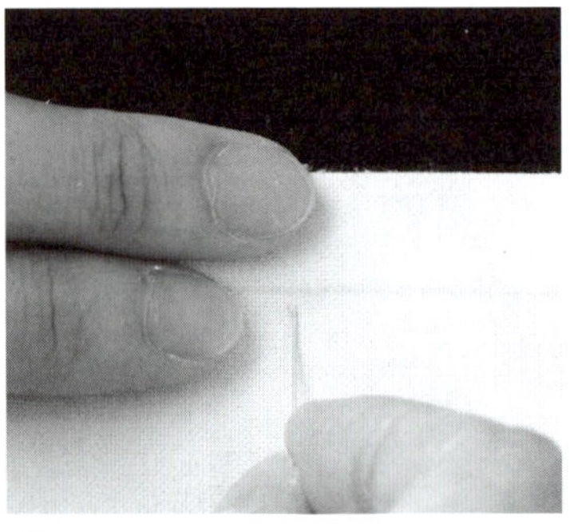

1 Die Markierungen auf beiden Teilen aufeinander ausrichten und die Stecknadeln entlang der Nahtlinie stecken.

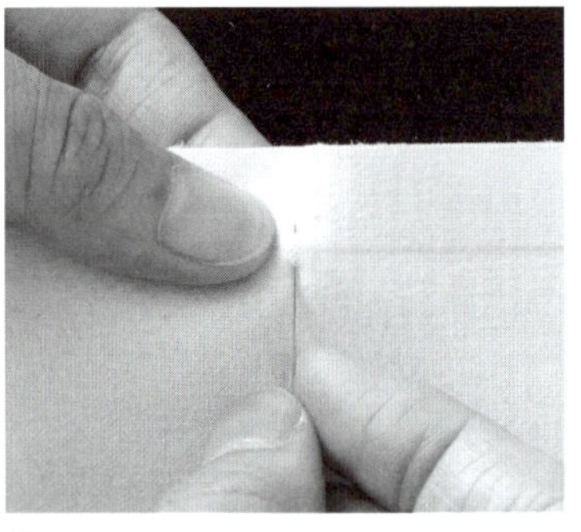

2 Dabei möglichst wenig Stoff aufnehmen.

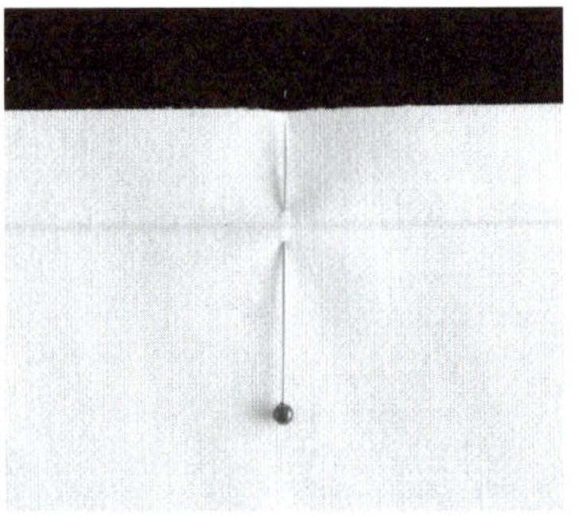

## ❍ Stecknadelspuren

Materialien, in denen Stecknadeln Löcher hinterlassen, etwa Leder oder Kunstleder, neben der Nahtlinie in der Nahtzugabe zusammengeheftet.

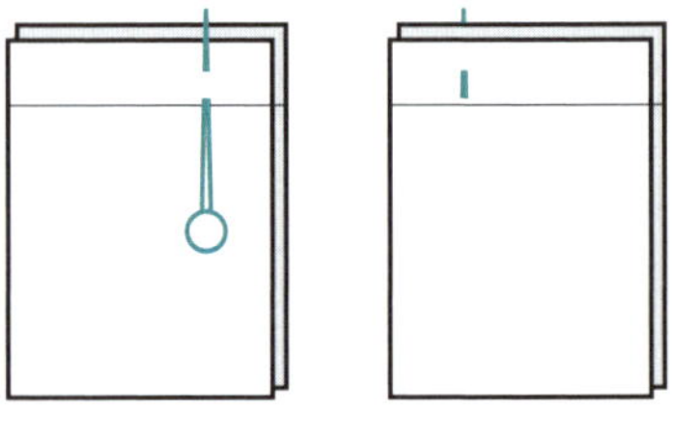

In Kunstleder und ähnlichen Materialien hinterlassen Stecknadeln Löcher.

Dicht neben der Nahtlinie in der Nahtzugabe zusammenheften.

## ❍ Dicke Stoffe

Wenn man von beiden Lagen dieselbe Menge Stoff mit der Nadel aufzunehmen versucht, dann verzieht sich die Nahtlinie oder es verrutscht der Stoff. Nehmen Sie daher von der unteren Stofflage weniger auf.

× ○

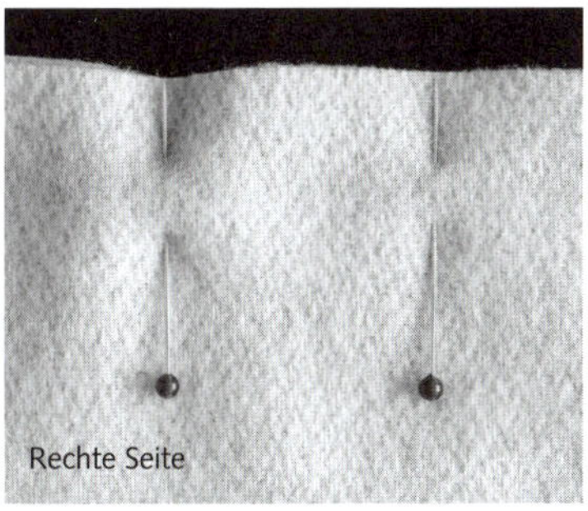


○ ×

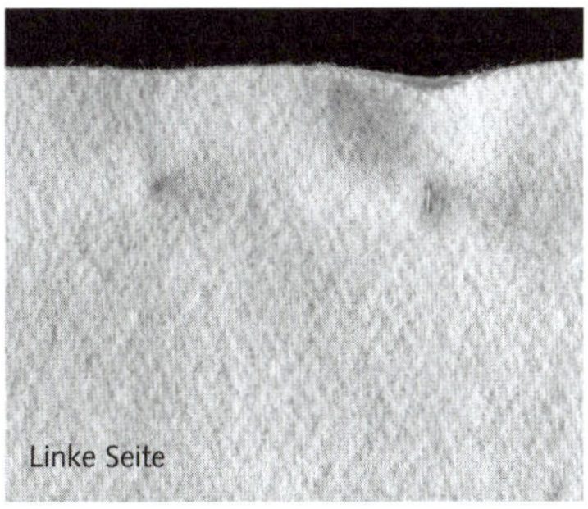


## ❍ Das richtige Vorgehen beim Zusammenheften

1 Anfang und Ende der Nahtlinie zusammenheften.

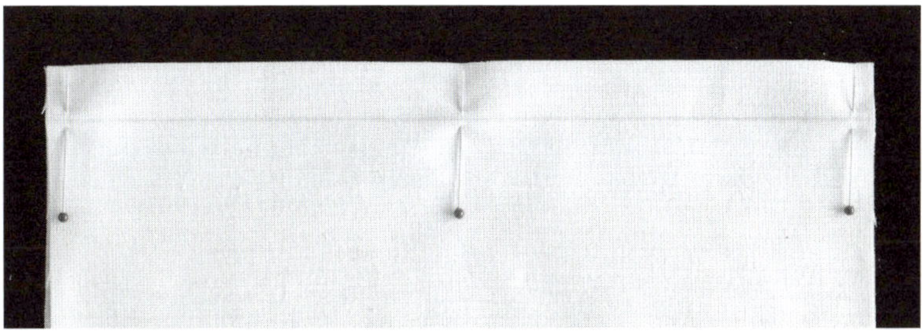

2 In der Mitte zwischen den Stecknadeln aus Schritt 1 oder am Passzeichen zusammenheften.

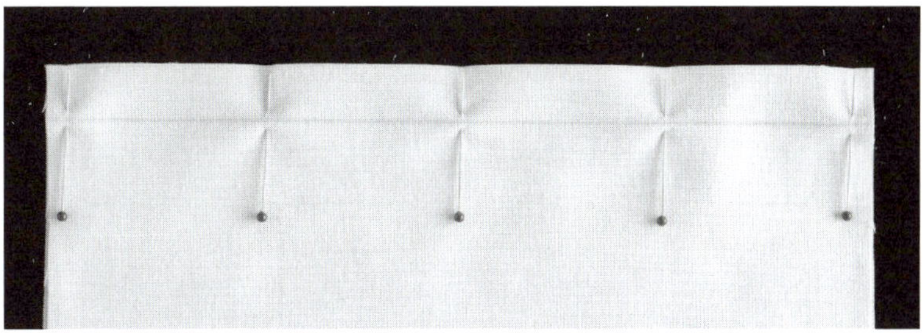

3 Bei langen Nähten noch einmal zwischen den einzelnen Nadeln zusammenheften.

# Heften mit Heftfaden

**Tipp:** Da der Heftfaden später schwer zu entfernen ist, wenn er direkt auf die Nahtlinie gesetzt wird, immer dicht neben der Nahtlinie in der Nahtzugabe zusammenheften.

## Grundlagen

Wenn das Heften mit Stecknadeln allein nicht sicher genug erscheint, können die Teile auch mit Heftgarn zusammengeheftet werden.

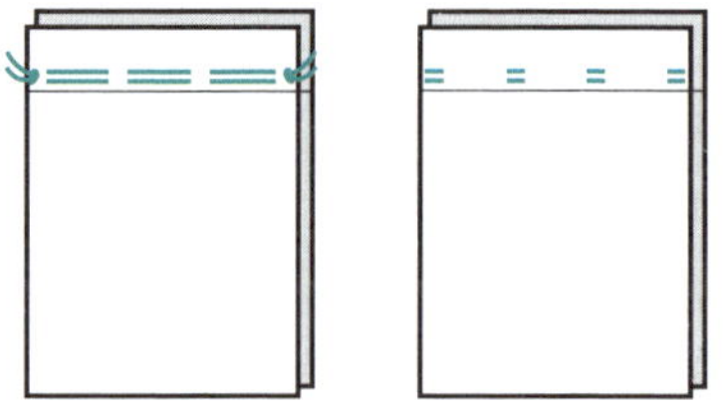

1 Dicht neben der Nahtlinie in der Nahtzugabe nähen. Immer nur wenig Stoff aufnehmen, so verrutscht er später nicht.

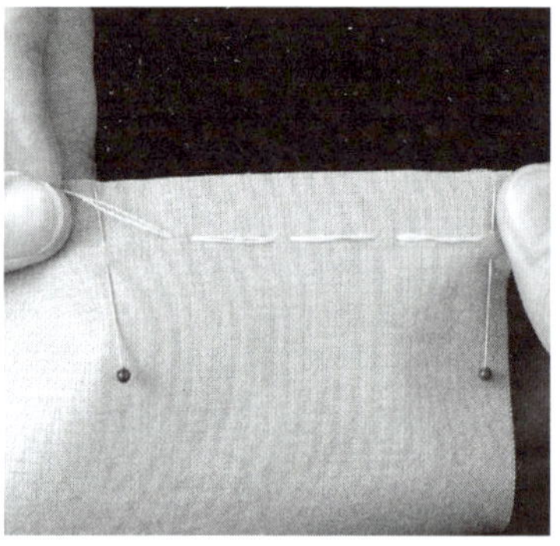

2 Die Stiche in großem Abstand voneinander platzieren und den Faden beim Zusammenheften nicht zu stark zusammenziehen.

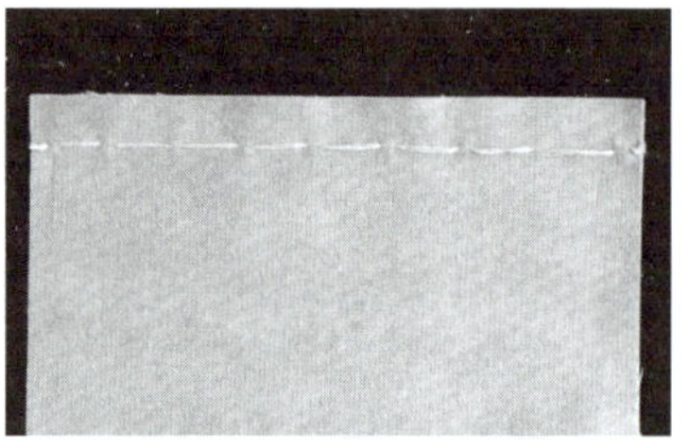

3 Fertige Heftnaht.

### ❍ Doppelter Faden

Bei dicken Stoffen oder wenn die Heftnaht besonders stabil sein soll, sorgt ein doppelter Faden für die gewünschte Sicherheit.

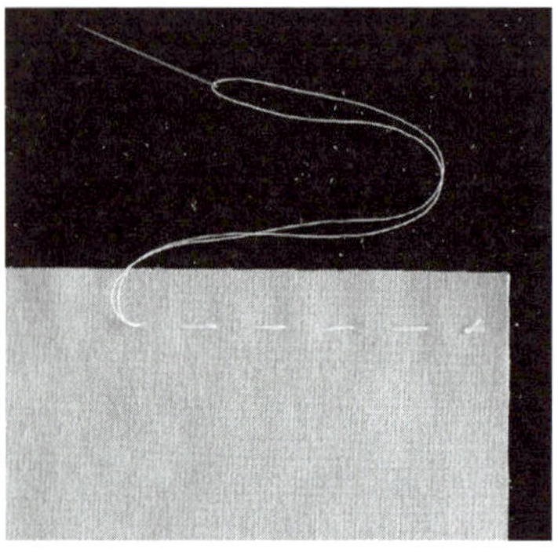

a Einen Faden einfädeln, zur Schlaufe verknoten und nähen.

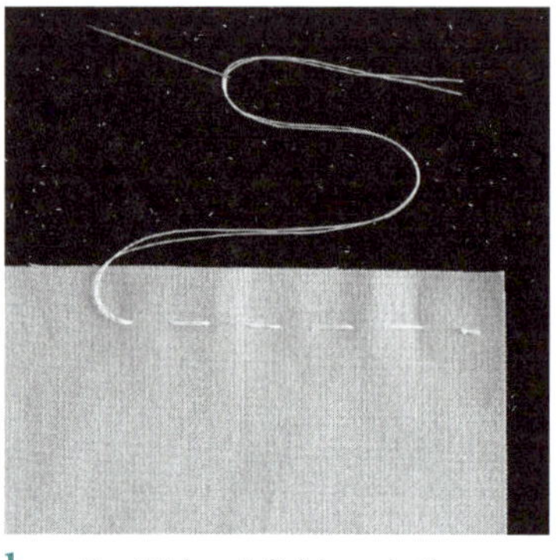

b Zwei Fäden einfädeln und nähen.

### ❍ Einfacher Faden

Dünne Stoffe mit einfachem Faden vorsichtig zusammenheften.

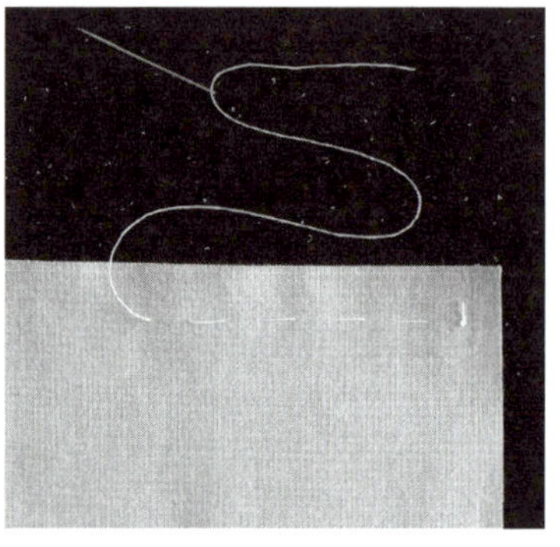

Einen Faden einfädeln und nähen.

### ◆ Heftgarn

Weißes Baumwollgarn, in Schlingen zusammengelegt. Im Bedarfsfall schneidet man es an einer Stelle auf und zieht jeweils die gewünschte Länge heraus.

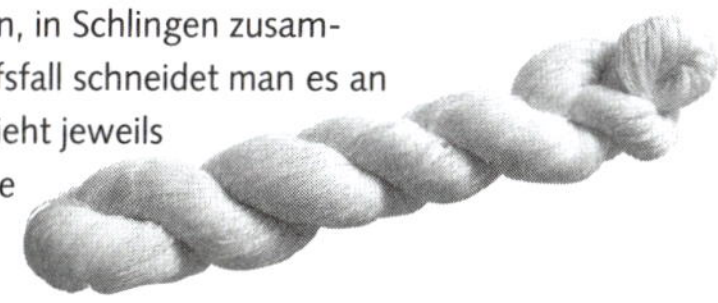

## ❍ Verknoten a

Damit der Faden nach dem ersten Stich nicht wieder herausrutscht, den Faden einmal um den Finger winden und verknoten.

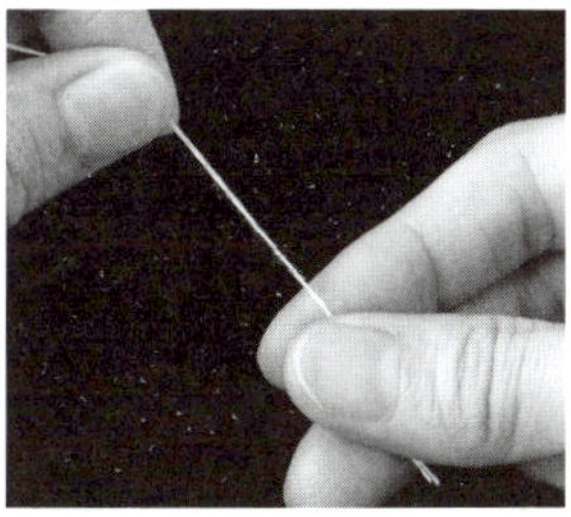

1

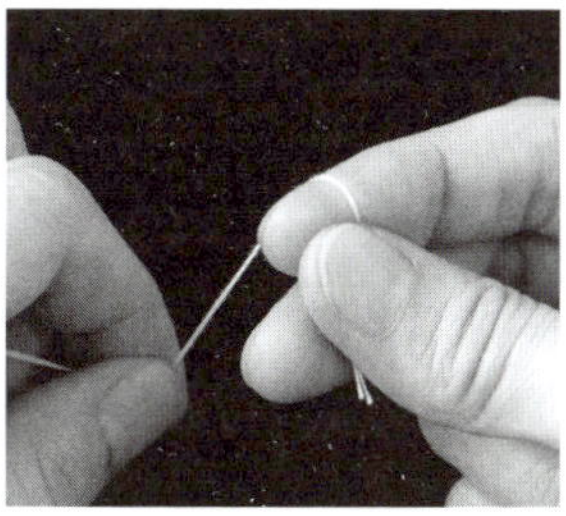

2

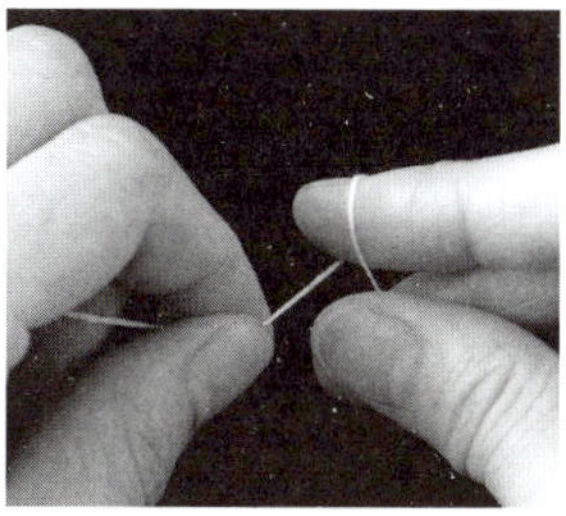

3

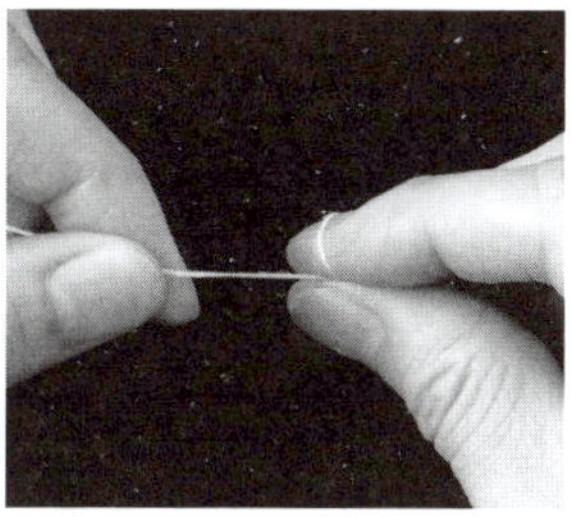

4

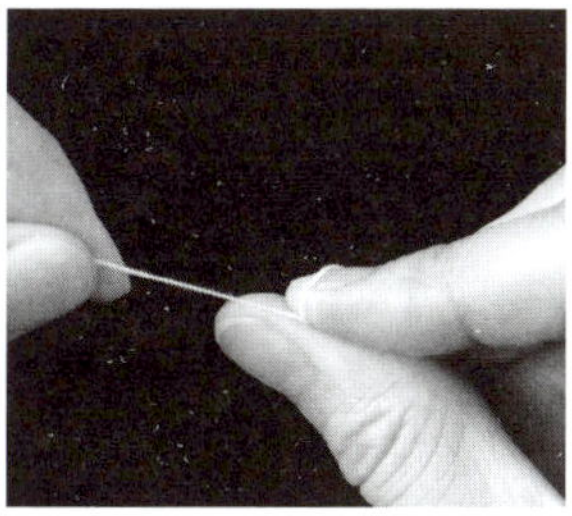

5

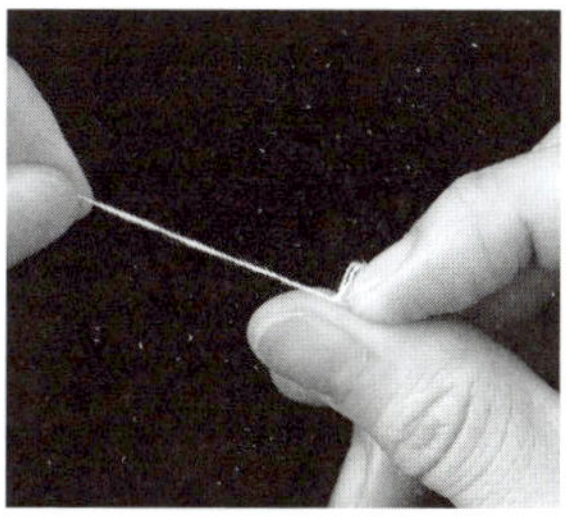

6

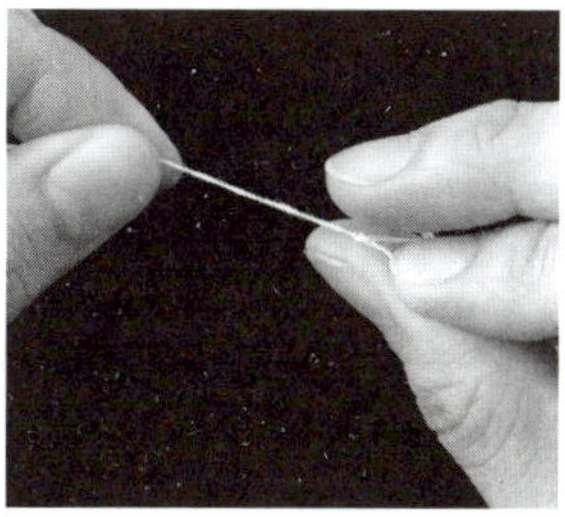

7

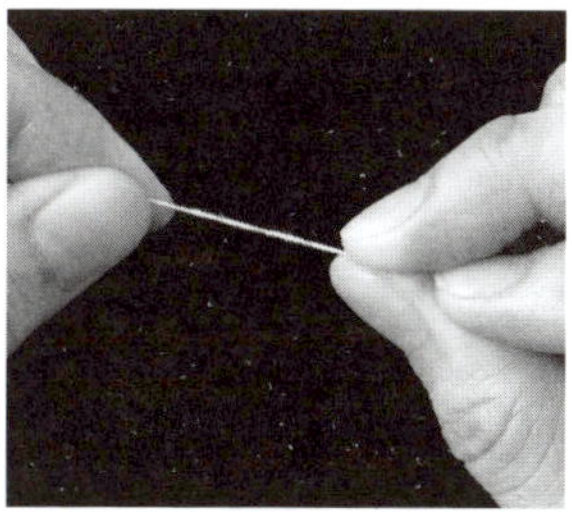

8

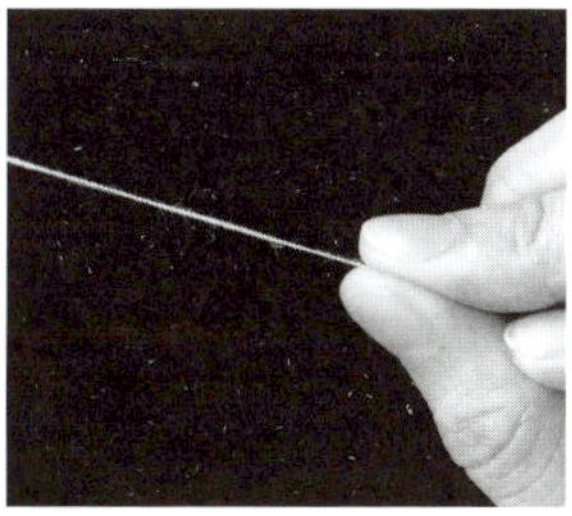

9

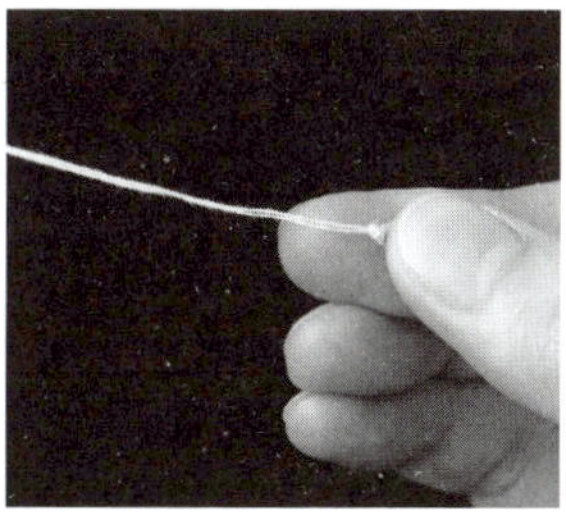

10

## ❍ Verknoten b

Den Faden zwei- bis dreimal um die Nadel wickeln und verknoten.

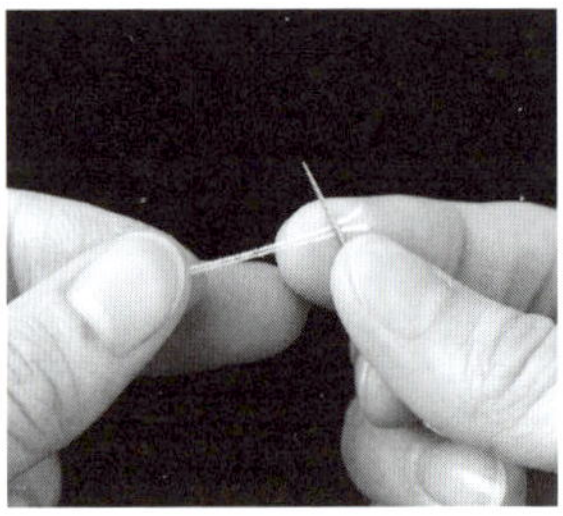

1

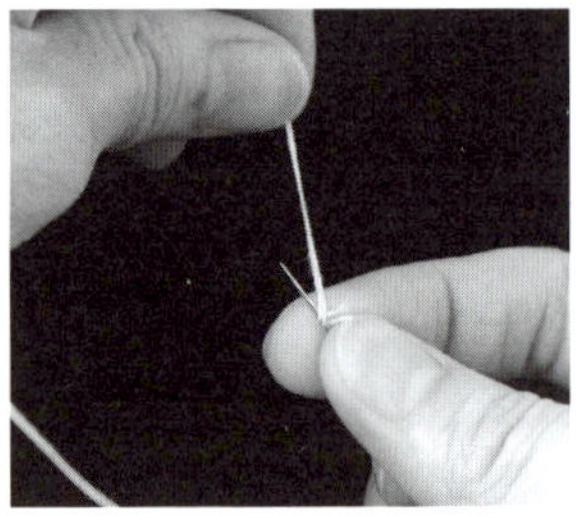

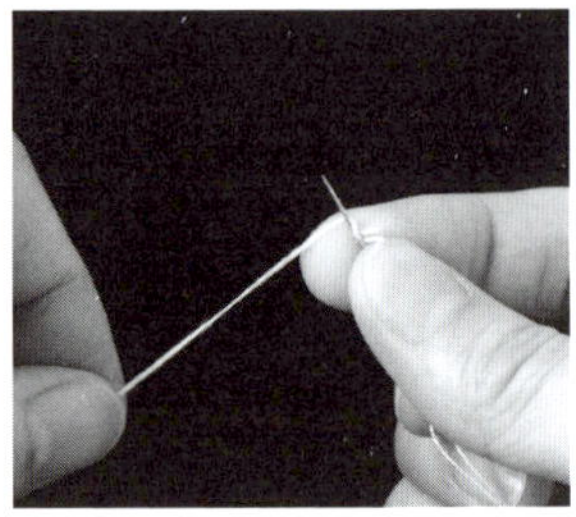

2 Den Faden um die Nadel wickeln.

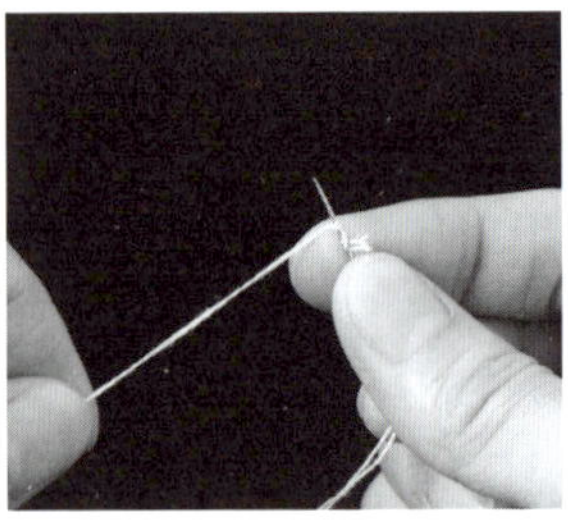

3 Zwei- bis dreimal wiederholen.

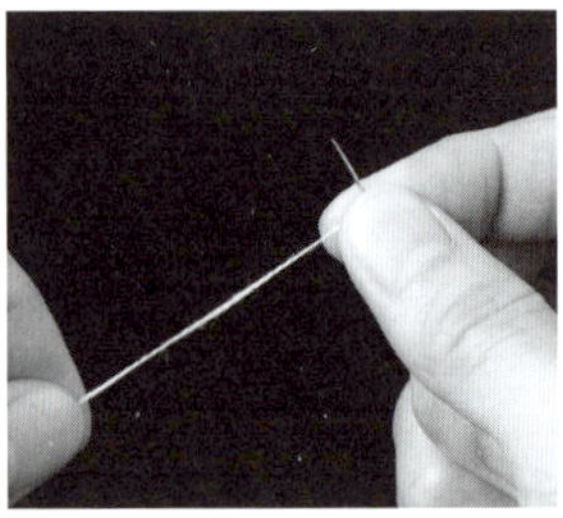

4

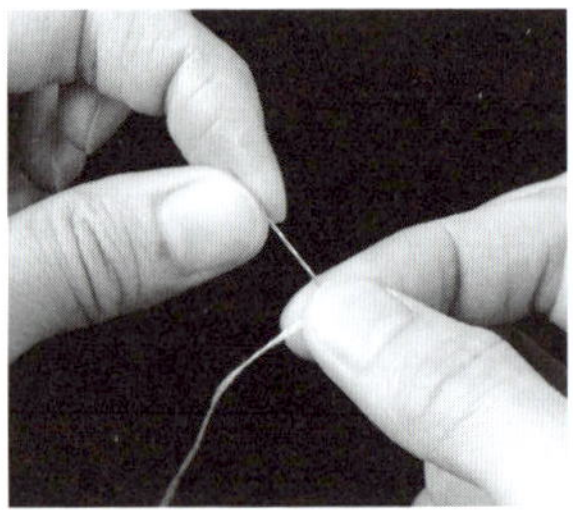

5

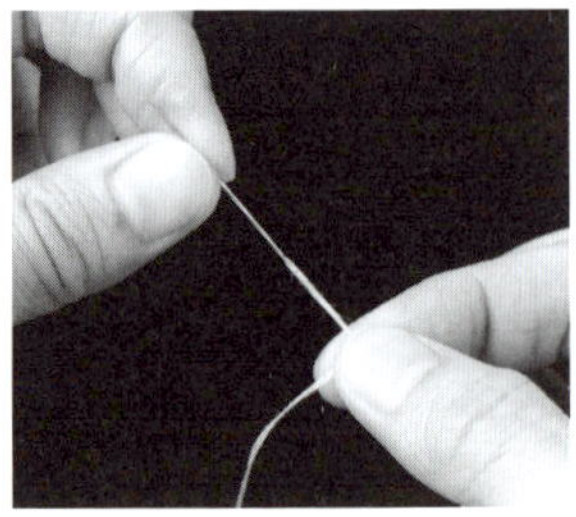

6

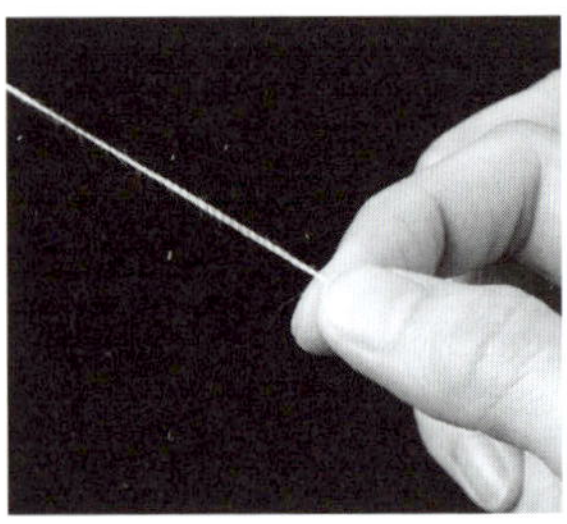

7

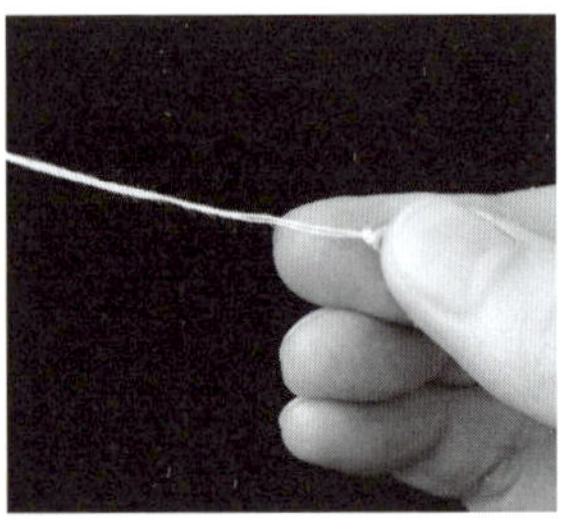

8

## ❍ Knoten am Nahtende

Damit das Nahtende sich nicht löst, den Faden zwei- bis dreimal um die Nadel wickeln und verknoten.

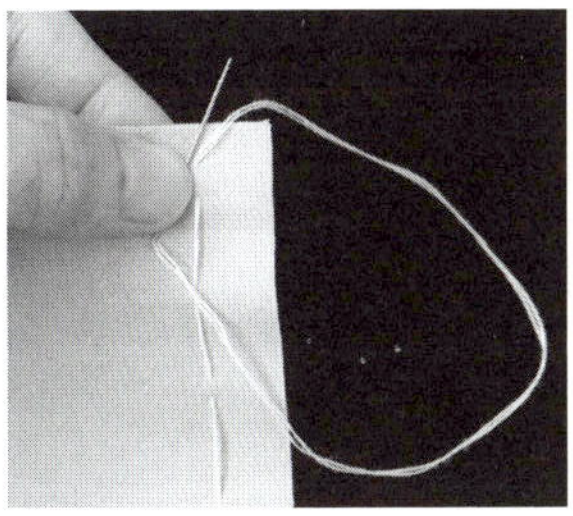

1

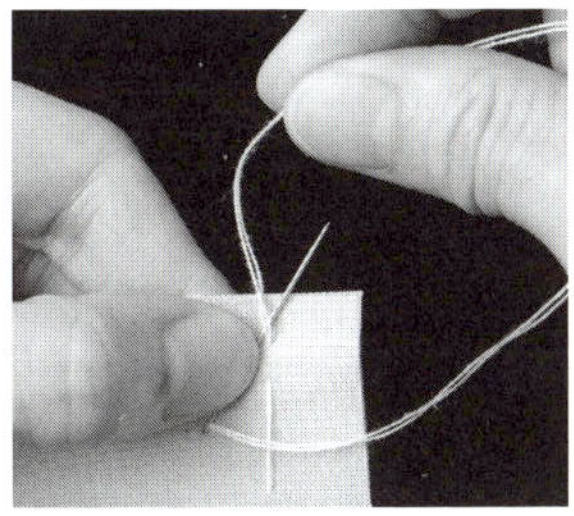

2 Den Faden um die Nadel wickeln.

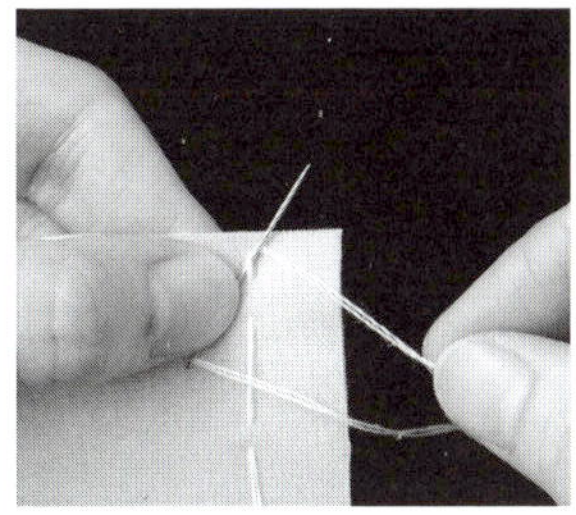

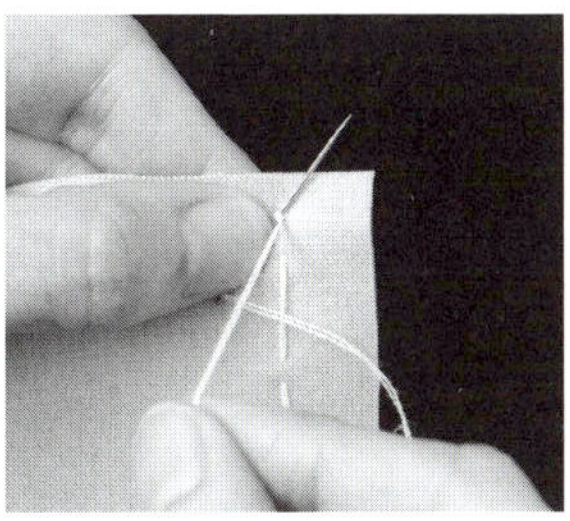

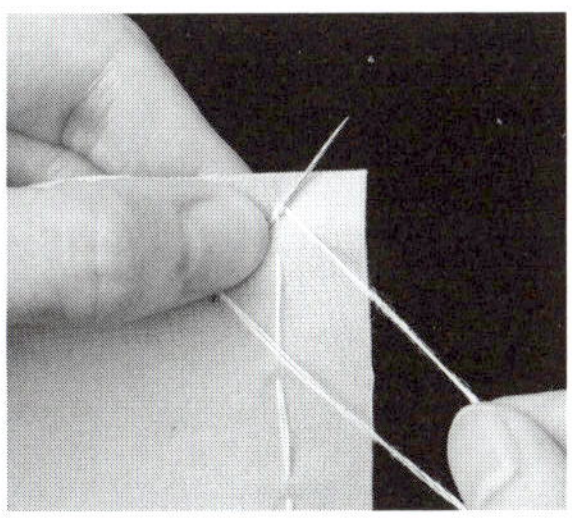

3 Zwei- bis dreimal wiederholen.

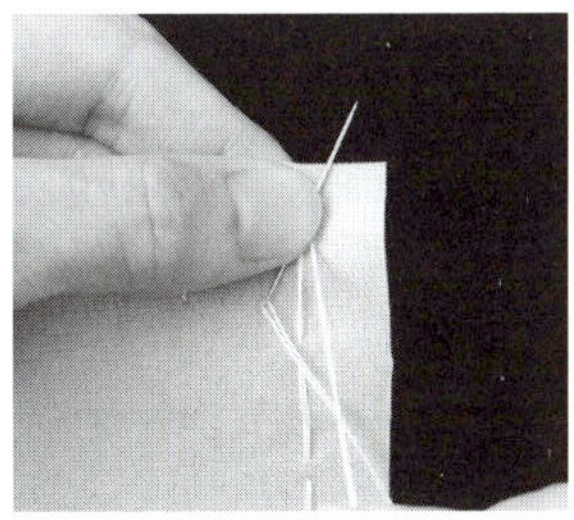

4

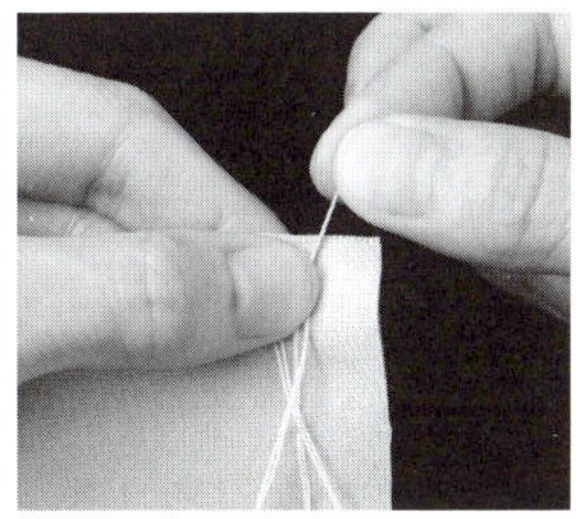

5

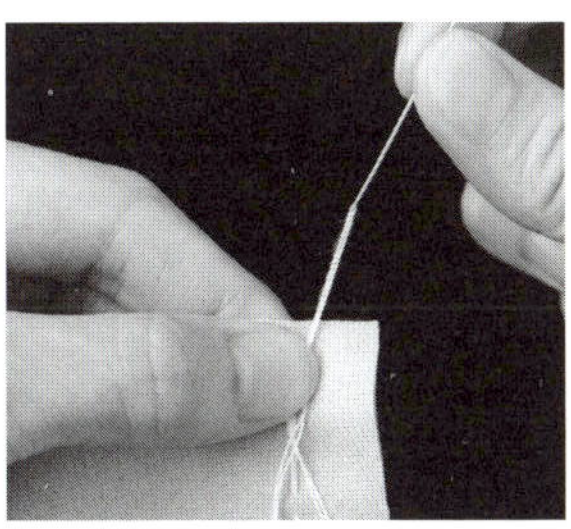

6

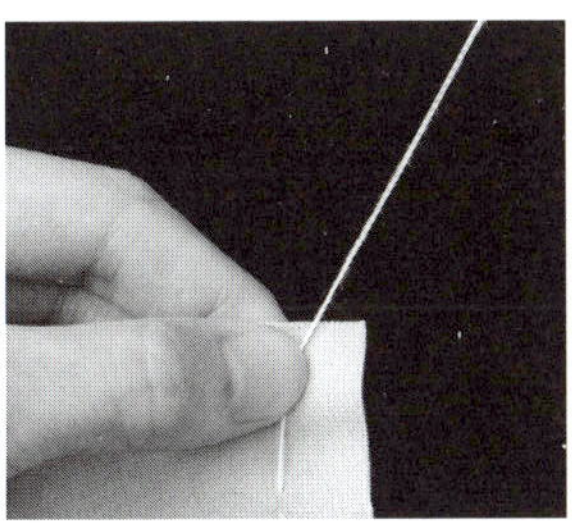

7

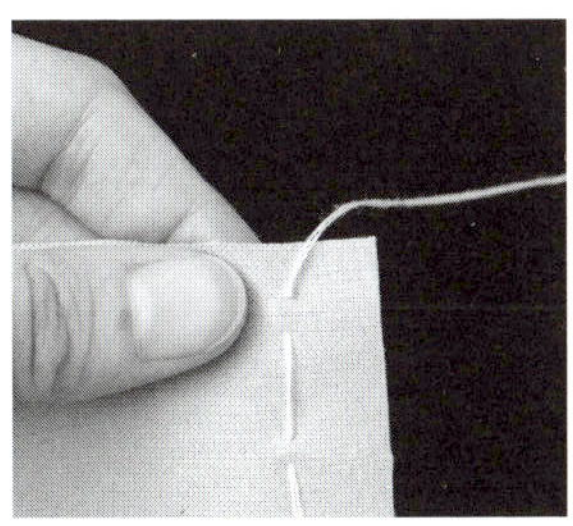

8

# Nähen mit der Nähmaschine

**Tipp:** Nahtbeginn und Nahtende mit Rückstichen sichern!

## Rückstich

Damit die Naht sich nicht wieder öffnet, wird sie mit dreifachem Rückstich gesichert.

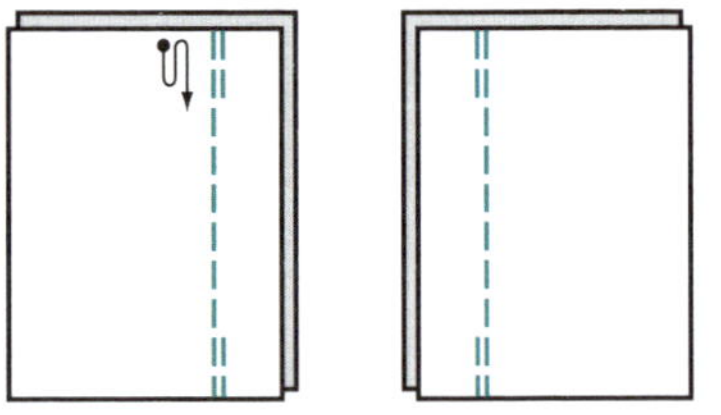

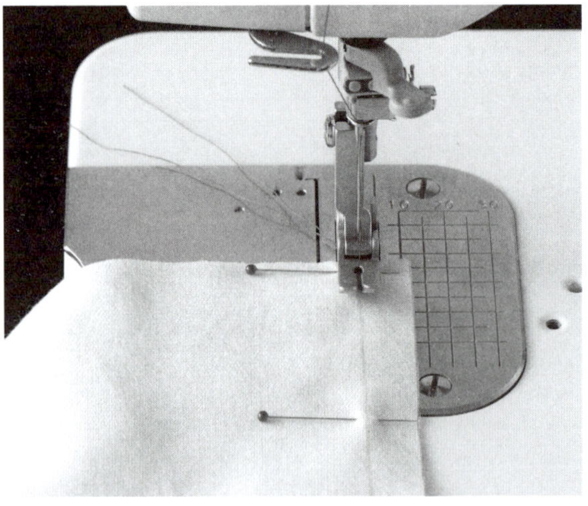

1 Ober- und Unterfaden ohne Schlingen unter dem Nähfuß hindurchführen und nach hinten wegziehen.

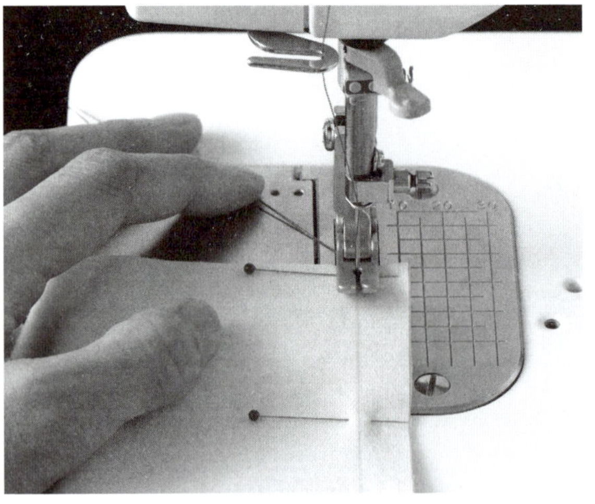

2 Ober- und Unterfaden leicht festhalten, die Nadel am Nahtbeginn in die unterste Position bringen und den Nähfuß absenken.

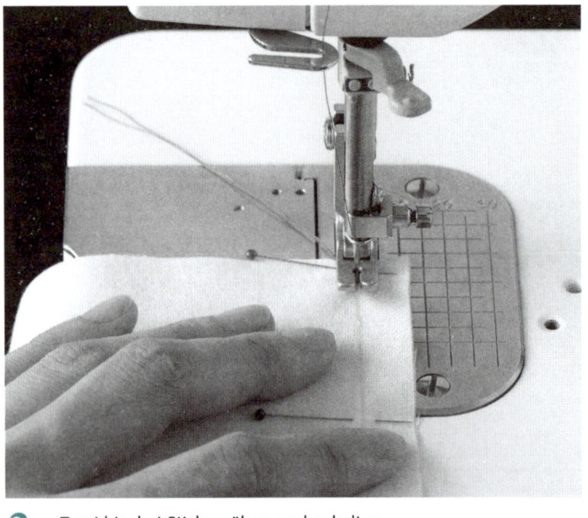

3 Zwei bis drei Stiche nähen und anhalten.

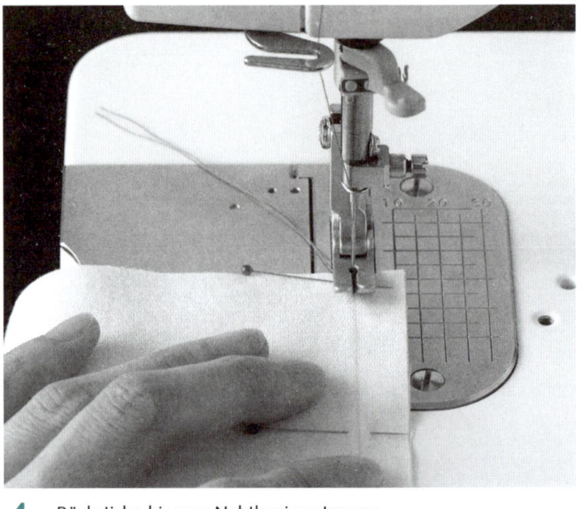

4 Rückstiche bis zum Nahtbeginn steppen.

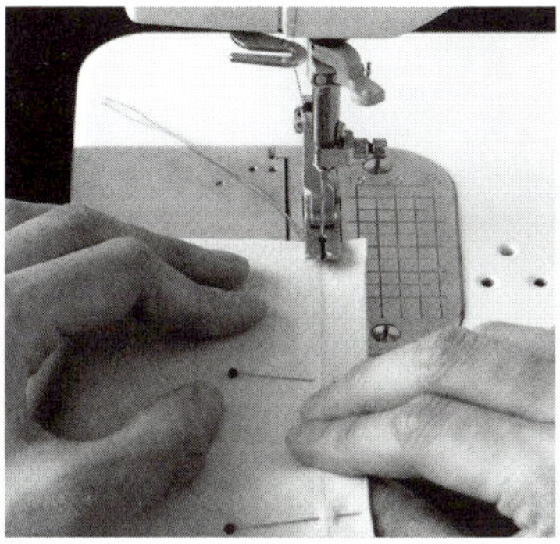

5 Beim Nähen den Stofftransport mit den Händen unterstützen, damit die Naht nicht verrutscht.

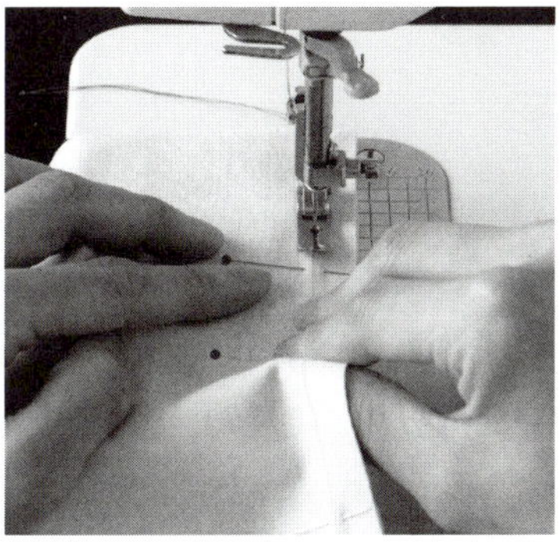

Beim Nähen drückt der Nähfuß von oben auf den Stoff, während der Transporteur unten schiebt. Leichtes Ziehen an der Unterseite verhindert ein Gegeneinanderverschieben.

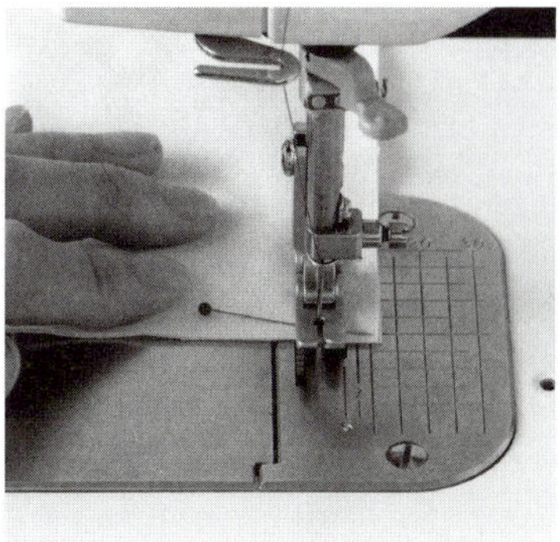

6 Am Nahtende so anhalten, dass die Nadel im Stoff bleibt, um Rückstiche auszuführen.



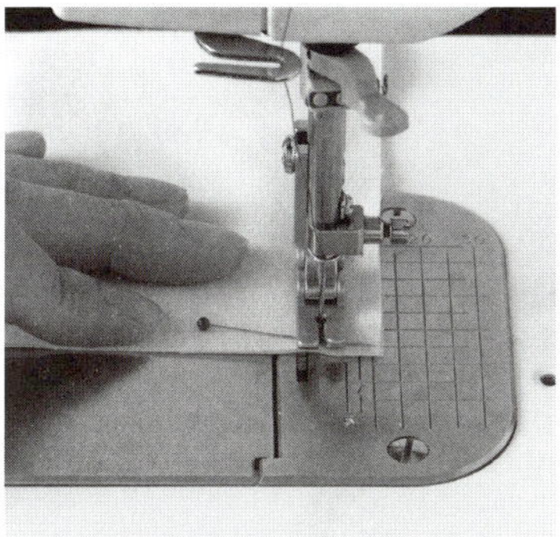

7 Zwei bis drei Stiche auf der Naht zurücknähen.

8 Erneut bis zum Nahtende nähen.

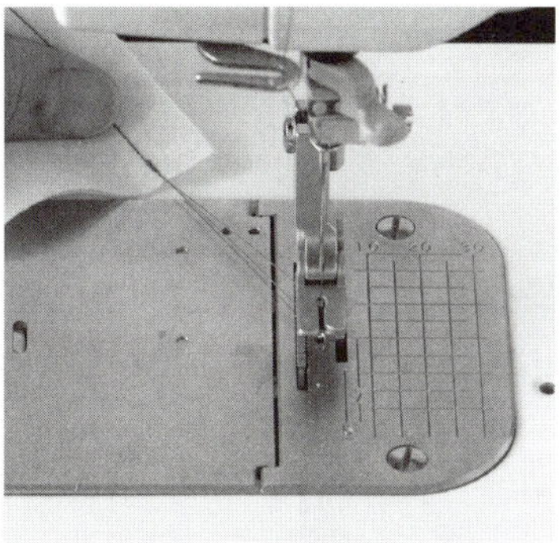

9 Vor dem Herausziehen des Stoffes muss die Nadel ganz oben sein. Nähfuß anheben, Stoff nach hinten herausziehen, Faden abschneiden.

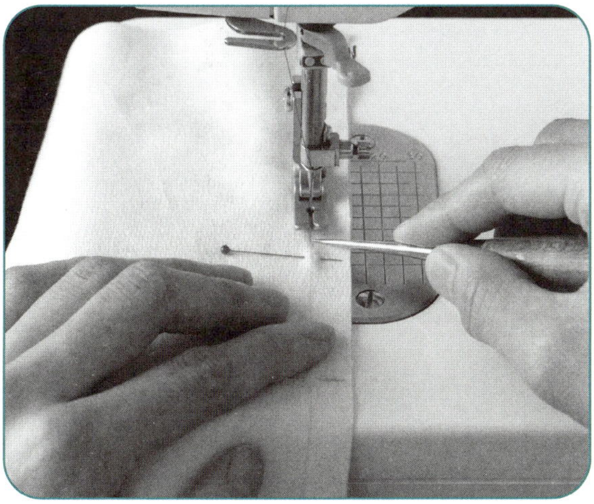

Das Niederdrücken des Stoffes an der Nähstelle während des Stofftransports verhindert unsaubere Nähte.

## ◆ Pfriem

Spitzes Werkzeug aus Metall. Kann z. B. zum Lösen von Maschinen- oder Heftnähten verwendet werden oder um den Stoff nach dem Ausführen von Rückstichen wieder in Form zu bringen.

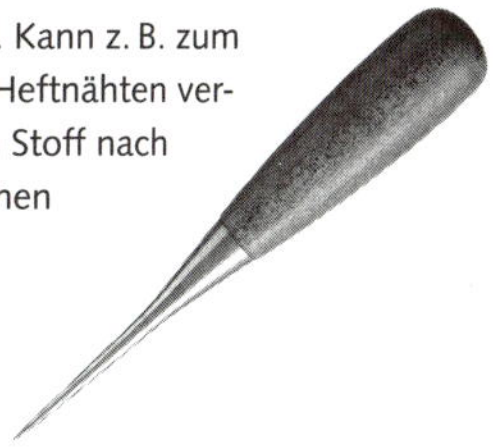

## ◆ Fadenschneider

Grifflose Schere, die von Hand bedient wird. Vor allem zum Durchschneiden von Garn. Kann wegen seines geringen Platzbedarfs gut in unmittelbarer Reichweite aufbewahrt werden.

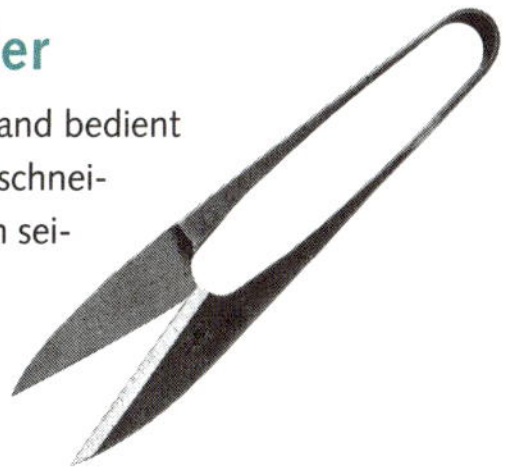

# Nähbreite einhalten

**Tipp:** Führung für die gewünschte Nähbreite herstellen, Stoffkante an der Führung ausrichten und parallel dazu nähen.

## Markierungen auf der Stichplatte

Sind auf der Stichplatte der Nähmaschine feste Abstände von der Nadelöffnung eingraviert, die Stoffkante vor dem Nähen an der gewünschten Nahtbreite ausrichten.

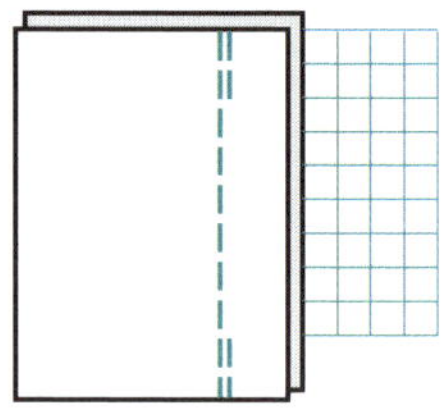

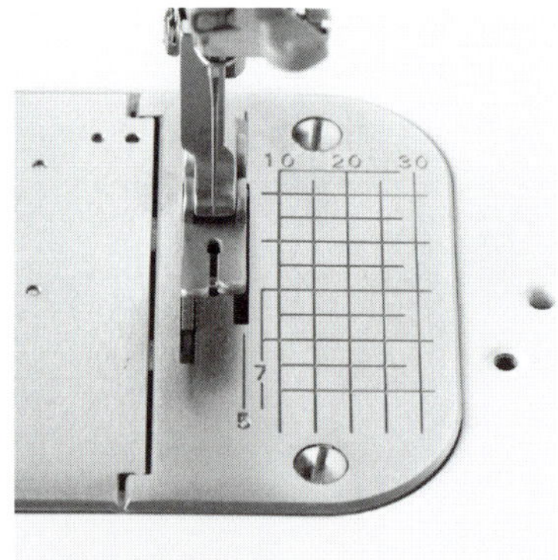

## Abdeckband

Ist die gewünschte Markierung auf der Stichplatte nicht vorhanden, können Sie an der gewünschten Breite auch ein Abdeckband aufkleben und sich beim Nähen daran orientieren.

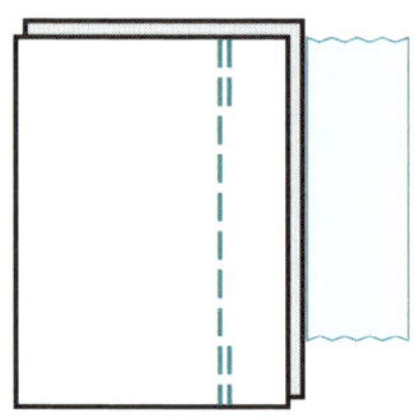

## Magnetische Saumhilfe

Hier wird die Stoffkante beim Nähen exakt an einer festen Metallkante vorbeigeführt und damit eine unsaubere Naht verhindert.

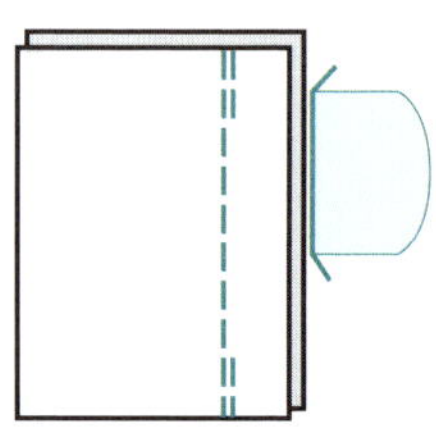

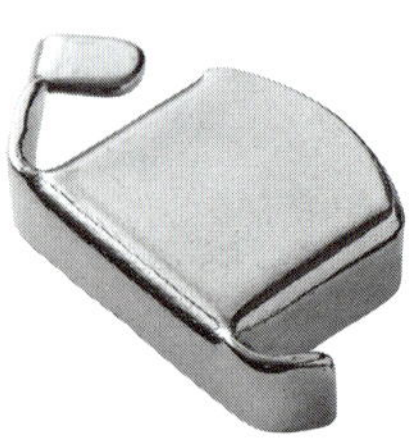

Da die Saumhilfe magnetisch ist, lässt sie sich an der metallenen Stichplatte fixieren. Die massive Nahthilfe eignet sich gut für gerade Nähte.

# Abstandhalter

Besonders praktisch, wenn nicht an der Stoffkante, sondern weiter innen im Stoff genäht werden soll.

Einstellbare Breite
ca. 2,5 cm

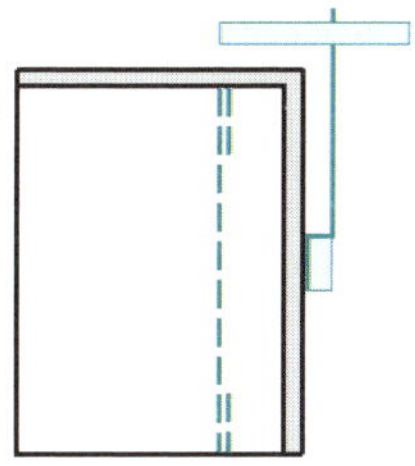

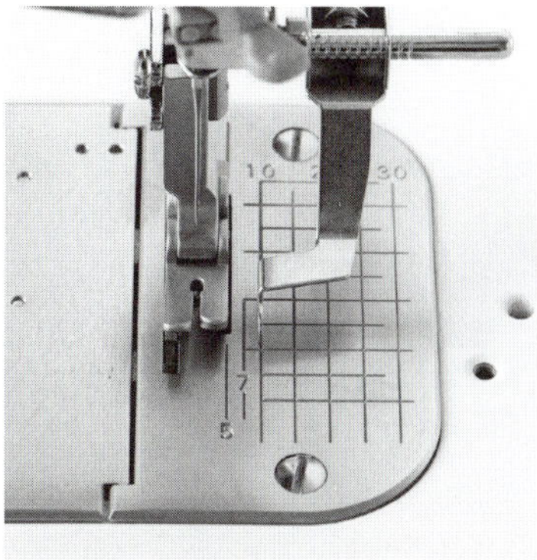

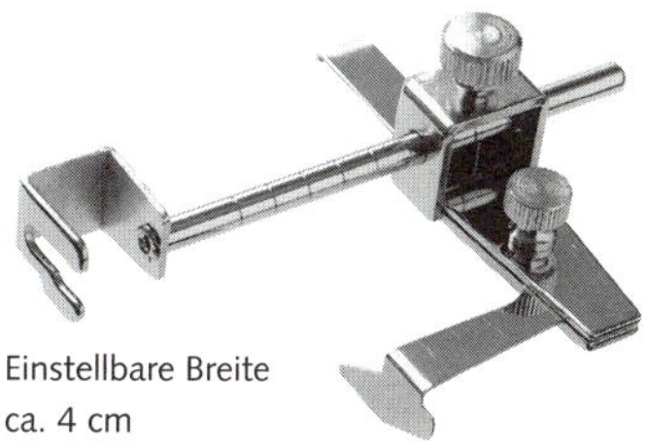

Einstellbare Breite
ca. 4 cm

Der Abstandhalter wird an der Nadelstange befestigt. Die gewünschte Nähbreite lässt sich am Schieberegler einstellen. Durch ihren geringen Platzbedarf eignet sich diese Nahthilfe auch für gerundete Nähte.

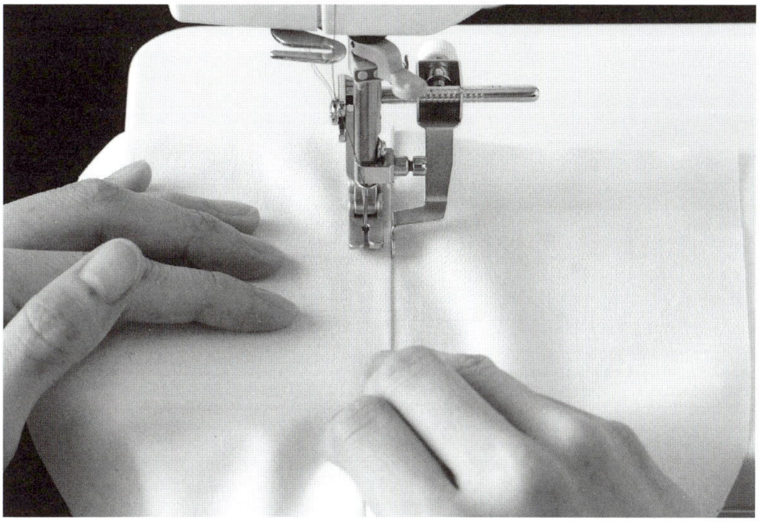

Der Abstandhalter eignet sich auch für Steppnähte u. Ä. mitten im Stoff.



# Kartonstreifen

Bei breiten Nahtabständen leicht anzuwenden und praktisch. Verhindert auch das Verrutschen des Stoffes.

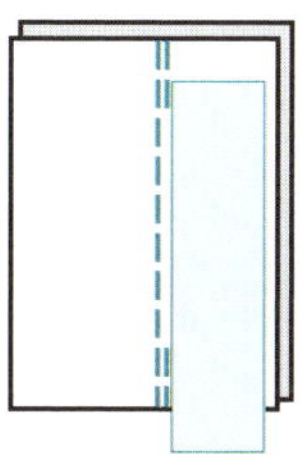

Aus Karton einen Streifen in der gewünschten Nähbreite ausschneiden.

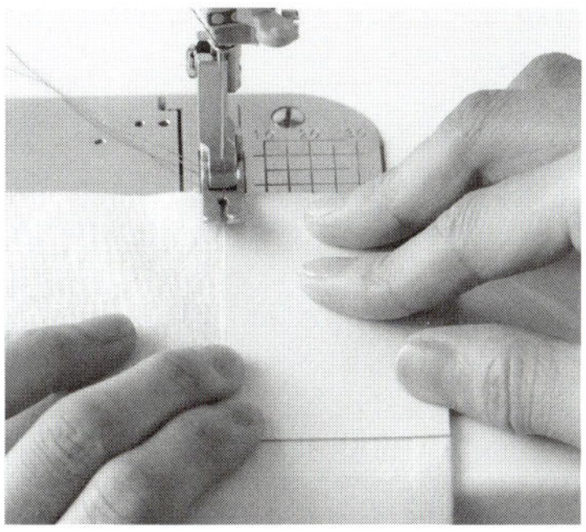

1 Eine Kante des Kartonstreifens an der Stoffkante ausrichten und die Nadel an der gegenüberliegenden Kante in die unterste Position bringen.

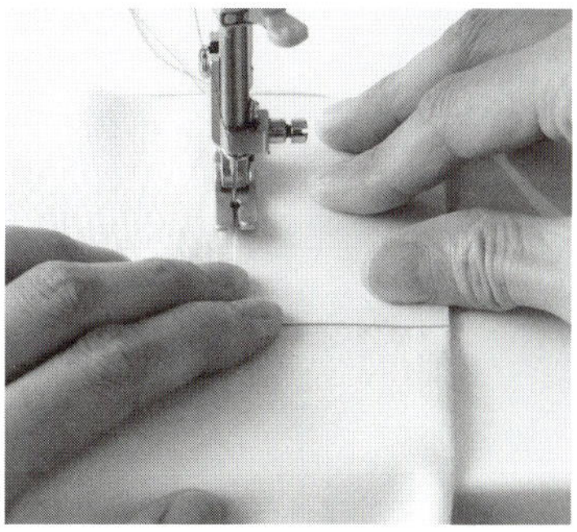

2 An der Kartonkante entlangnähen, dabei den Kartonstreifen entlang der Stoffkante mitführen.

# Nahtzugaben auseinander-/umbügeln

**Tipp:** Gesetzte Naht erst mit dem Bügeleisen glätten, dann zum nächsten Arbeitsschritt übergehen.

## Naht glätten

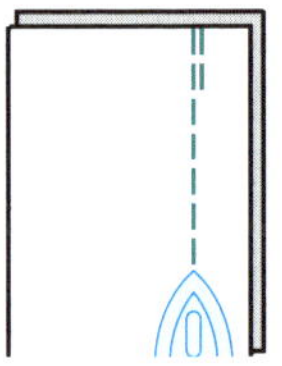

Bevor die Nahtzugaben in eine Richtung oder auseinandergebügelt werden, müssen immer erst die Unebenheiten der Naht mit dem Bügeleisen geglättet werden. Dieser Arbeitsschritt ist wichtig für ein schönes Endergebnis.

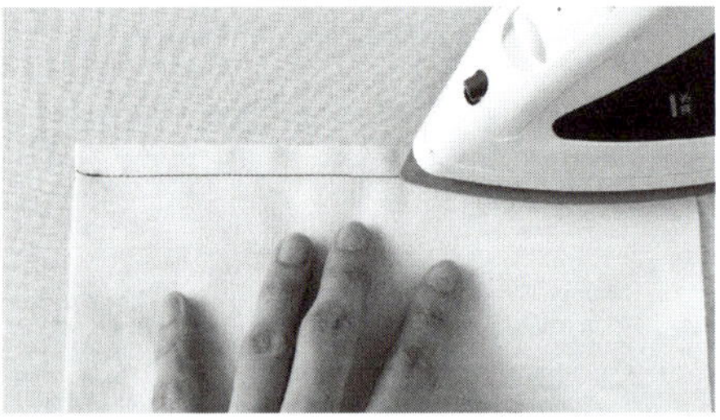

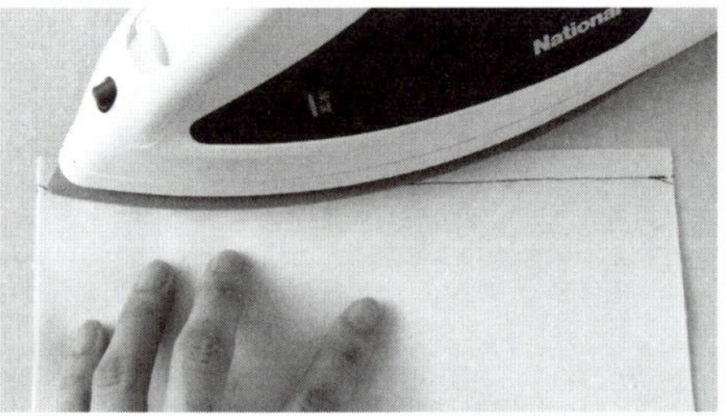

## Nahtzugaben auseinanderbügeln

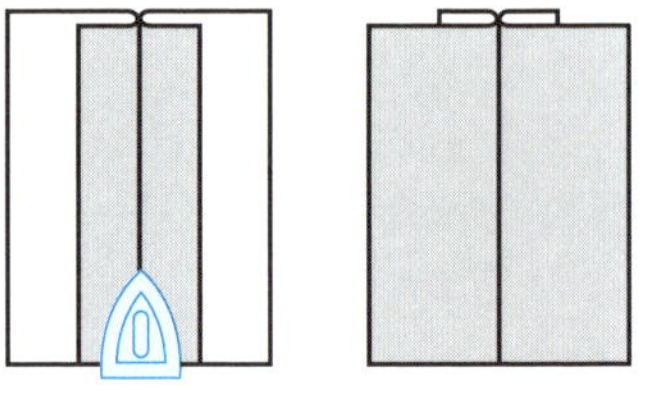

Die Nahtzugaben werden auseinandergebügelt, nicht um sie flachzudrücken, sondern damit die Naht flach liegt.

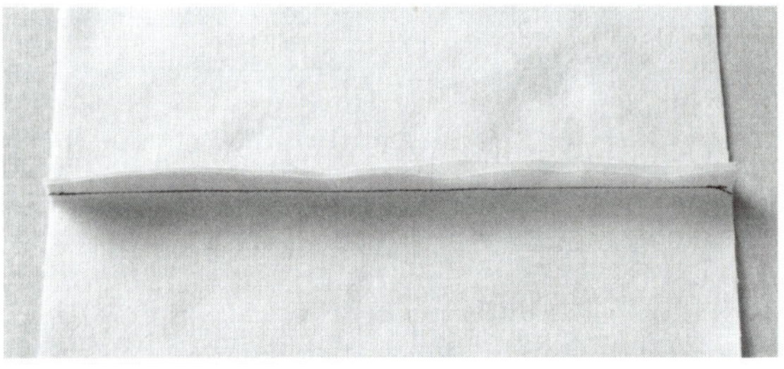

1 Die Stoffteile so auslegen, dass die Naht ganz gerade ist.

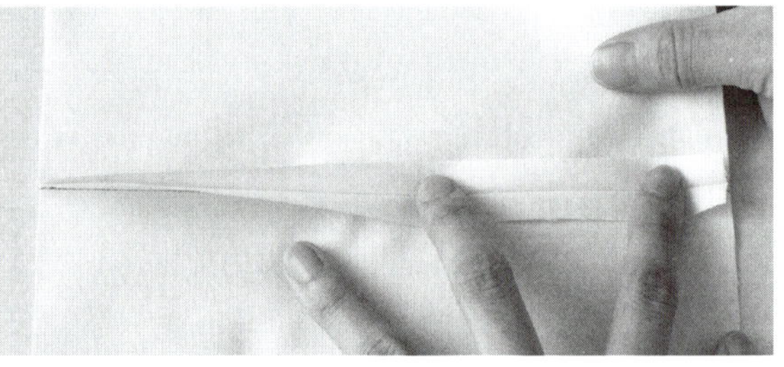

2 Die Nahtzugaben mit den Fingerspitzen entlang der Naht auseinanderdrücken.

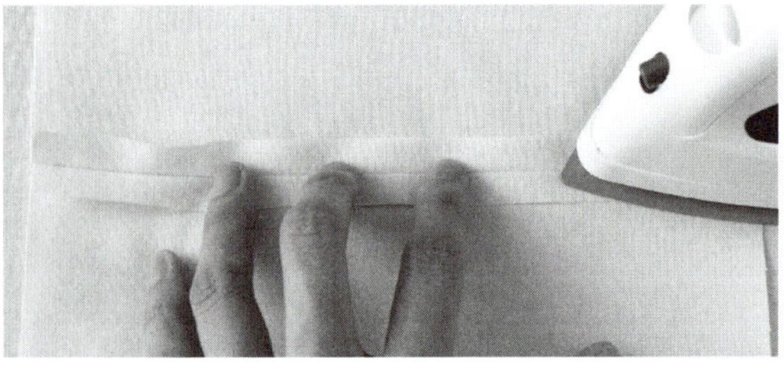

3 Mit dem Bügeleisen die Naht flach drücken. Ein Ärmelkissen vereinfacht das Bügeln (siehe S. 37).

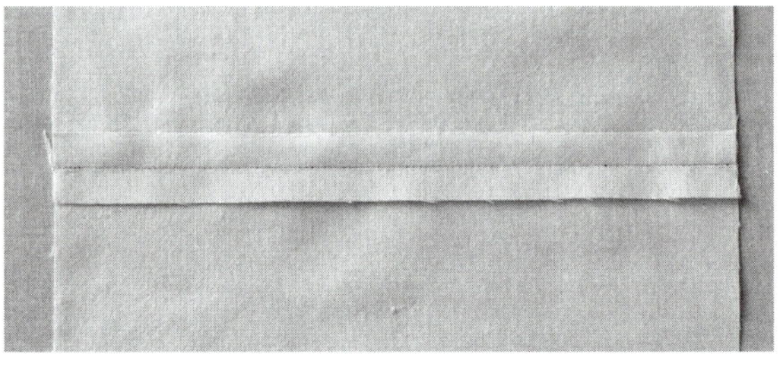

4 Fertige Naht.

## ❍ Nahtzugaben auseinanderbügeln bei dicken Stoffen, Wollstoffen etc.

Wenn der Dampf des Bügeleisens zum Auseinanderbügeln nicht ausreicht, feuchtet man von Hand ein.

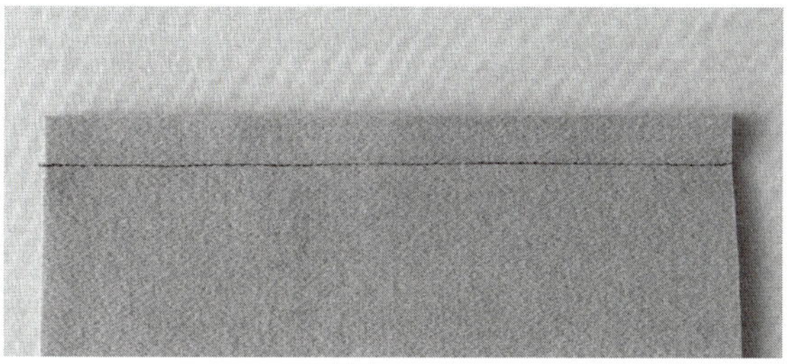

1 Die Naht glätten.

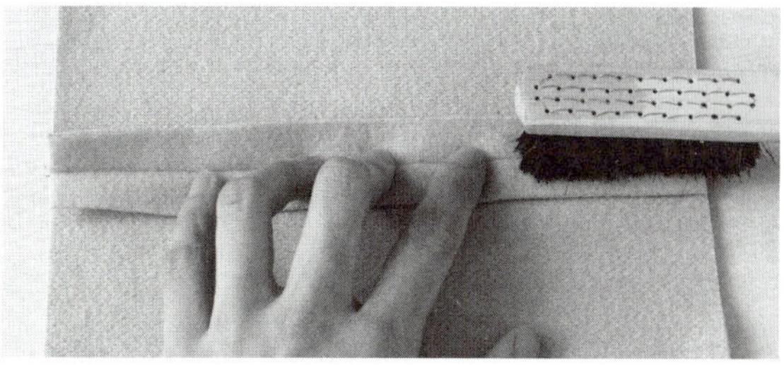

2 Die Nahtzugaben öffnen und mit einer Kleider- oder Zahnbürste Wasser auf die Naht auftragen.

Die befeuchtete Naht.

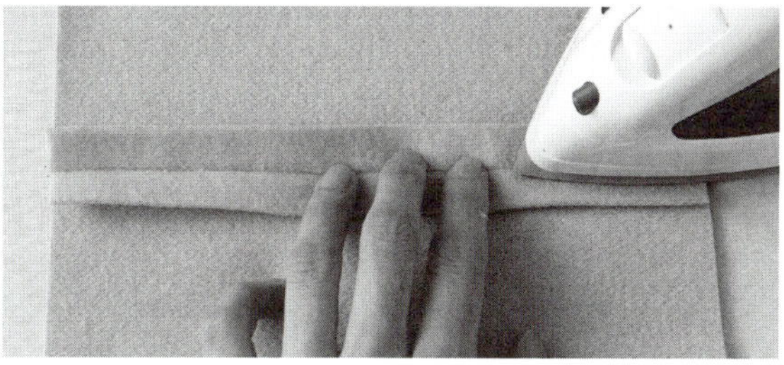

3 Mit der Spitze des Bügeleisens ohne Dampf die Naht so lange mit Druck auseinanderbügeln, bis das Wasser verdampft ist.

Solange die zweite Hand sich in der Nähe des Bügeleisens befindet, das Bügeleisen nicht anheben, da der dabei entweichende Dampf die Hand verbrühen kann.

4 Fertige Naht.

Rechte Seite.



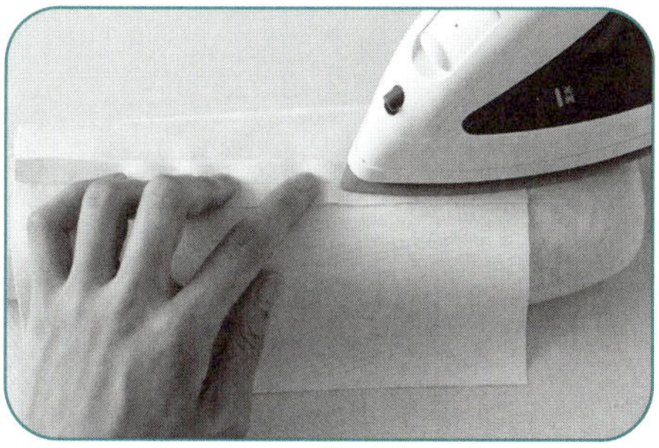

### ◆ Ärmelkissen

Kleines Bügelkissen mit abgerundetem Teil, das zum Fertigstellen von Ärmeln etc. verwendet wird. Beim Auseinanderbügeln von Nahtzugaben sorgt es dafür, dass nur die relevanten Stellen gebügelt werden, und verhindert, dass die Nahtzugaben sich auf die rechte Seite durchdrücken. Lässt sich auch bei Näharbeiten wie dem Heften verwenden.

# Nahtzugaben umbügeln

Hier wird der Stoff zunächst mit dem Bügeleisen an der Naht umgeklappt, anschließend werden die Nahtzugaben in eine Richtung gebügelt.

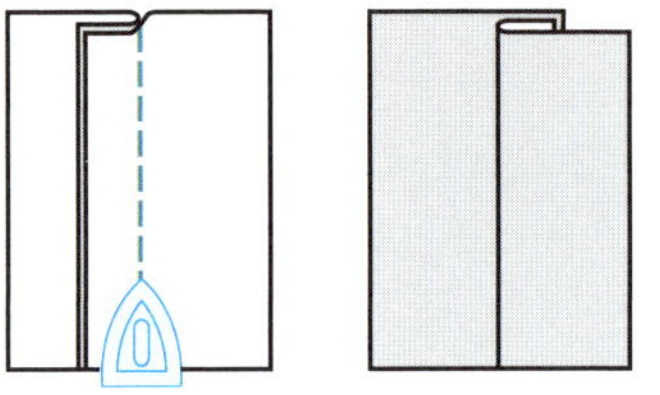

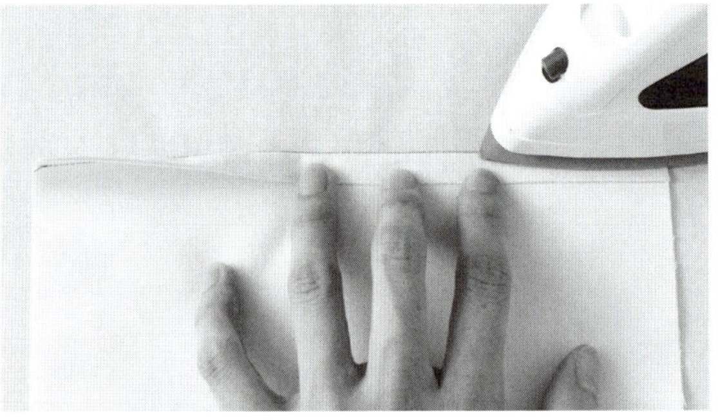

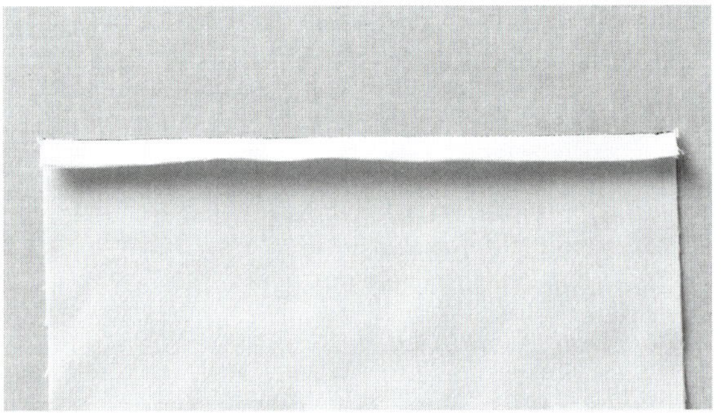

1 Beide Nahtzugaben an der Naht umschlagen. Bei besonders dünnen Stoffen die Kante mit dem Bügeleisen nachfahren, damit die Nahtlinie sauber aussieht. Dabei mit ausreichend Druck bügeln und darauf achten, dass die Naht nicht wieder zurückklappt.

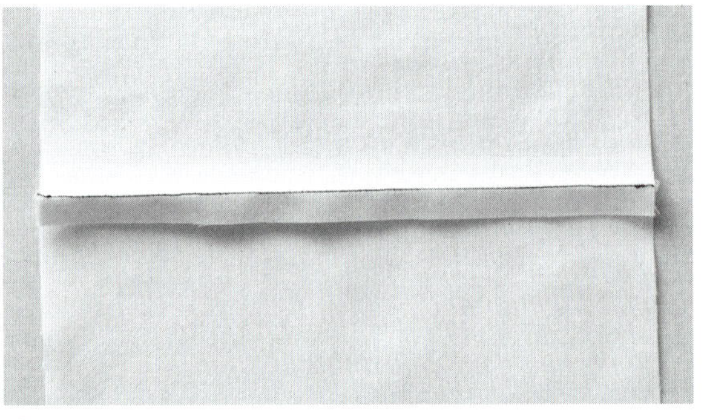

2 Den Stoff mit den nach einer Seite gebügelten Nahtzugaben ausbreiten.

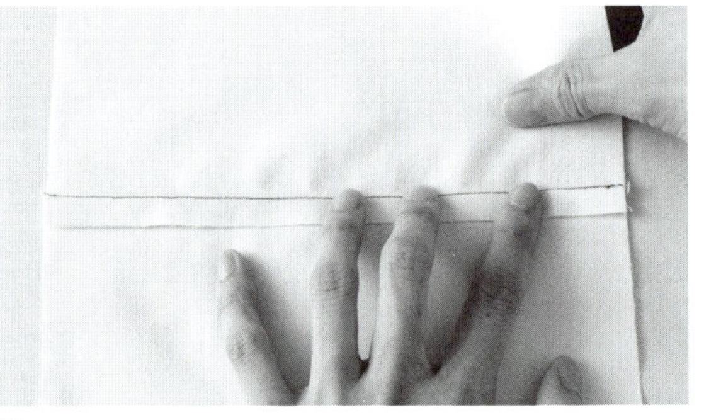

3 Die Naht mit den Fingern flach drücken.

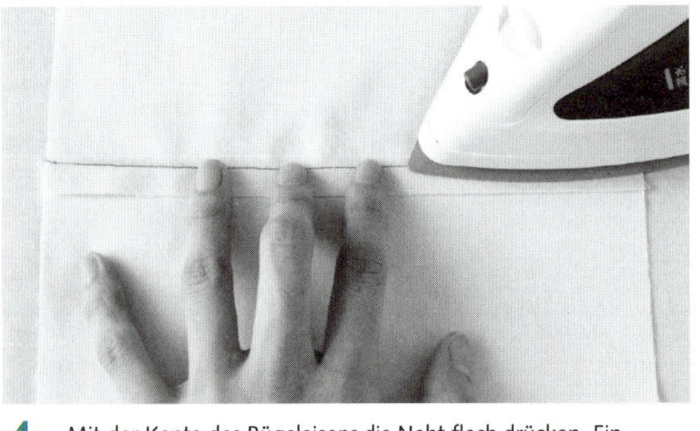

4 Mit der Kante des Bügeleisens die Naht flach drücken. Ein Ärmelkissen vereinfacht das Bügeln (siehe S. 37).

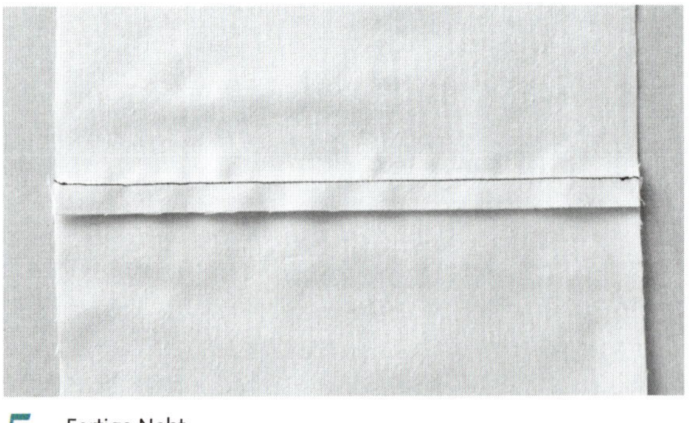

5 Fertige Naht.

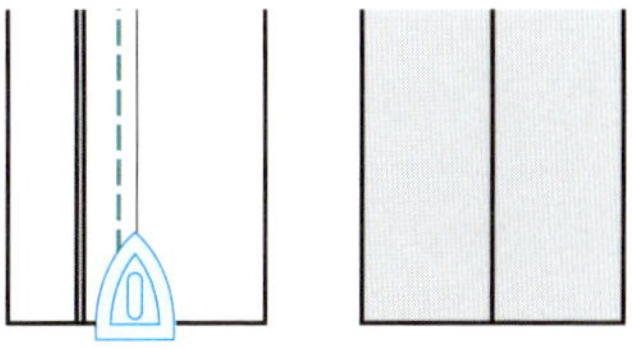

## ❍ Naht mit Mehrweite

Bei dieser Variante wird die Naht knapp neben der Nahtlinie in die Nahtzugabe gesetzt, die Nahtzugaben werden jedoch an der Nahtlinie umgebügelt.

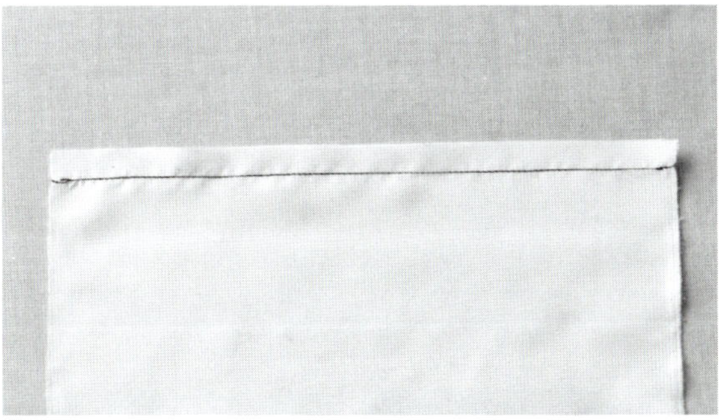

**1** Die Naht 3–5 mm neben der Nahtlinie in die Nahtzugabe setzen.

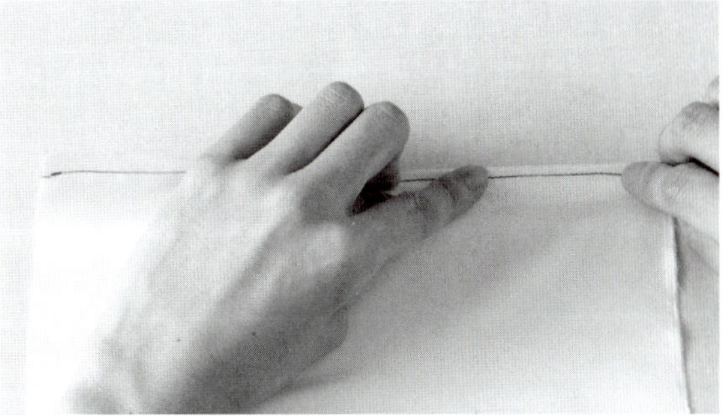

**2** Beide Stofflagen an der Nahtlinie umschlagen.

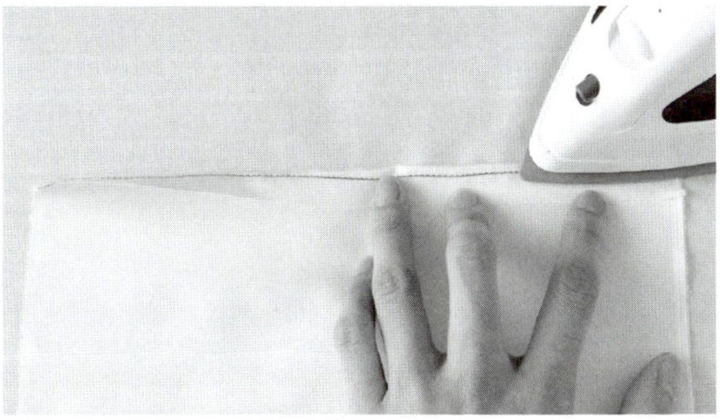

**3** Den Stoffbruch flach bügeln.

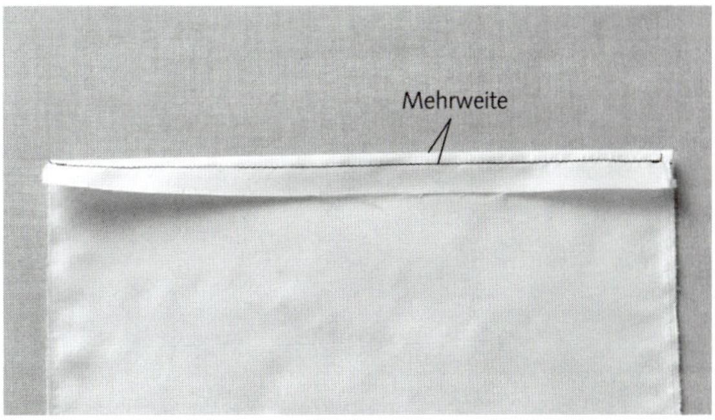


**4** Der Bereich von der Naht bis zum Stoffbruch an der Nahtlinie ist die Mehrweite.

**5** Die Nahtzugaben vom Stoffbruch aus in eine Richtung umschlagen und den Stoff öffnen.

### Mehrweite

Beim Füttern eines Stoffes wird der Futterstoff so befestigt, dass er noch etwas Spiel hat und den Bewegungen des Außenstoffs gut folgen kann.

# Nahtzugaben in Schläuchen auseinander-/umbügeln

Beim Bügeln darauf achten, dass an anderer Stelle keine unerwünschten Bügelfalten entstehen.

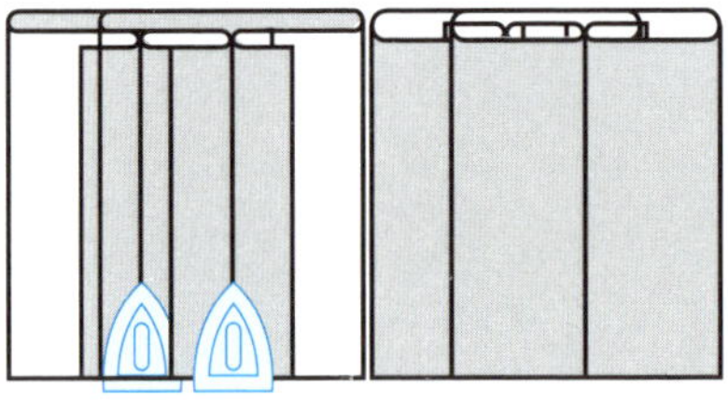

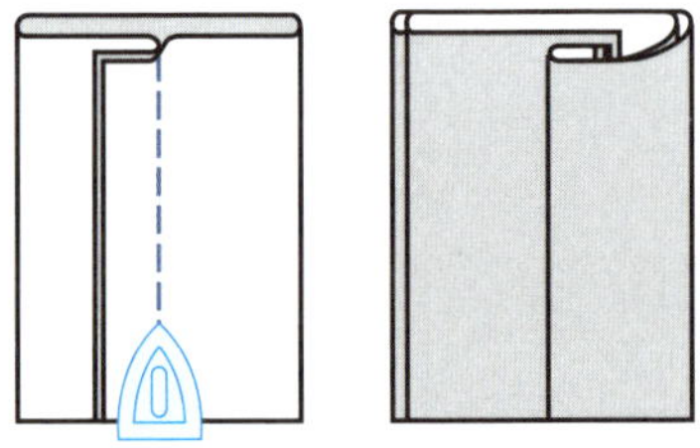

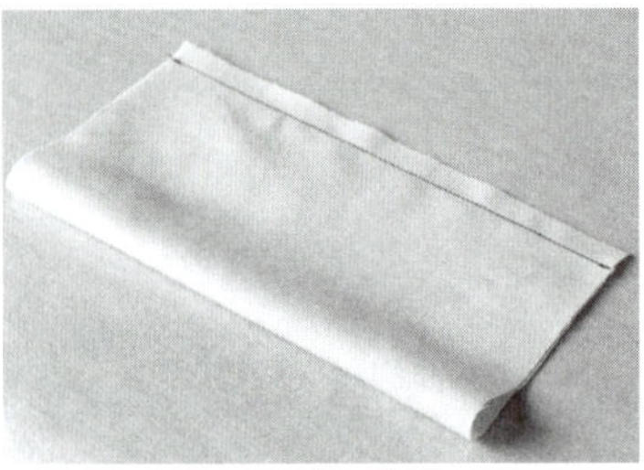

1 Die Naht glätten (siehe S. 36).

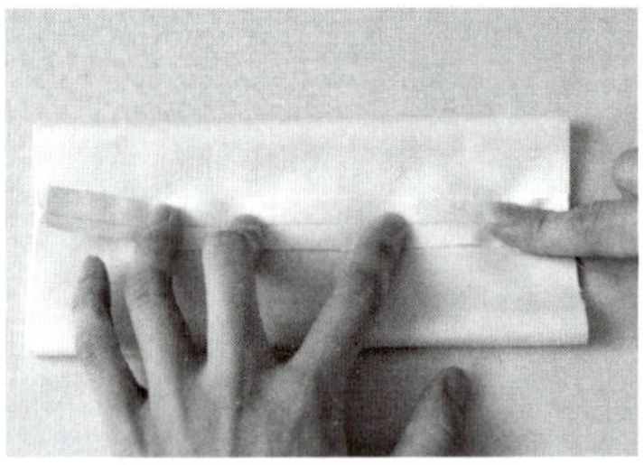

2 Die Naht in die Mitte des Schlauches schieben und die Nahtzugaben auseinander- bzw. umbügeln.

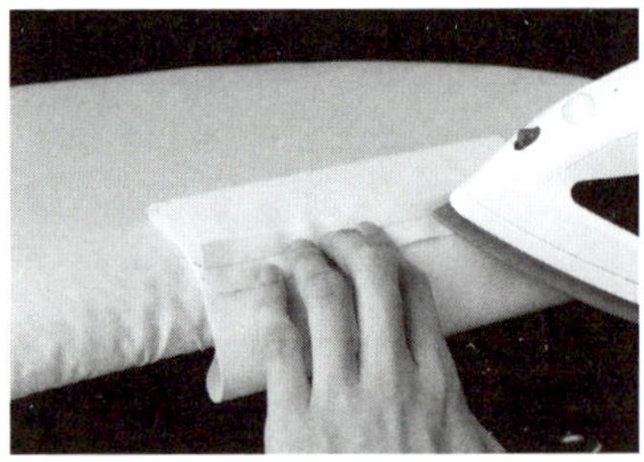

3 Den Stoff so an den Rand des Bügelbretts legen, dass das Bügeleisen nur die zu bügelnden Teile erreicht und auf dem Schlauch keine unschönen Bügelfalten entstehen.

## ○ Verwendung von Ärmelkissen oder Bügelbock

Der Schlauch muss einen ausreichend großen Durchmesser haben, um Ärmelkissen oder Bügelbock hindurchzuführen.

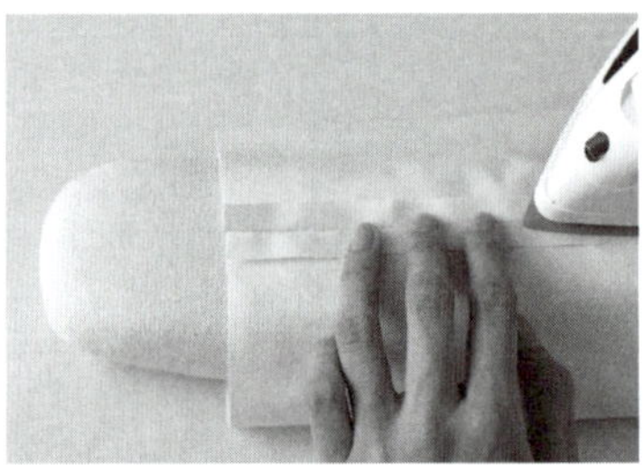

Das Ärmelkissen durch den Schlauch schieben und die Nahtzugaben auseinander- bzw. umbügeln.

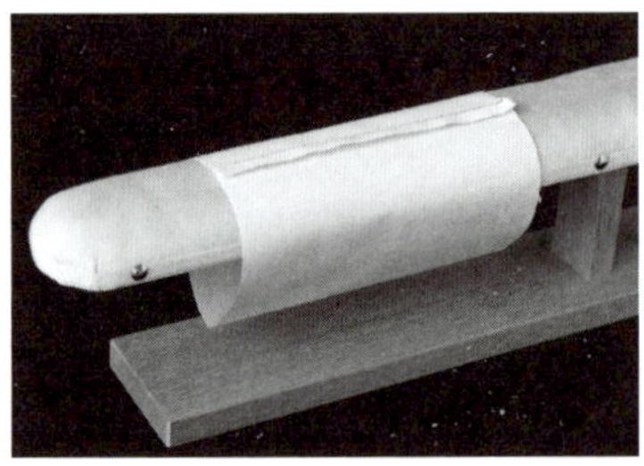

Mit dem Bügelbock auf dieselbe Weise verfahren.

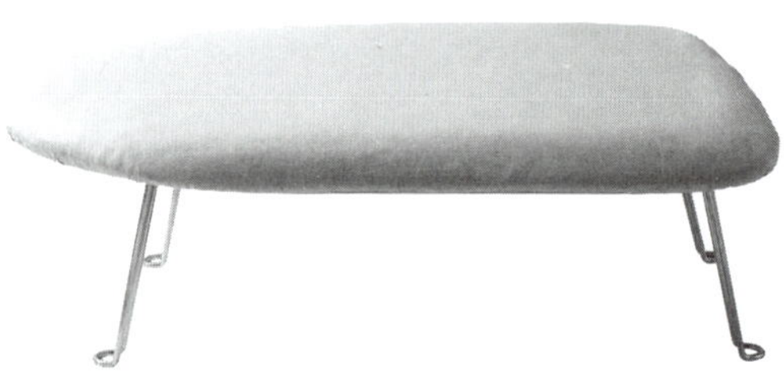

### ◆ Bügelbrett

Gepolstertes Brett auf einem Gestell, das zum Bügeln verwendet wird.

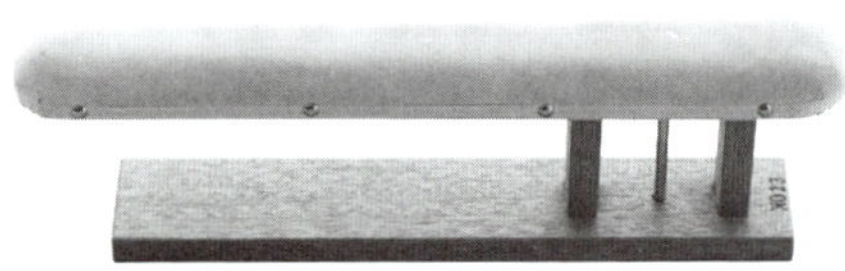

### ◆ Bügelbock

Ein Bügelbock ist ein gepolstertes, mit Stoff überzogenes Brett auf einem Holzfuß. Kommt v. a. beim Schneidern von Jacketts zum Einsatz.

# Verstürzen

Wahre Schönheit kommt von innen! Wenn die Nahtzugaben auf der Innenseite richtig angeordnet sind, sieht das Kleidungsstück auf der Außenseite ebenfalls ordentlich aus. Es ist wichtig, auch an den unsichtbaren Stellen sauber zu arbeiten. Neben der Anordnung der Nahtzugaben sind natürlich auch die saubere Verarbeitung des Garnes und ein ordentlicher Arbeitsplatz sehr wichtig.

# Verstürzen

**Tipp:** Je nachdem, wie die Naht nach dem Verstürzen aussehen soll, kommen hier unterschiedliche Bezeichnungen und Methoden zum Einsatz.

## Stoß an Stoß

Hier liegen die beiden Stoffteile wie die Kanten einer Pinzette genau nebeneinander.

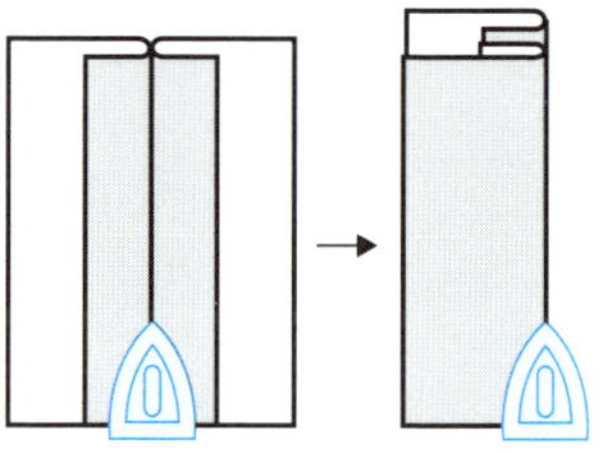

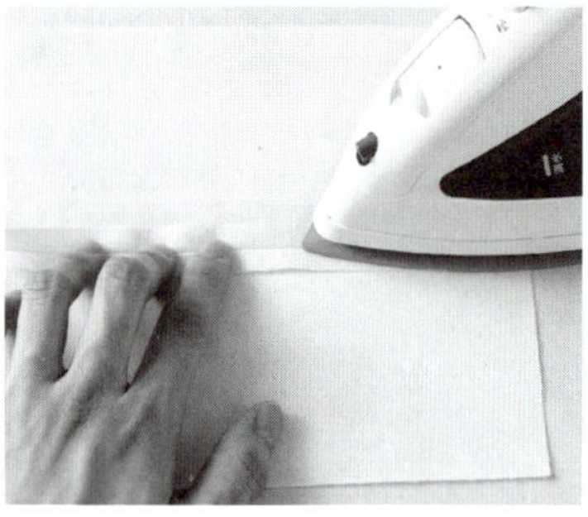

1 Die Nahtzugaben auseinanderbügeln (siehe S. 36). An Rundungen oder wenn ein Auseinanderbügeln nicht möglich ist, an der Naht umbügeln.

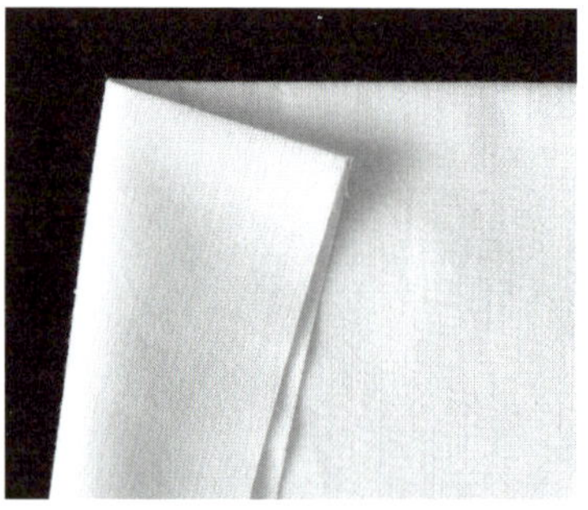

2 Die Arbeit wenden und die Stoffkanten auf der Außenseite so flach bügeln, dass sie wie die Kanten einer Pinzette exakt aneinanderstoßen.

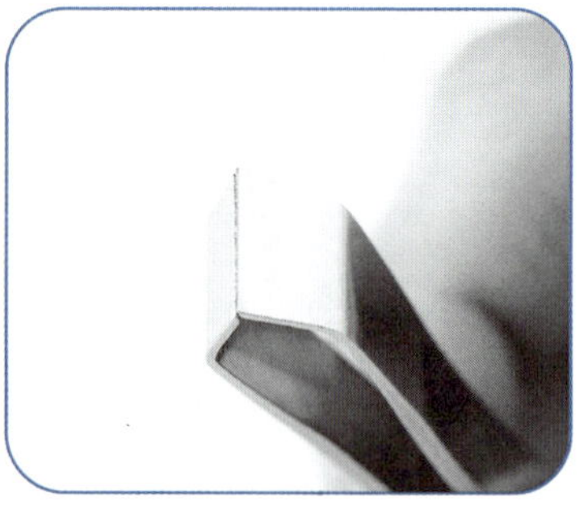

Die Naht liegt nun weder auf der Vorder- noch auf der linken Seite, die beiden Stoffteile stoßen wie die Kanten einer Pinzette aneinander.

## Naht nach innen versetzt

Hier (•) ist die Naht ein wenig nach innen versetzt. Auf diese Weise ist sie auf der rechten Seite nicht zu erkennen.

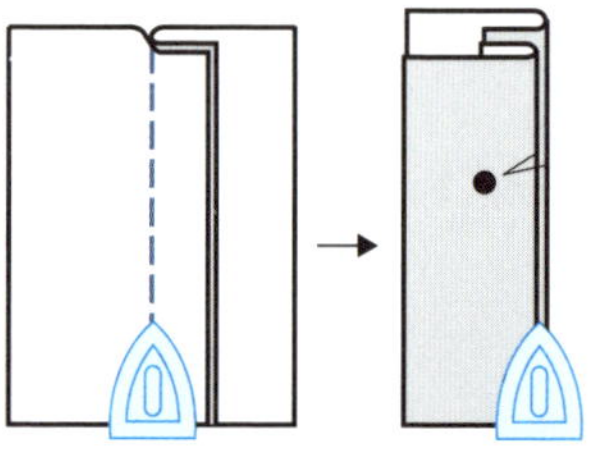

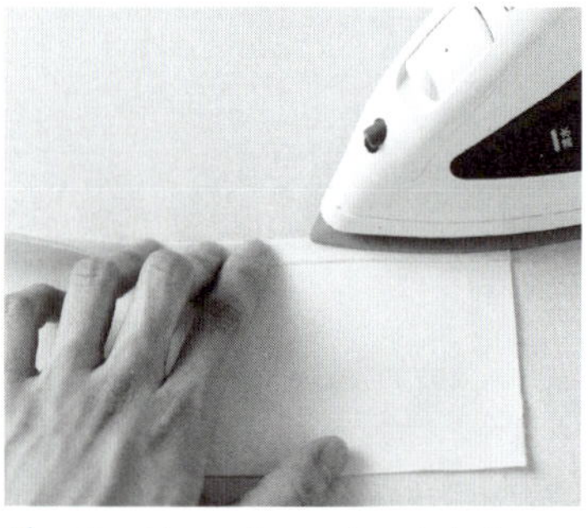

1 Die Nahtzugaben umbügeln (siehe S. 38).

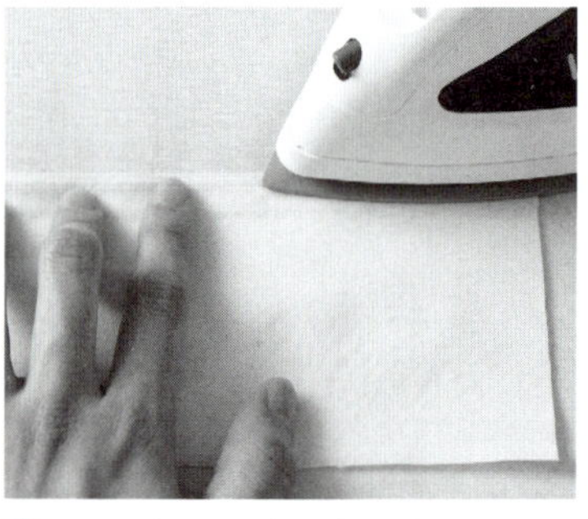

2 Die Arbeit wenden, die Naht 1–2 mm auf die spätere linke Seite verschieben und flach bügeln.

3 Fertige Naht.

# Ecken

**Tipp:** Zum sauberen Nähen der Ecken die Nadel vor dem Ändern der Nährichtung in den Stoff absenken.

## Nach außen verstürzte Ecke

**Tipp:** Die Nahtzugaben an der Ecke mit dem Bügeleisen ganz flach drücken.

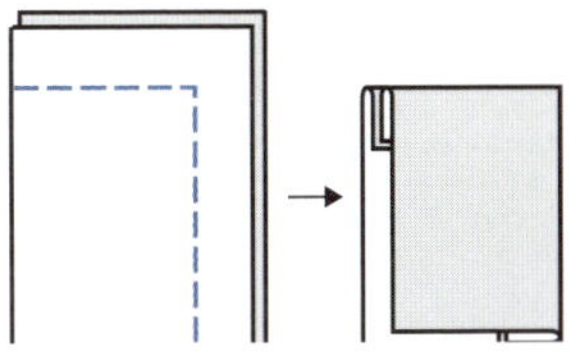

Ecke nähen

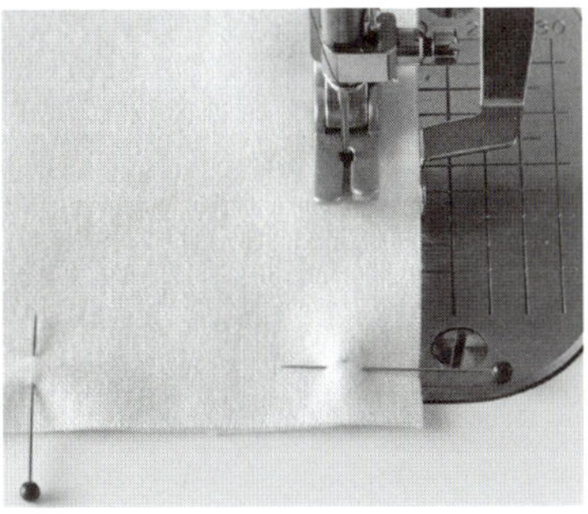

1 Bis zur Ecke nähen.

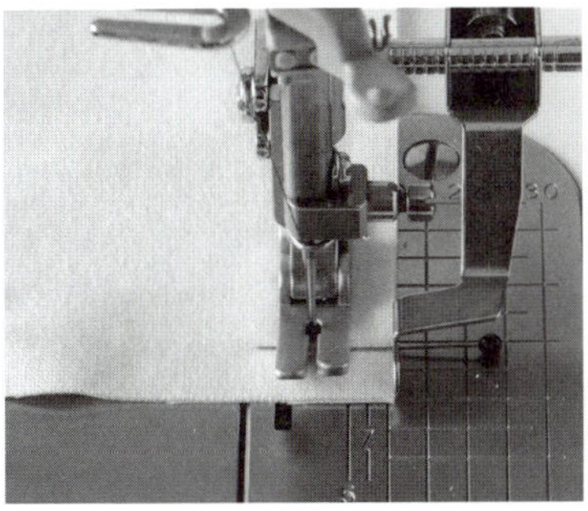

2 An der Ecke so anhalten, dass die Nadel im Stoff steckt.

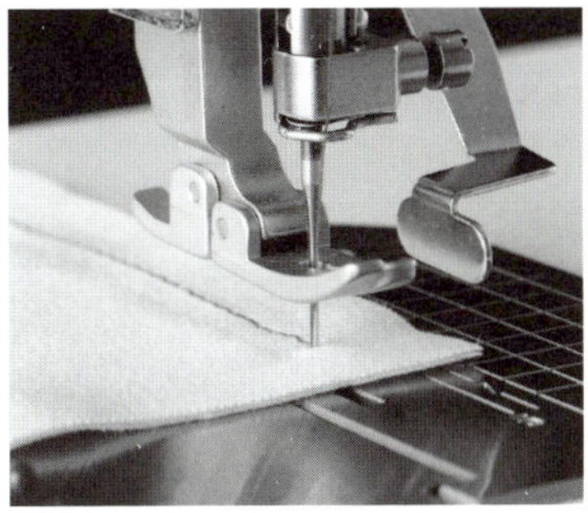

3 Den Nähfuß anheben, die Nadel bleibt im Stoff.

4 Den Stoff drehen und die Nährichtung ändern.

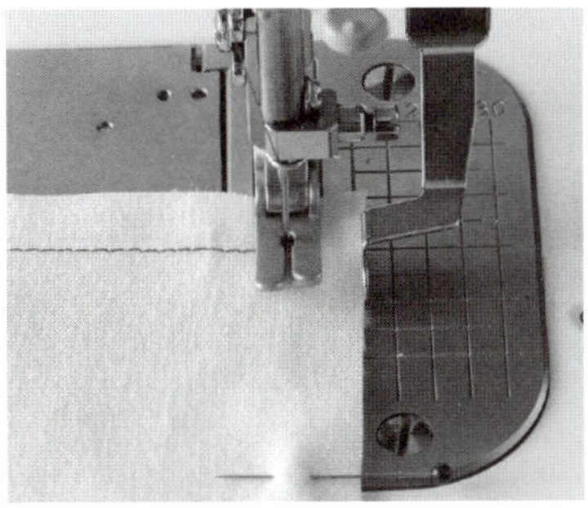

5 Den Nähfuß absenken.

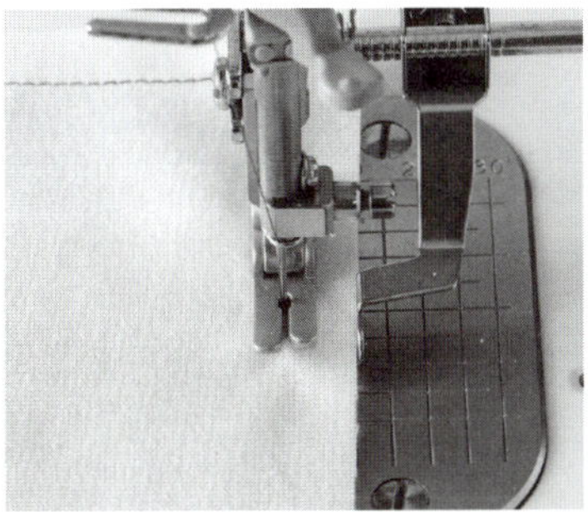

6 Weiternähen.

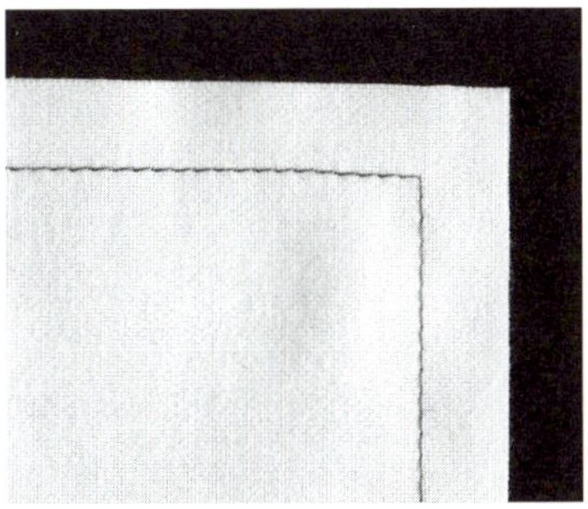

7 Fertig genähte Ecke.

### Breite der Nahtzugabe ohne Markierungen festlegen

Den Eckpunkt mit Schneiderkreide markieren, hilft bei der Orientierung, und die Ecke verrutscht nicht.

#### ◆ Schneiderkreidestift

Schneiderkreidestift mit einstellbarer Minenlänge. Die Kreidefarbe kann zum Stoff passend ausgewählt und gewechselt werden.

## Ecke verstürzen

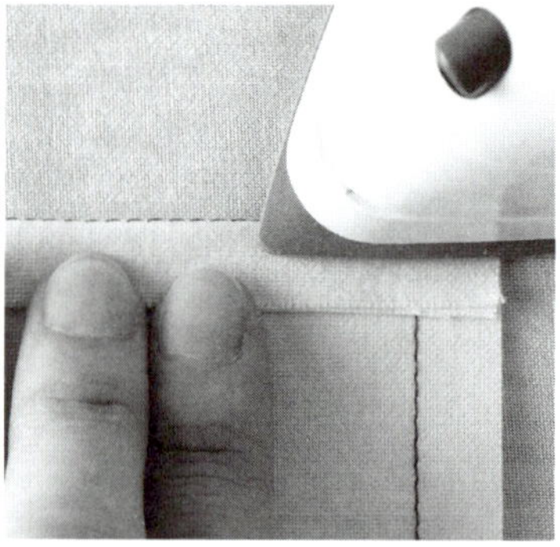

1 Beide Nahtzugaben an der Naht umbügeln.

2 Die Nahtzugaben an der zweiten Naht ebenfalls umbügeln. Die Nahtzugaben an der Ecke liegen nun doppellagig übereinander.

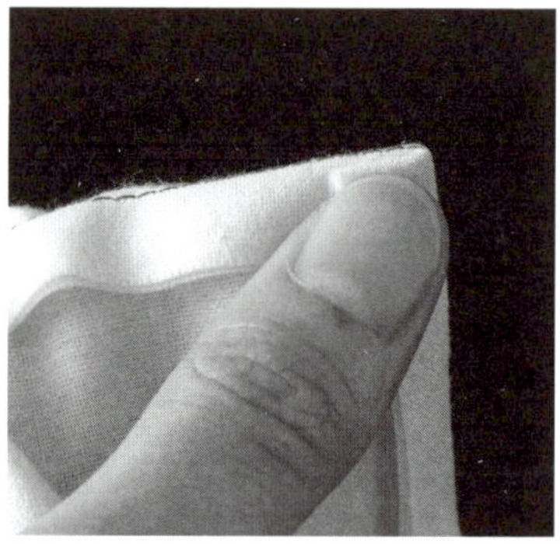

3 Mit der Hand zwischen die Stofflagen fahren und die Nahtzugaben an der Ecke zwischen Zeigefinger und Daumen zusammendrücken.

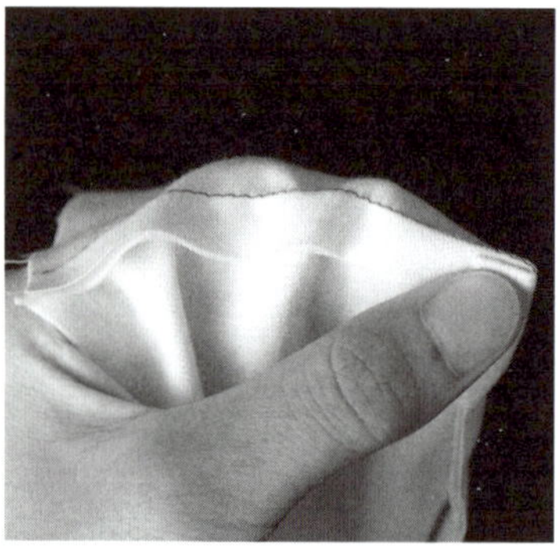

4 Die Arbeit auf rechts wenden, dabei die Ecke weiter zusammendrücken. Nach dem Wenden die Ecke nach außen drücken.

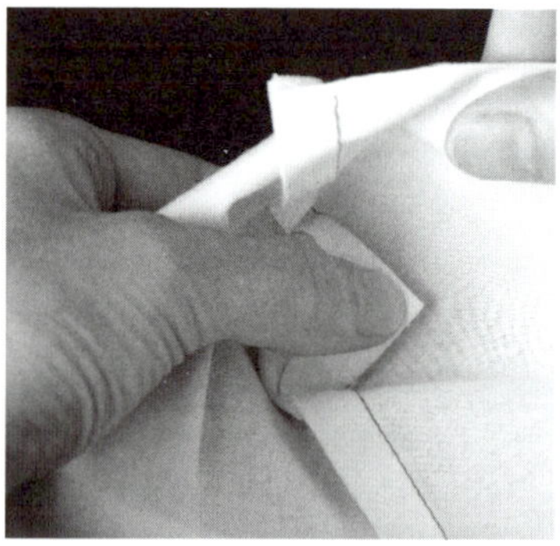

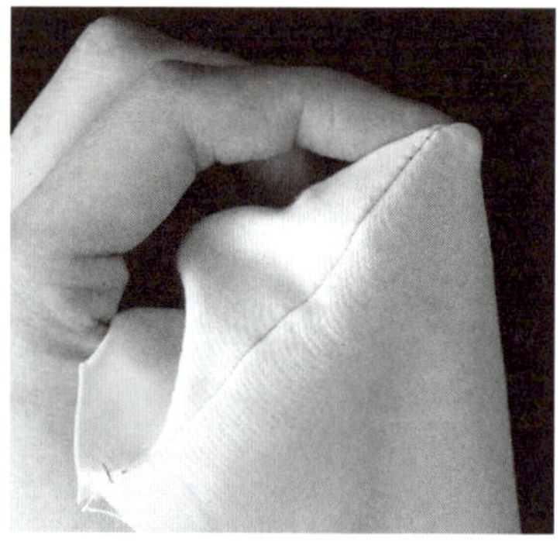

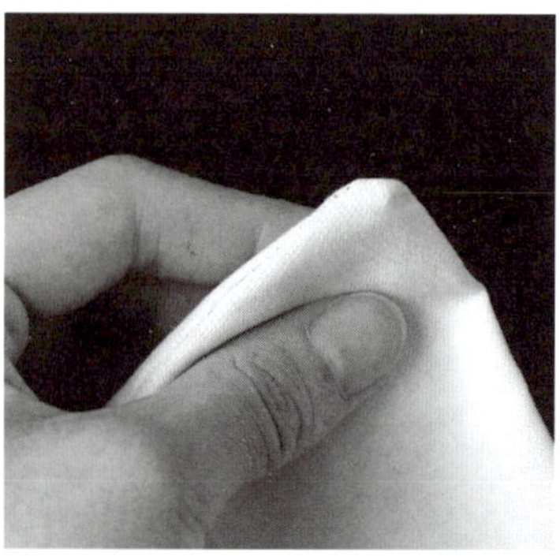

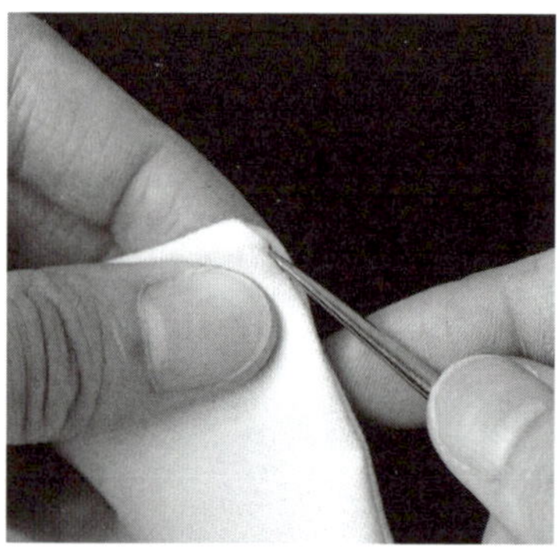

5 Mit dem Pfriem die Ecke stückchenweise sauber herausziehen.

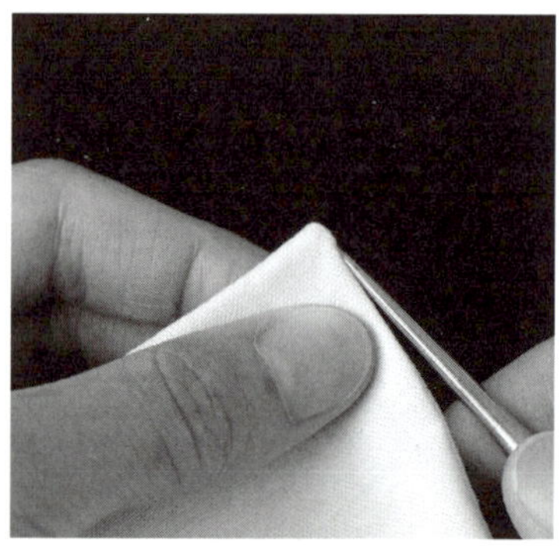

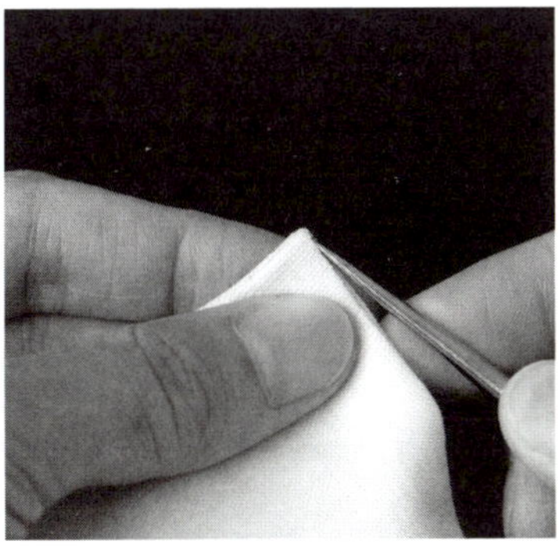

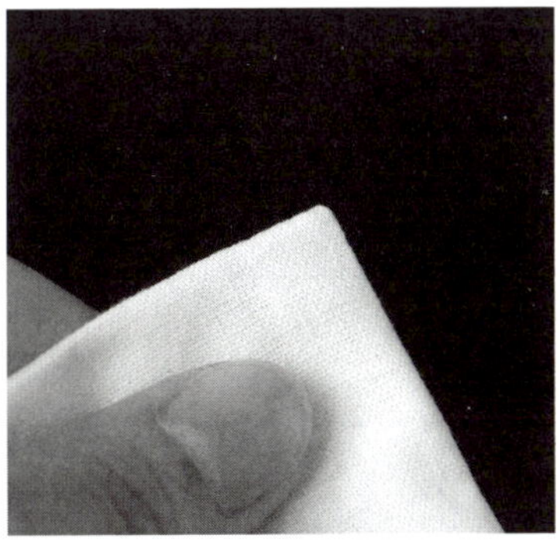

6 Fertige Ecke.

## ❍ Voluminöse Nahtzugaben in der Ecke

Bei dicken Stoffen werden die Nahtzugaben in der Ecke zurückgeschnitten.

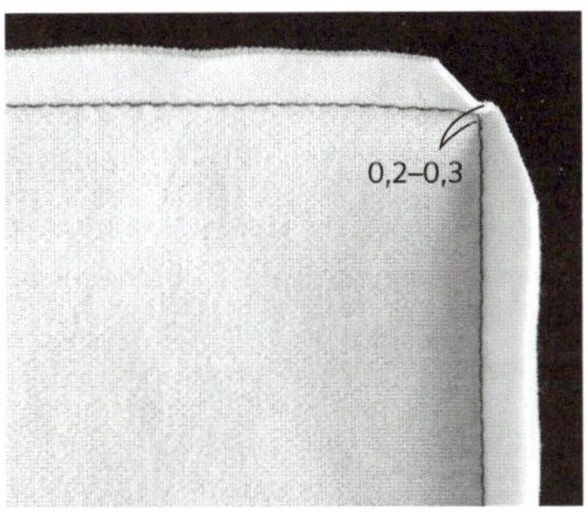


1 Nach dem Umbügeln an der Naht die übereinanderliegenden Stoffschichten wegschneiden. Der Schnitt verläuft dabei 2–3 mm neben der Ecknaht.

2 Fertige Ecke.

Achtung: Wenn Sie direkt bis an die Naht schneiden, kann die Ecke ausfransen!

## Zwischenbügeln der Ecke mit Karton

Schiebt man nach dem Wenden zum Bügeln ein postkartenstarkes Stück Karton in die Ecke, sieht die Ecke hinterher sauber aus und die Nahtzugaben zeichnen sich nach dem Bügeln nicht ab.

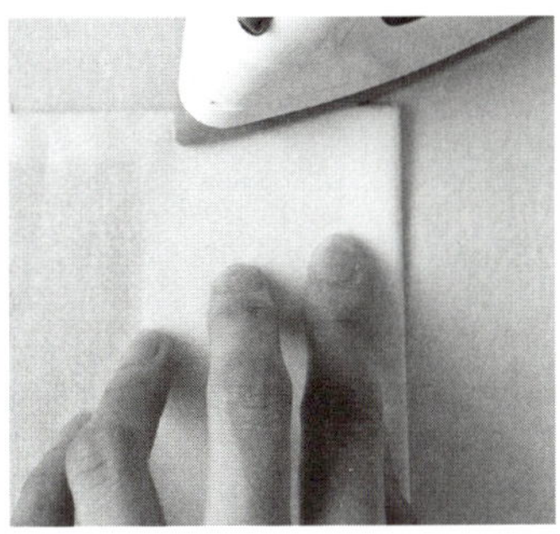

# Nach außen verstürzte spitze Ecke

**Tipp:** Auch hier müssen die Nahtzugaben an der Ecke nach dem Umschlagen sehr flach gebügelt werden.

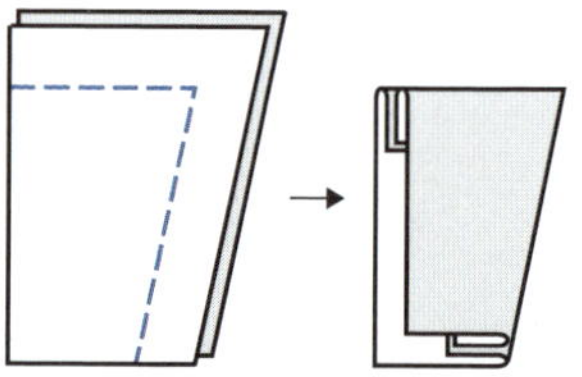

1 Die Ecke nähen (siehe S. 43).

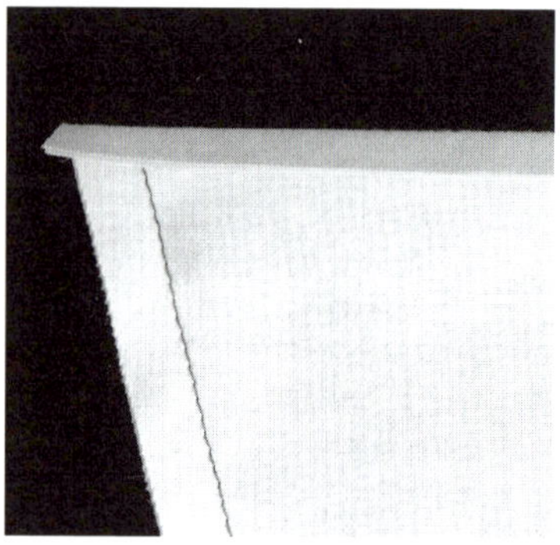

2 Beide Nahtzugaben an der Naht umbügeln.

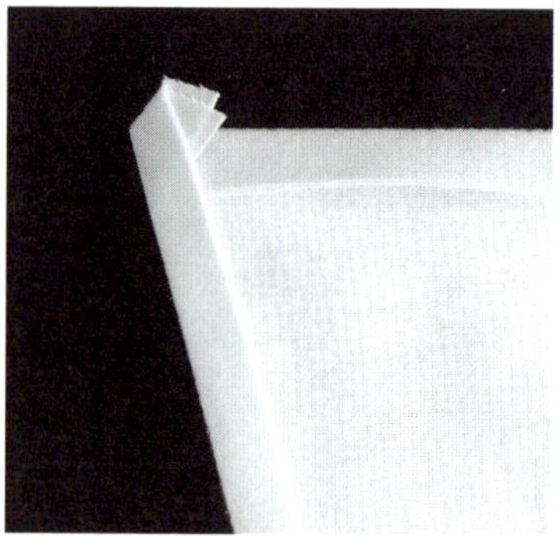

3 Die Nahtzugaben an der zweiten Naht ebenfalls umbügeln.

4 Die Nahtzugaben in der Ecke noch einmal zusammenklappen und nach innen schieben.

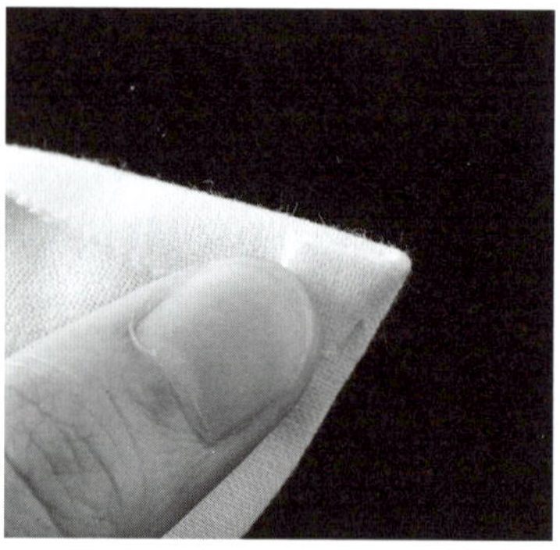

5 Die Ecke mit Daumen und Zeigefinger zusammendrücken und die Arbeit wenden (siehe S. 44, Schritte 3 und 4).

6 Mit dem Pfriem die Ecke sauber herausziehen (siehe S. 44, Schritt 5).

## Faltweise der Nahtzugabe nach Belieben

In welcher Reihenfolge und auf welche Weise Sie die Nahtzugaben in der Ecke zusammenlegen, steht Ihnen völlig frei. Wichtig ist nur, dass die Innenseite ordentlich aussieht, denn nur dann entsteht nach dem Wenden auch eine saubere Ecke.

## ❍ Ecke absteppen

Damit die Maschinennaht in den Ecken nicht unsauber wird, drehen Sie zum Nähen das Schwungrad langsam mit der Hand.

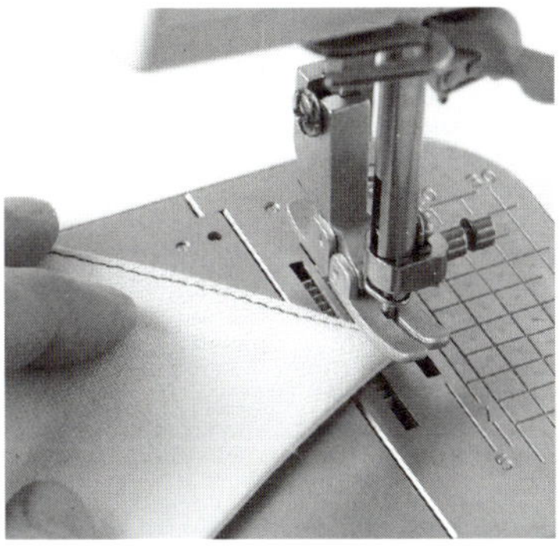

1 An der Ecke anhalten und die Nährichtung mit der Nadel im Stoff ändern.

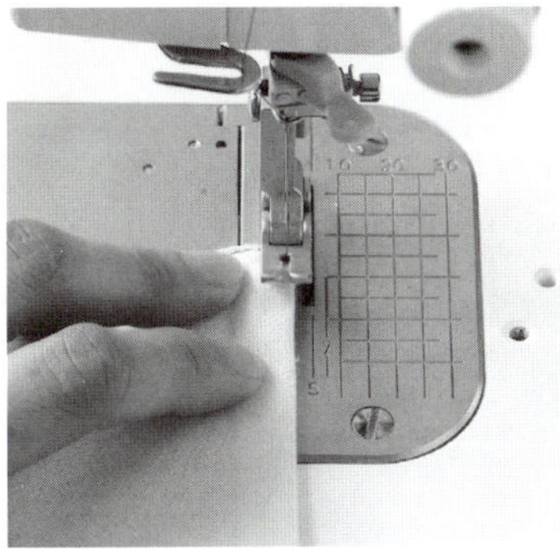

2 Mit der rechten Hand das Schwungrad drehen, mit der linken Hand den Stoff weiterschieben und so ein bis zwei Stiche langsam mit der Hand nähen.

3 Fertige Naht.

## ❍ Voluminöse Nahtzugaben in der Ecke

Bei dicken Stoffen werden die Nahtzugaben in der Ecke zurückgeschnitten.

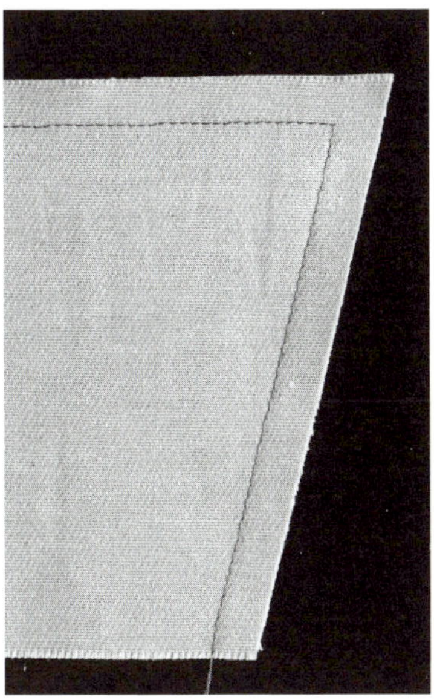

1 Die Ecke nähen (siehe S. 43).

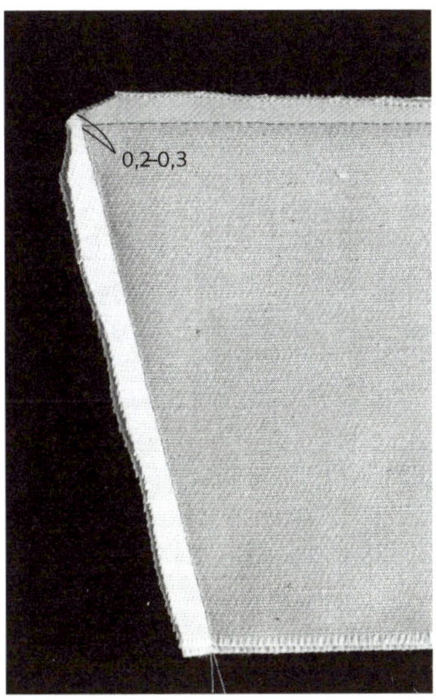


2 Die Nahtzugaben an den Nähten umbügeln, dann die übereinanderliegenden Stoffschichten wegschneiden.

3 Die zurückgeschnittenen Nahtzugaben mit den Fingern zusammendrücken, die Arbeit wenden und die Ecke herausziehen.

# Nach innen verstürzte Ecke

**Tipp:** Damit die Nahtzugaben keine Falten werfen, werden sie eingeschnitten.

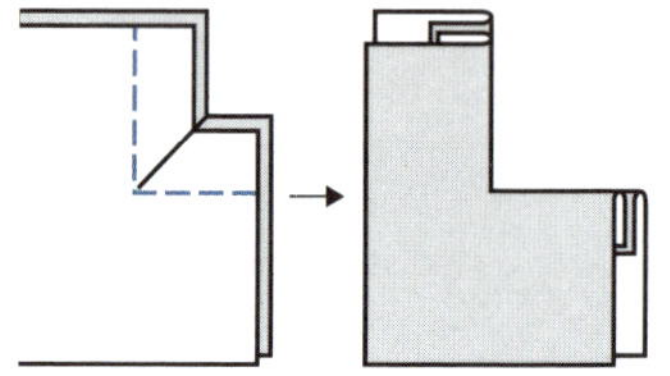

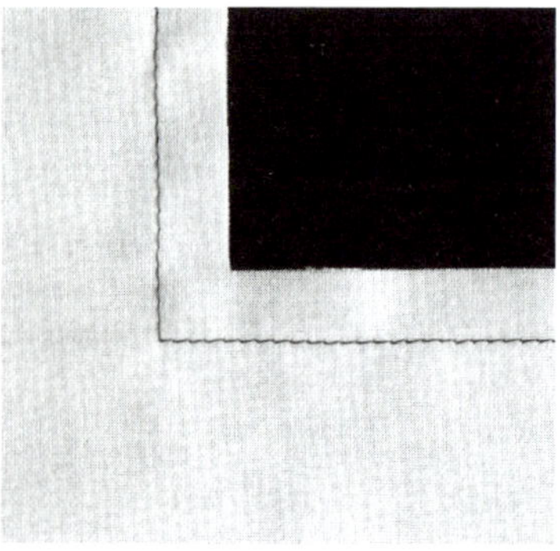

1 Die Ecke nähen (siehe S. 43).

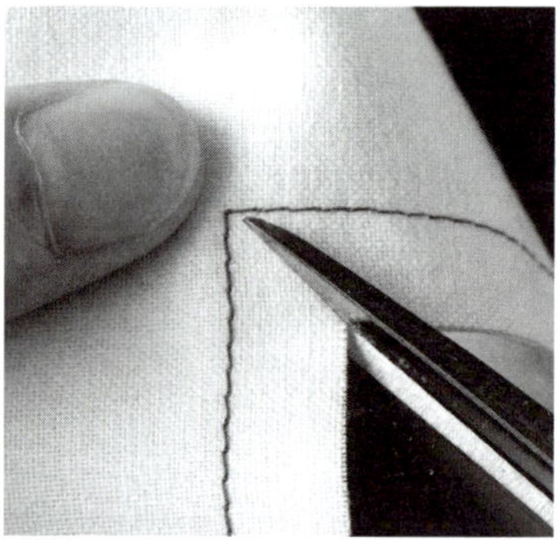

2 Die Nahtzugaben bis knapp vor die Naht einschneiden.

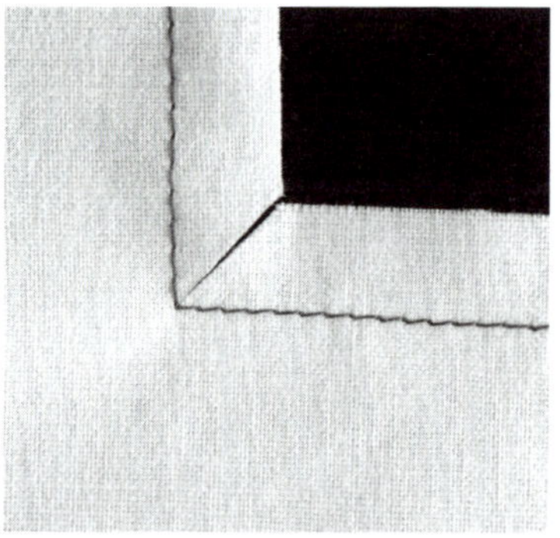

3 Die Naht dabei nicht beschädigen!

4 Beide Nahtzugaben an der Naht umbügeln.

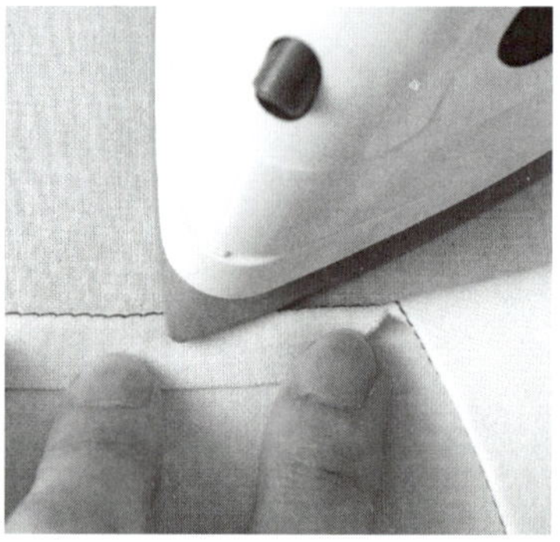

5 Die Nahtzugaben an der zweiten Naht ebenfalls umbügeln.

6 Darauf achten, dass die Nahtzugaben in der Ecke nicht ausfransen.

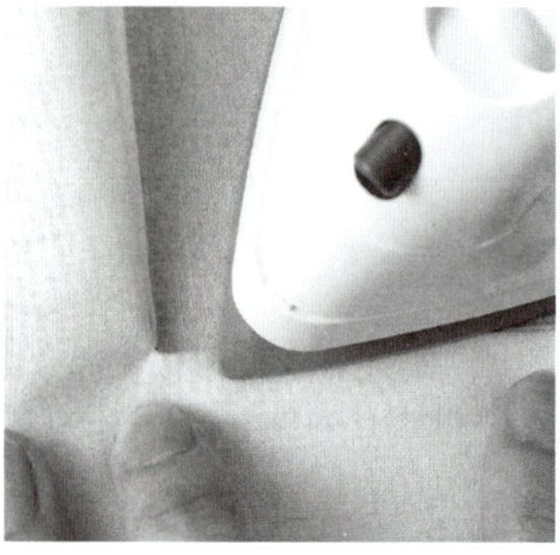

7 Nach rechts verstürzen und mit dem Bügeleisen flach bügeln.

8 Fertige Ecke.

## ❍ Ecken verstärken

### Aufbügeln von Bügelband auf der linken Seite

Vor dem Zusammennähen kann man die linke Seite der einzuschneidenden Ecke mit Bügeleinlage verstärken.

### Absteppen

Steppt man die Ecke nach dem Wenden ab, wirkt dies ebenfalls verstärkend.

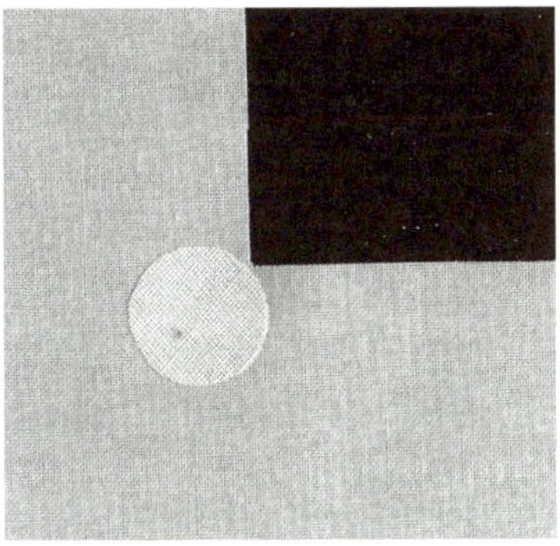

Einen Eckenverstärker bügelt man nur direkt an der Ecke auf.

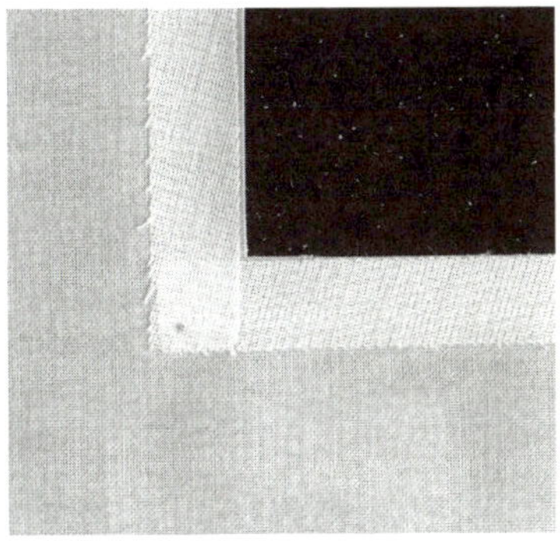

2–3 mm von der Nahtlinie entfernt Bügelband auf die Nahtzugaben aufbügeln.

Beim Absteppen ebenso vorgehen wie beim Nähen der Ecke (siehe S. 47).

## Einschnitt mit dem Cutter vornehmen

Das Einschneiden bis direkt an die Naht gelingt am besten mit einem Cutter.

### ◆ Cutter

Da erst die abgerundete Spitze an der Schneideposition angelegt und dann geschnitten wird, kann nicht wie mit einer Schere zu weit geschnitten werden.

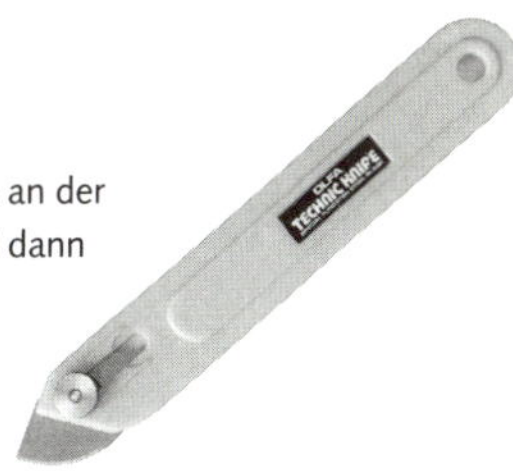

Einschnitt zu kurz.

Beim Wenden wirft die Ecke Falten.

✕

Ist der Einschnitt zu kurz, werden die Nahtzugaben in der Ecke gestaucht und der Stoff wirft sich.

# Eckige Übergänge

## Zusammennähen von Außen- und Innenecken

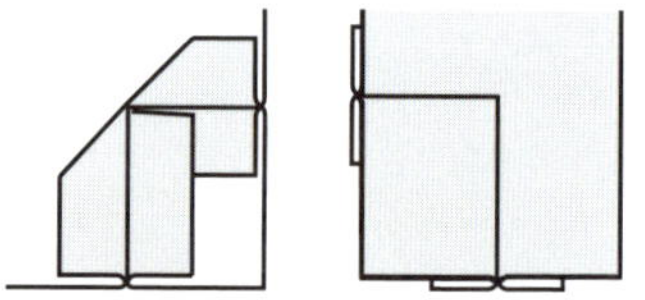

**Tipp:** Von der Ecke aus nähen, das Teil mit dem Einschnitt liegt oben.

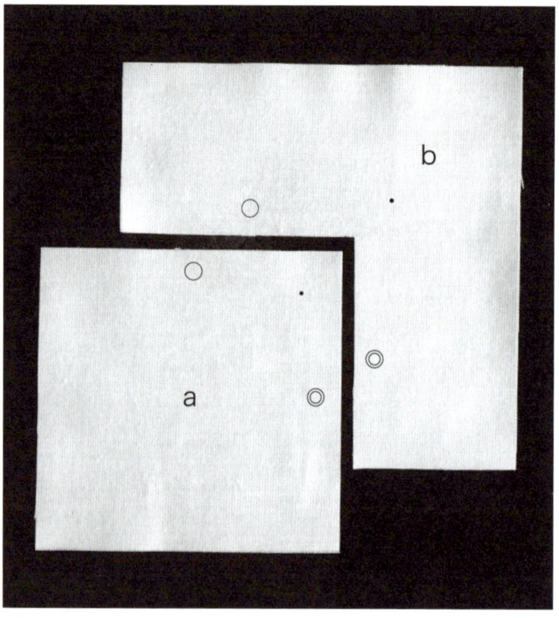


1 Die spätere Ecke auf beiden Teilen mit Passzeichen markieren.

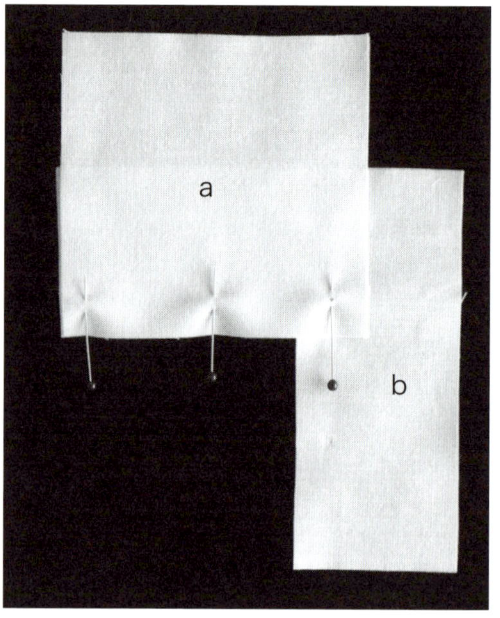


2 Die Kreismarkierungen (◯) auf den Teilen a und b rechts auf rechts aufeinanderlegen.

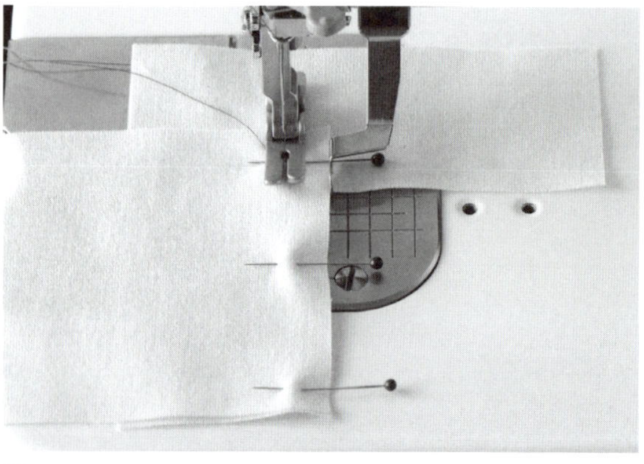

3 Die Nadel in der Ecke so in den Stoff senken, dass die Ecke nicht verrutscht, Nahtbeginn mit einigen Rückstichen sichern (siehe S. 32).

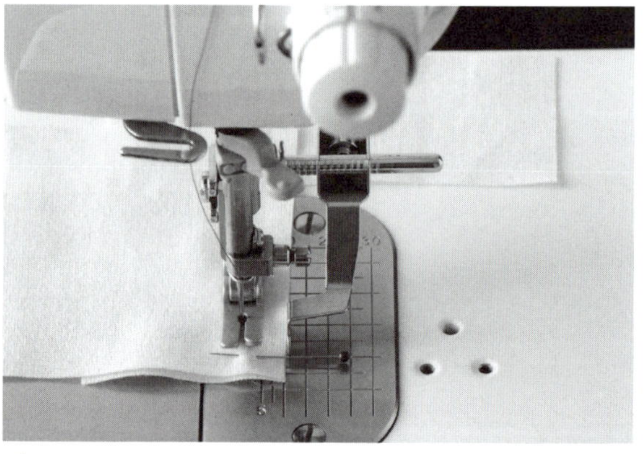

4 Das Nahtende ebenfalls mit Rückstichen sichern und den Faden abschneiden.

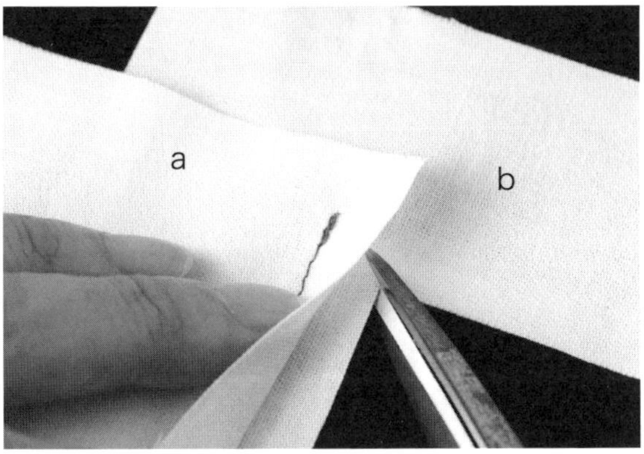


5 Um auch die Doppelkreismarkierungen (◎) aufeinander auszurichten, die Nahtzugabe von Teil b bis knapp vor der Ecke einschneiden.

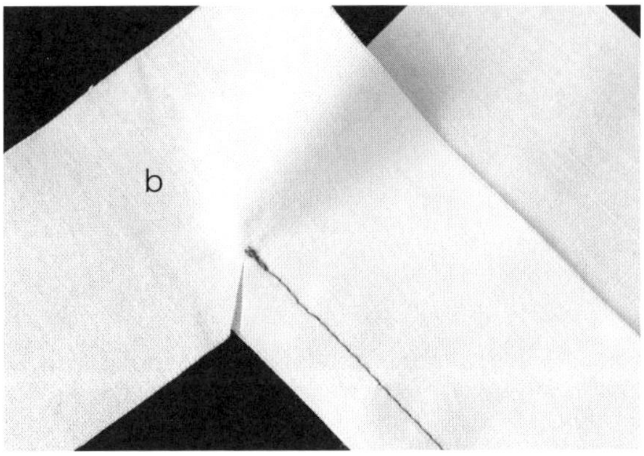


b Ansicht von hinten.



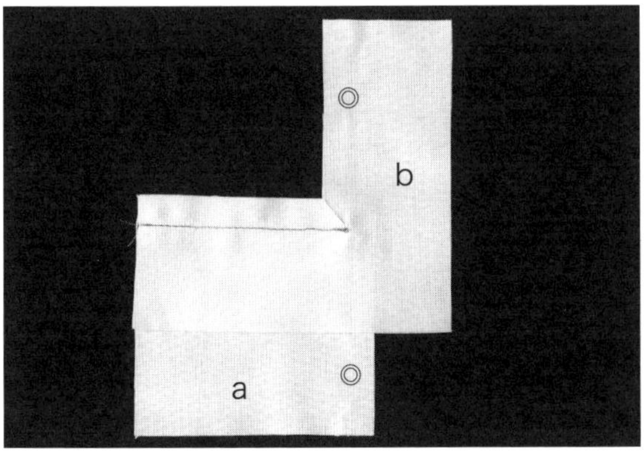


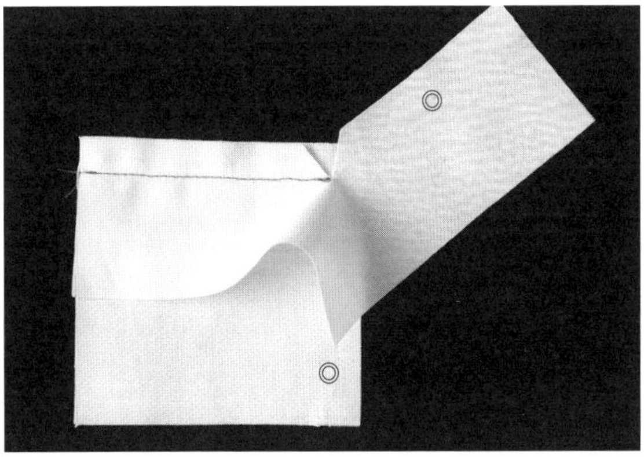

6 Den Einschnitt öffnen und Teil b so drehen, dass die Doppelkreismarkierungen aufeinanderliegen.

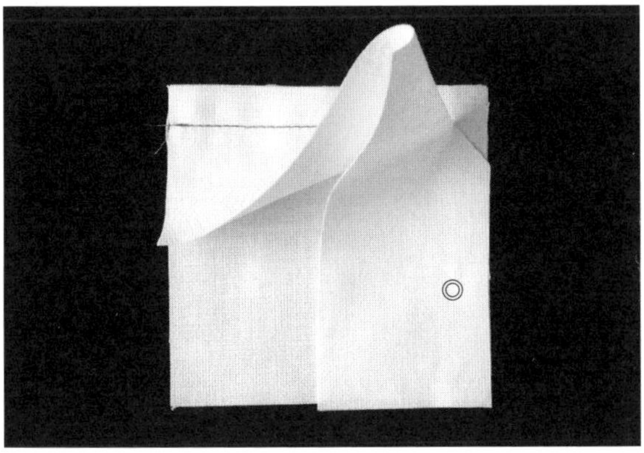

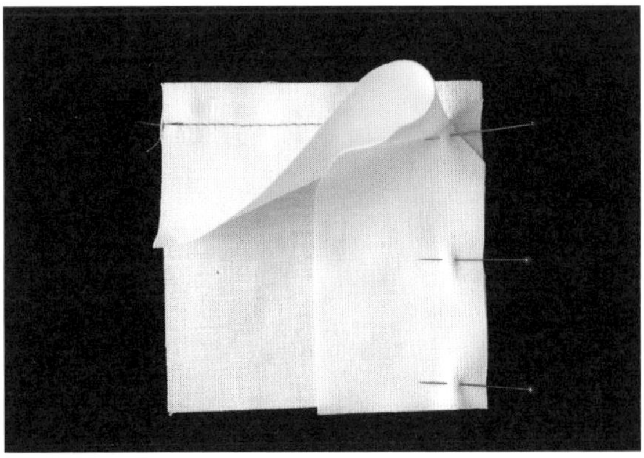

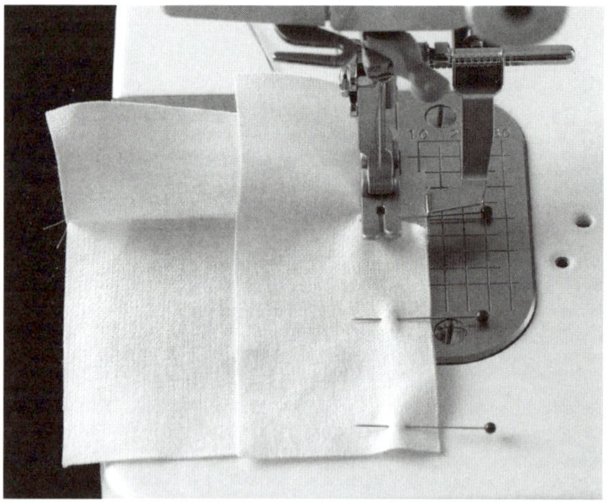

7 Die Nadel wieder an der Eckmarkierung in den Stoff senken und die Stoffteile auf dieselbe Weise zusammennähen wie zuvor.

8 Das Nahtende mit einigen Rückstichen sichern und den Faden abschneiden.

9 Die Naht glätten und die Nahtzugaben auseinanderbügeln (siehe S. 36).

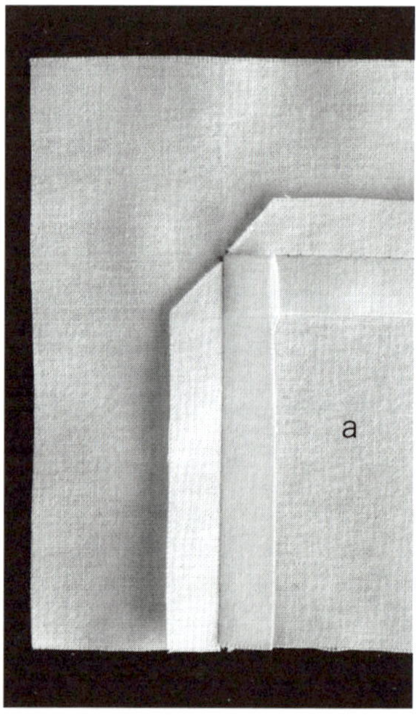


10 Die Nahtzugaben an der anderen Naht ebenfalls auseinanderbügeln. In der Ecke die Nahtzugaben an Teil a so falten, dass sie in der Passenaht liegen.

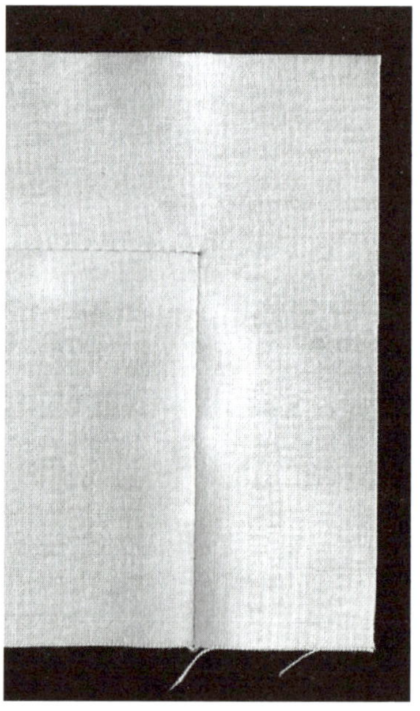

Rechte Seite.

# ❍ Nahtzugaben umbügeln

Bei dünnen oder normalen, nicht voluminösen Stoffen bügelt man die Nahtzugaben in eine Richtung.



## Nach außen bügeln

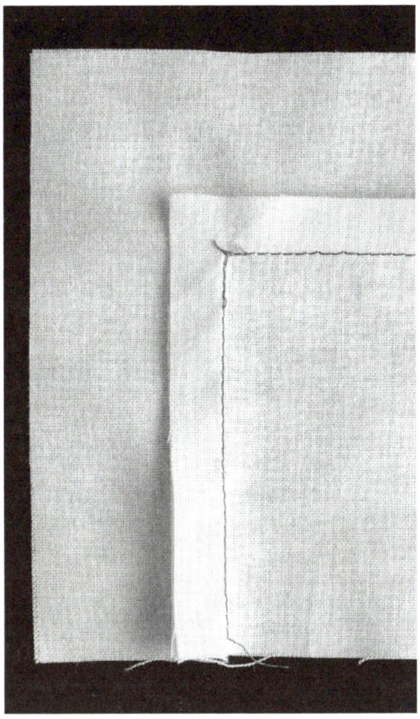

Nach dem Glätten der Naht beide Nahtzugaben nach außen bügeln.

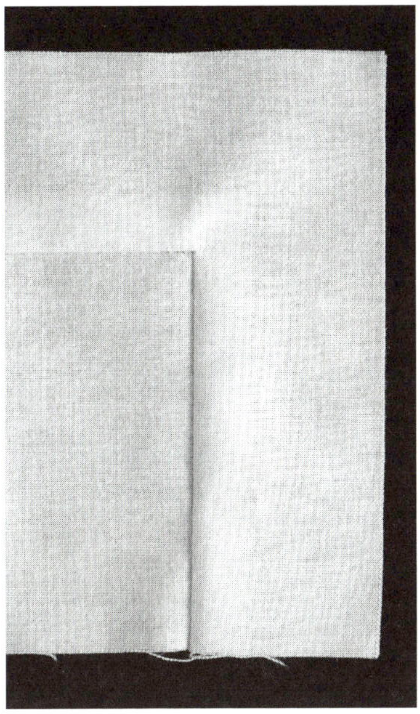

Rechte Seite.

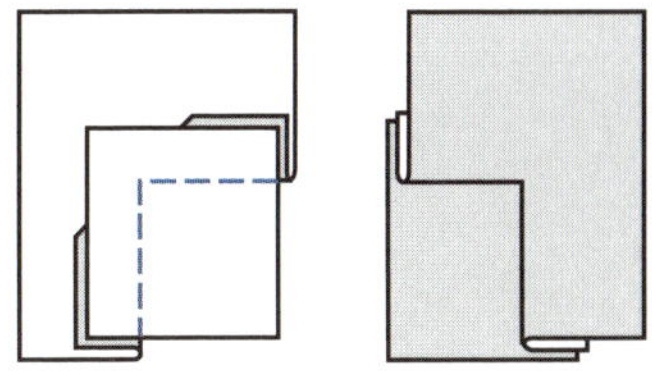

**Tipp:** Durch das Bügeln der Nahtzugaben in eine Richtung wird die Nahtlinie auf der Seite, auf die gebügelt wird, betont. Das beeinflusst das Aussehen des fertigen Kleidungsstücks.

## Nach innen bügeln

Nach dem Glätten der Naht beide Nahtzugaben nach innen bügeln.

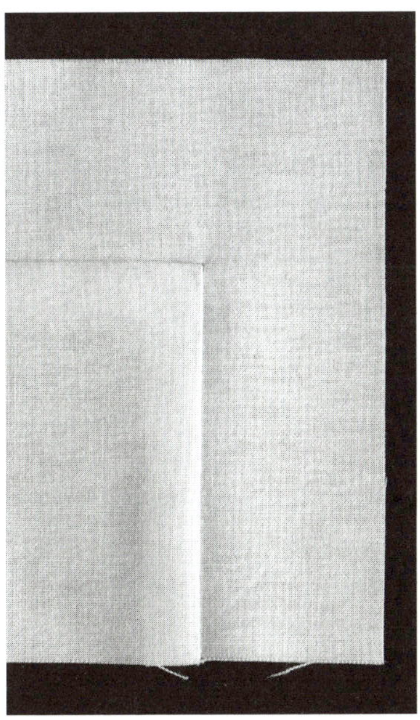

Rechte Seite.

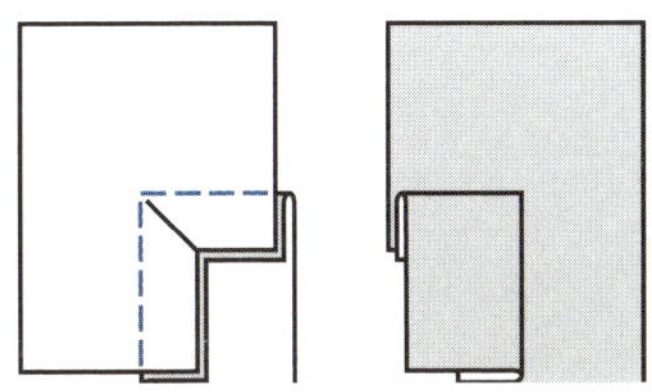

Den Einschnitt der Nahtzugabe kann man auch mit einem Stück Bügelband verstärken.

# Ecken und gerade Kanten

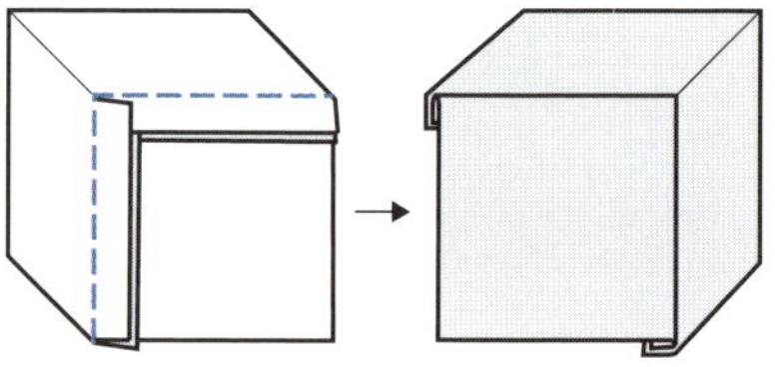

## Zusammennähen von Ecken und geraden Kanten

**Tipp:** Die Nahtzugabe an einem Teil an der Ecke einschneiden und beide Teile so zusammennähen, dass das eingeschnittene Teil oben liegt.

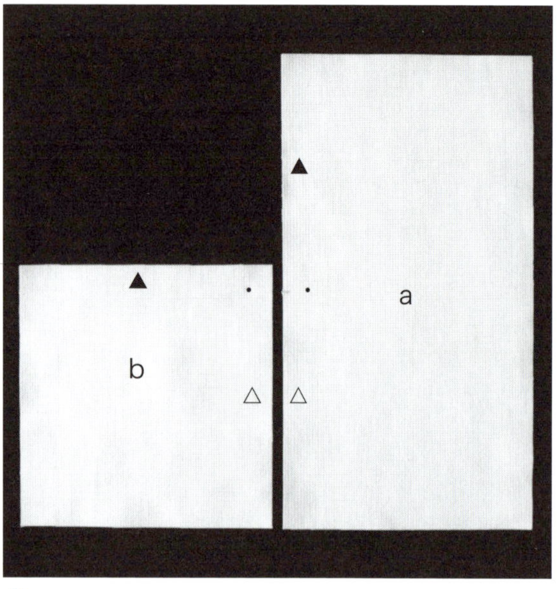


1 Die spätere Ecke auf beiden Teilen markieren.

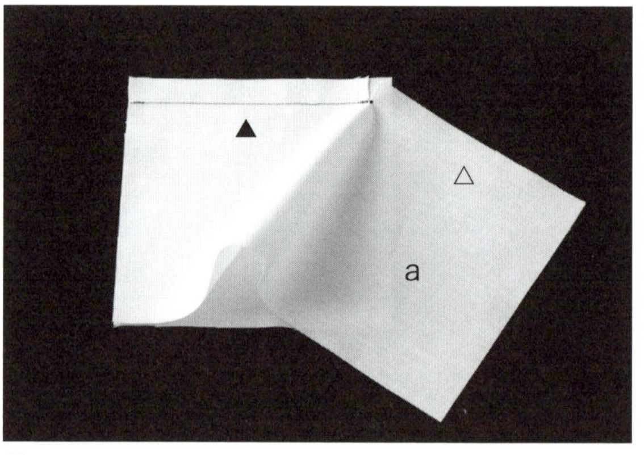


2 Die beiden Dreiecksmarkierungen (▲△) rechts auf rechts aufeinanderlegen, bis zur Ecke nähen und nur an Teil a die Nahtzugabe bis knapp vor dem Nahtende einschneiden.

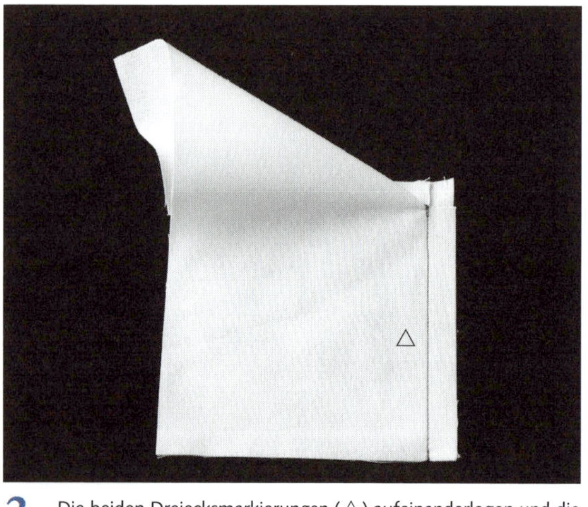


3 Die beiden Dreiecksmarkierungen (△) aufeinanderlegen und die Teile zusammennähen.

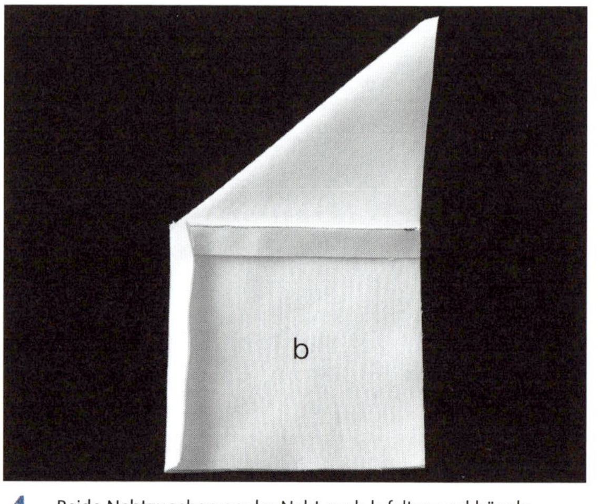


4 Beide Nahtzugaben an der Naht nach b falten und bügeln.

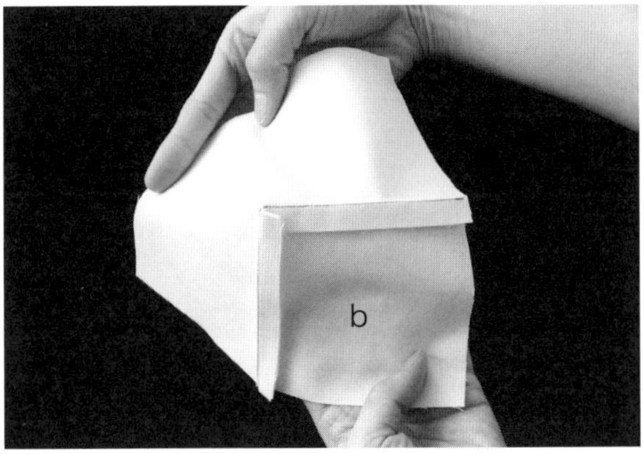


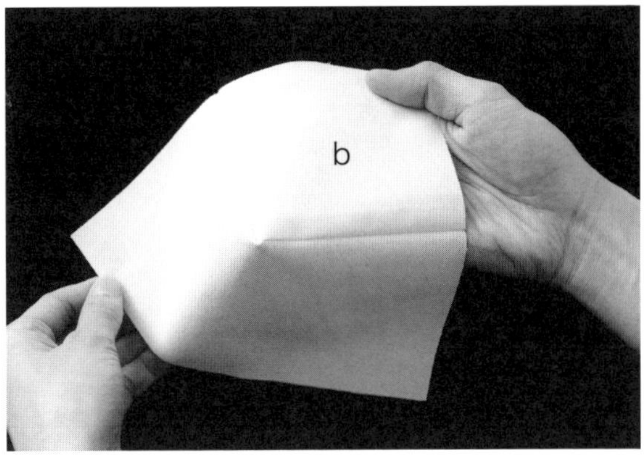


**5** Die Arbeit wenden.

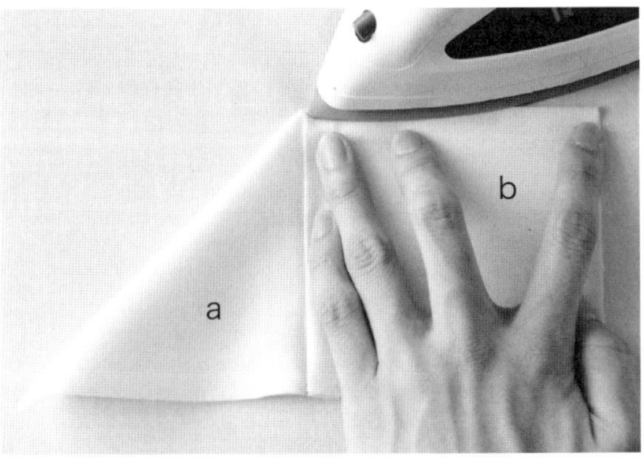


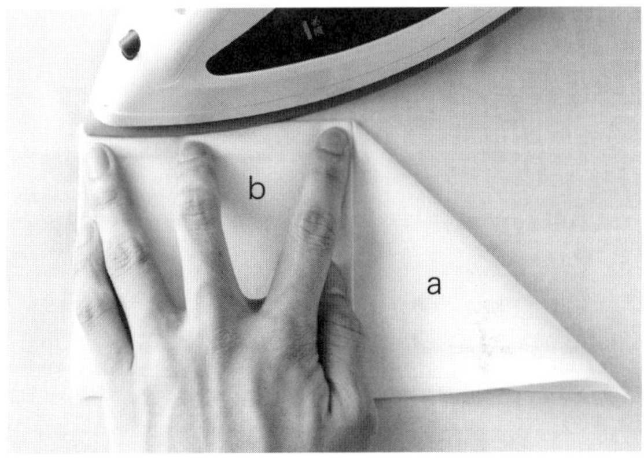


**6** Die Nahtlinie so bügeln, dass die beiden Teile Stoß an Stoß liegen (siehe S. 42).

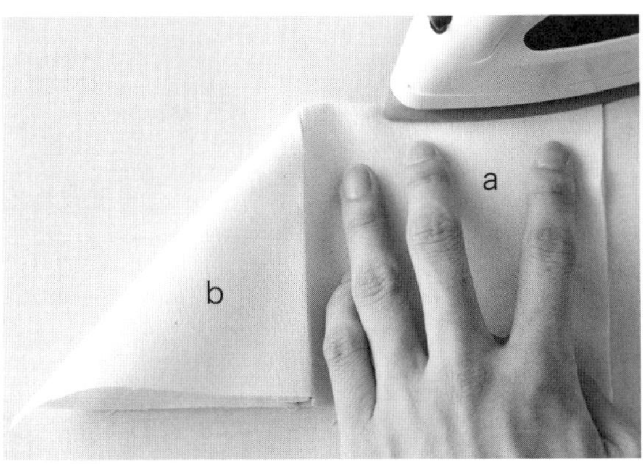


**7** Soll a dazu noch eine Kante erhalten, alle Dreiecksmarkierungen (▲△) an der Nahtlinie aufeinander ausrichten und Teil a bügeln.

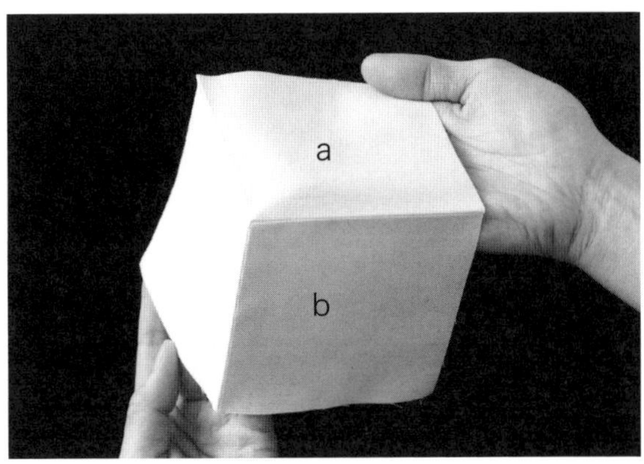


Fertige Arbeit mit Kante.

# Rundungen

## Nach außen verstürzte Rundungen

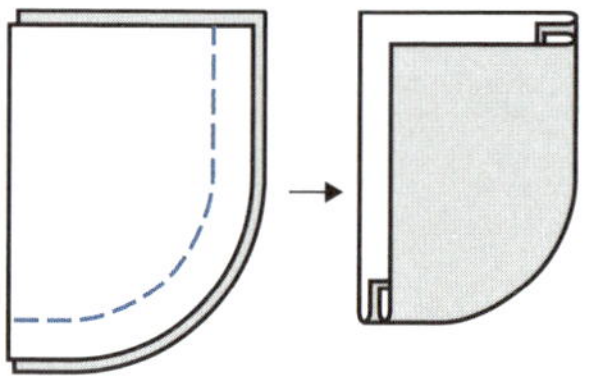

Rundung nähen

**Tipp:** Rundungen stets in Abschnitten nähen und mehrfach die Nährichtung wechseln.

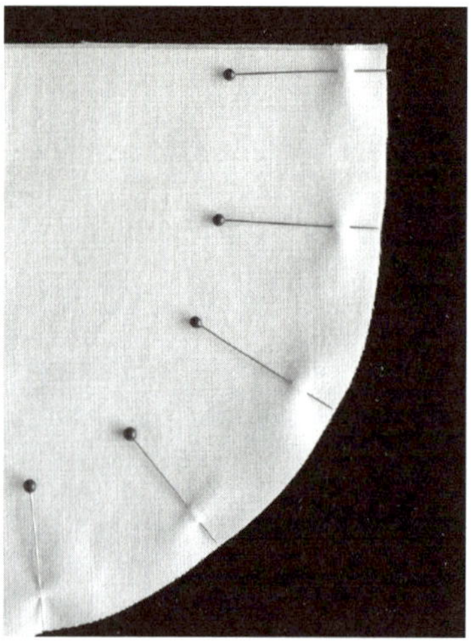

1 Die Rundung von der geraden Kante aus mit vielen Nadeln in geringem Abstand abstecken.

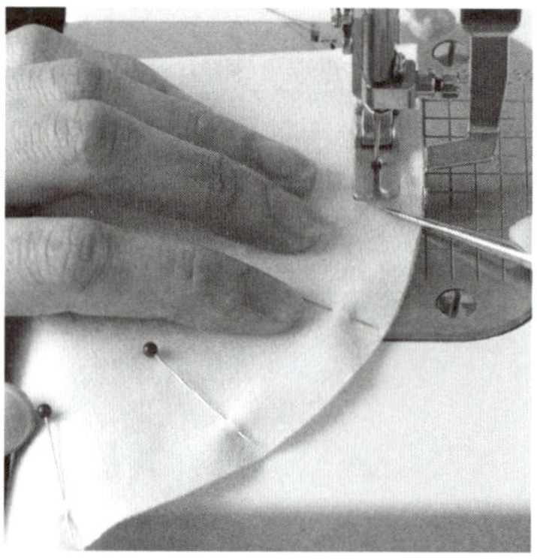

2 Da sich die Rundung schwer in einem Zug nähen lässt, besser in kleinen Abschnitten nähen.

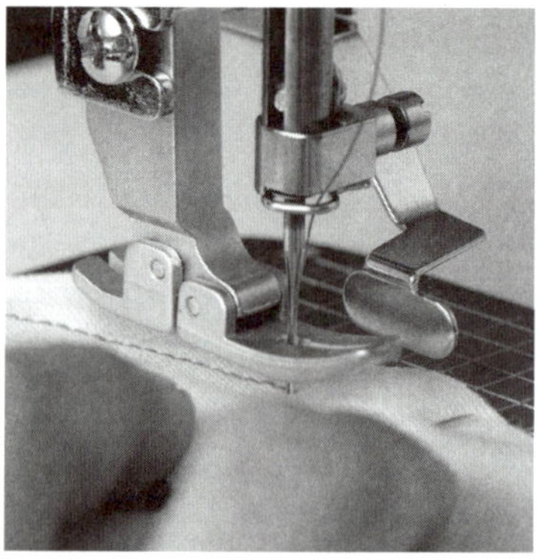

Zum Ändern der Nährichtung die Nadel im Stoff lassen, den Nähfuß anheben und den Stoff drehen.

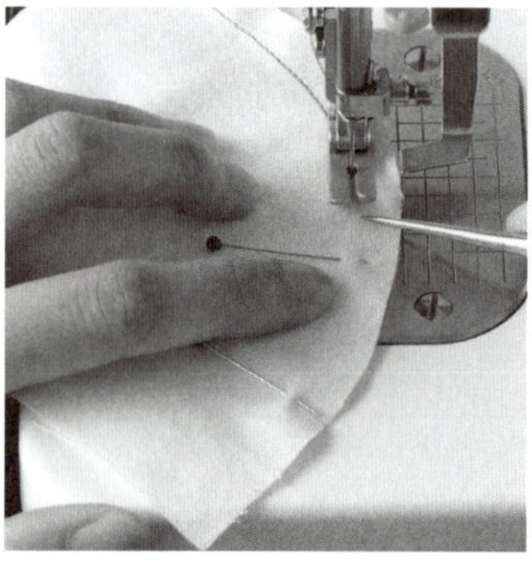

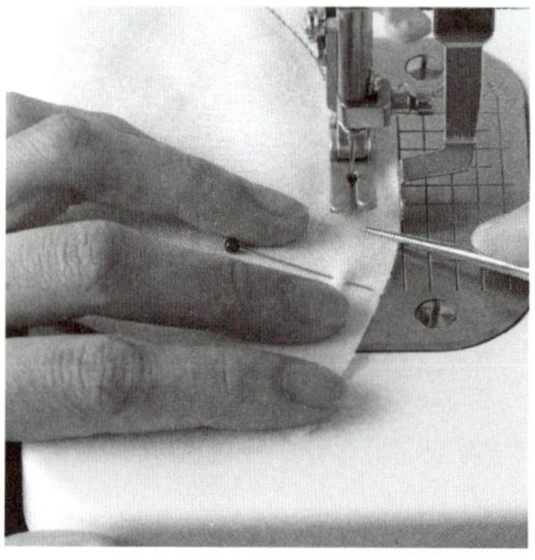

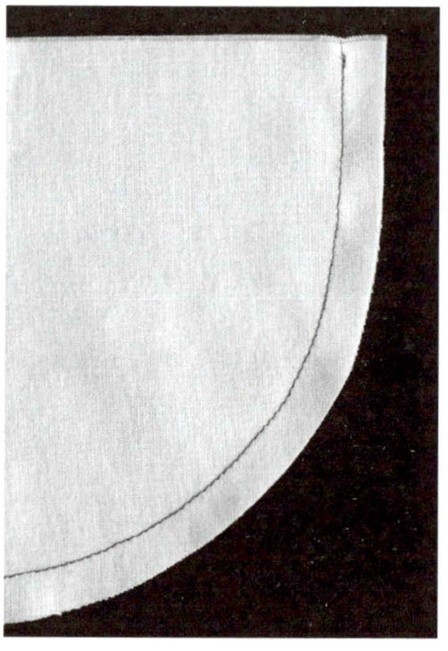

Saubere Rundungsnaht.

## Rundung verstürzen

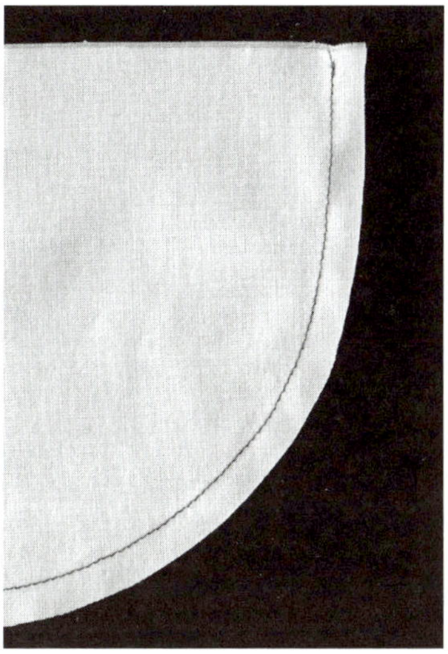

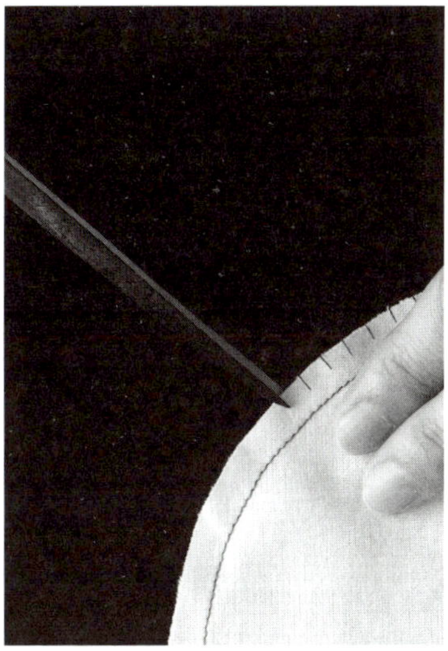

**Tipp:** Die Einschnitte senkrecht zur Naht vornehmen. Die Einschnitte müssen etwa bis zur Hälfte der Nahtzugabe gehen.

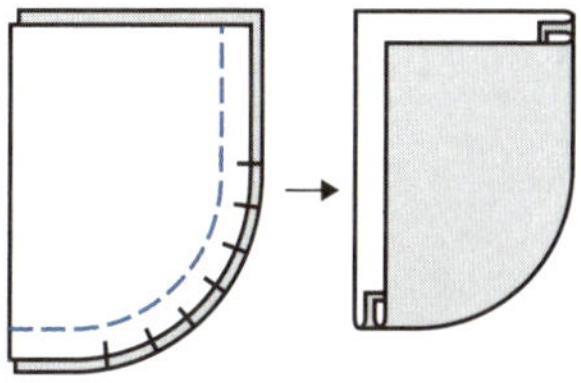

1 Die Nahtzugaben 5–7 mm tief einschneiden.

2 Bei starken Rundungen in dicht gewebtem, unflexiblem Stoff mehr Einschnitte setzen.

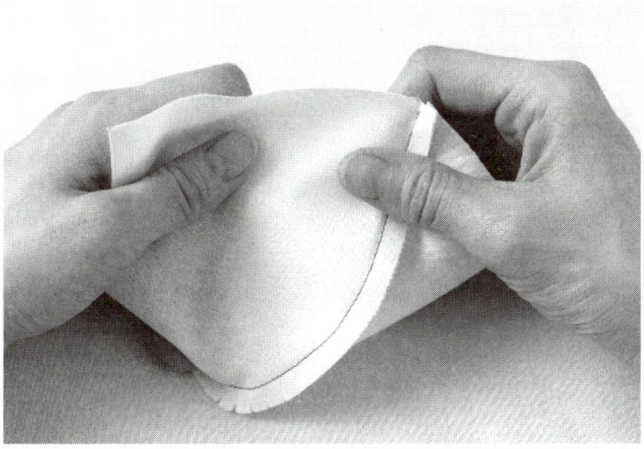

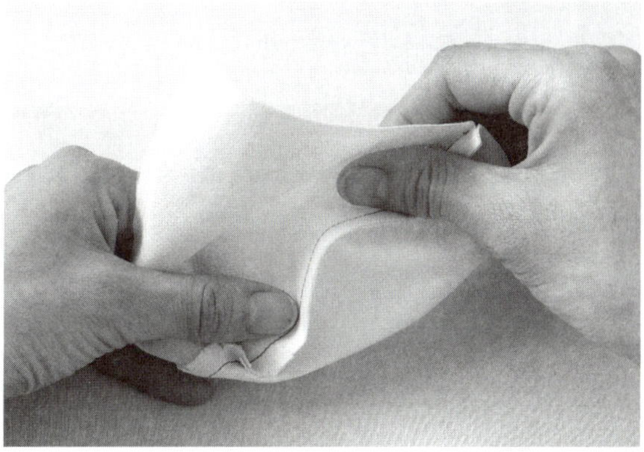

3 Die Arbeit wenden.

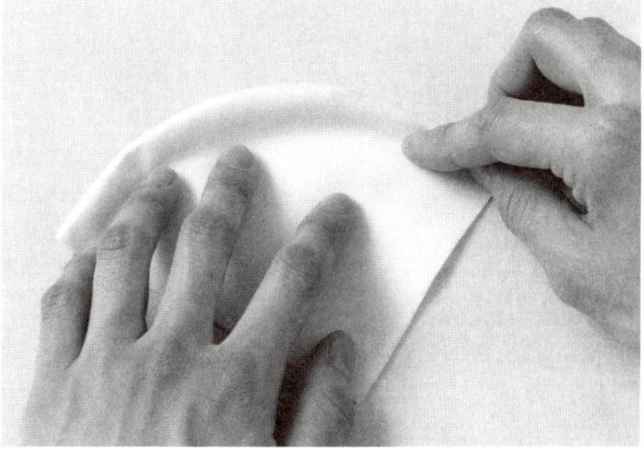

4 Die Rundung von links aus mit den Fingern herausdrücken.

Rundungen

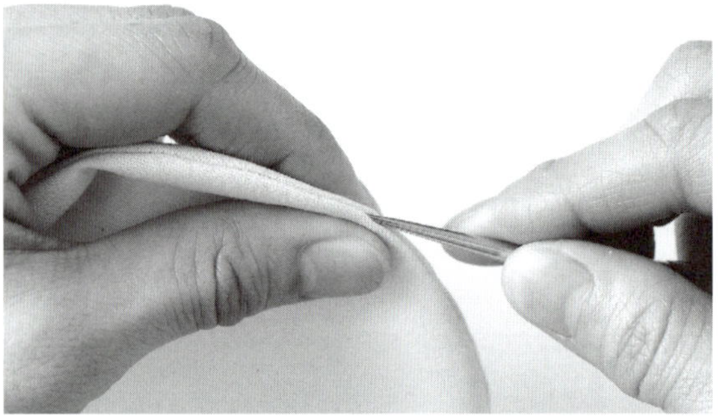

5 Die Rundung mit dem Pfriem sauber herausziehen.

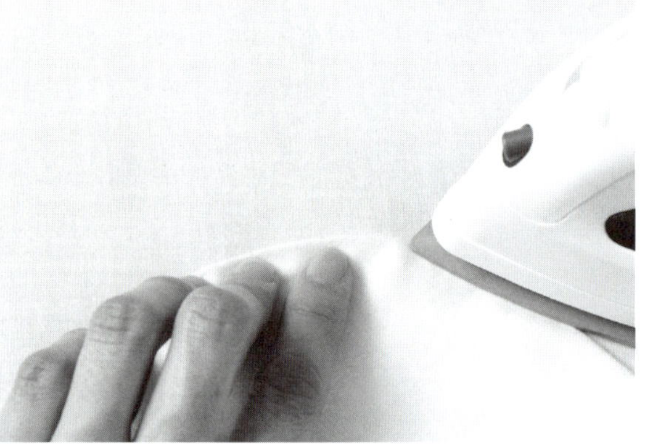

6 Die Naht mit der Hand flach drücken und bügeln.

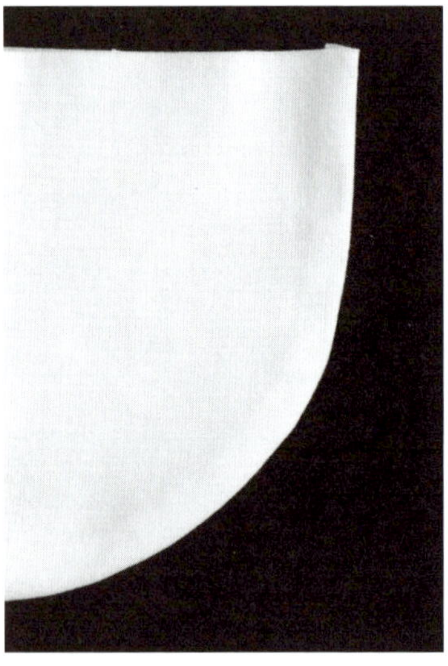

7 Fertige Rundung.

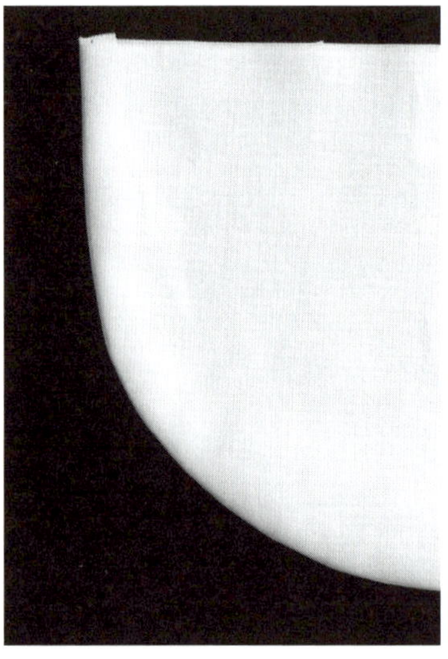

Fertige Rundung, rechte Stoffseite.

## ❍ Durchscheinende Nahtzugaben

**Tipp:** Bei dünnen Stoffen die Nahtzugaben so weit zurückschneiden, dass das Durchscheinen nicht stört.

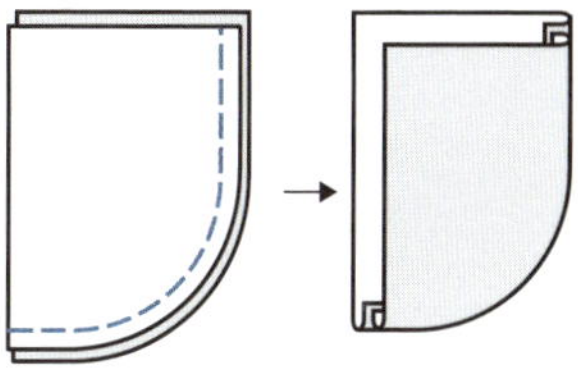

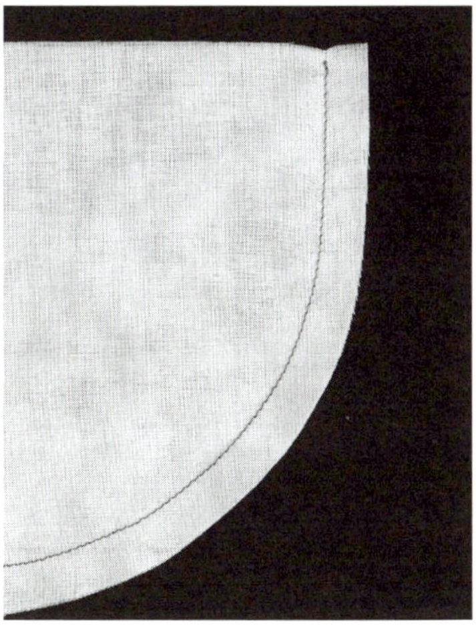

1 Rundung nähen (siehe S. 56).

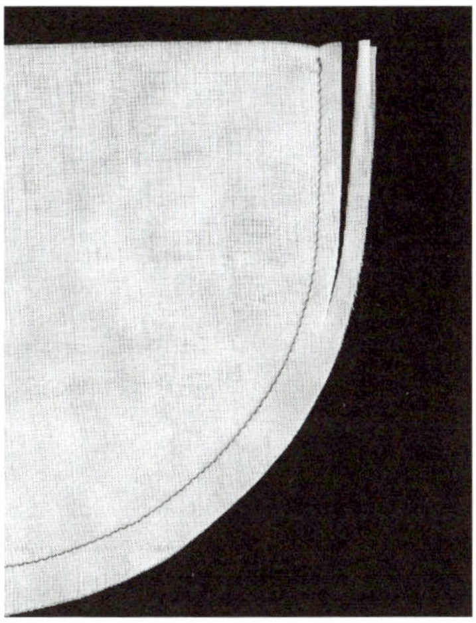

2 Die nach dem Wenden durchscheinenden Nahtzugaben nicht einschneiden, sondern auf 5 mm zurückschneiden.

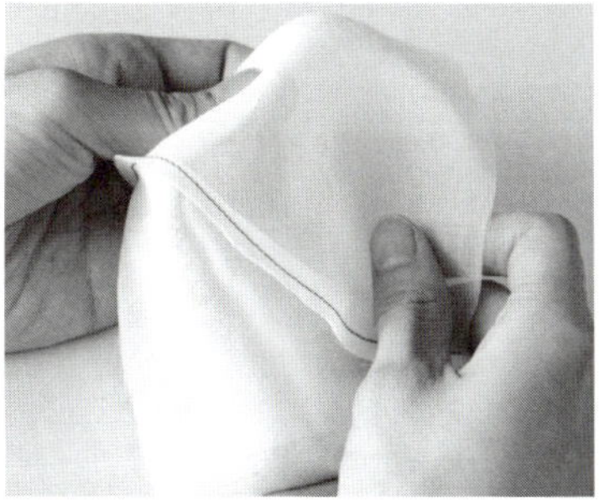

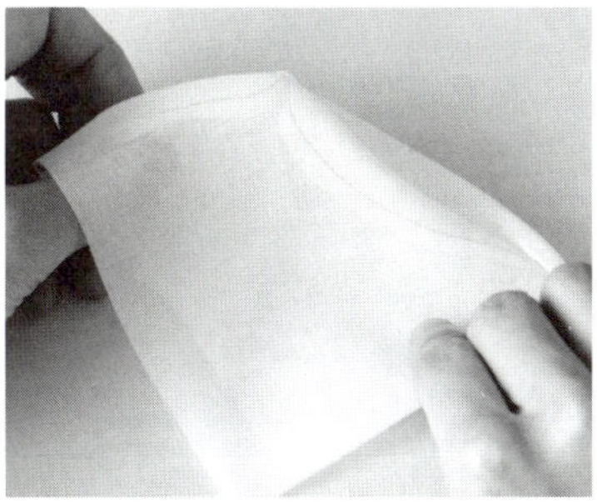

3 Die Arbeit wenden.

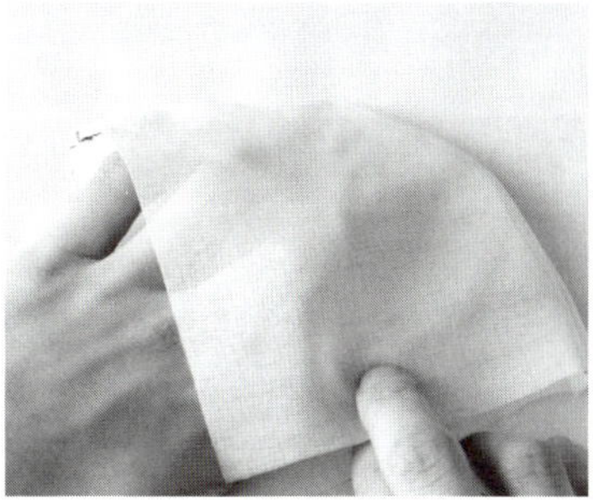

4 Die Rundung von links aus mit den Fingerspitzen herausdrücken.



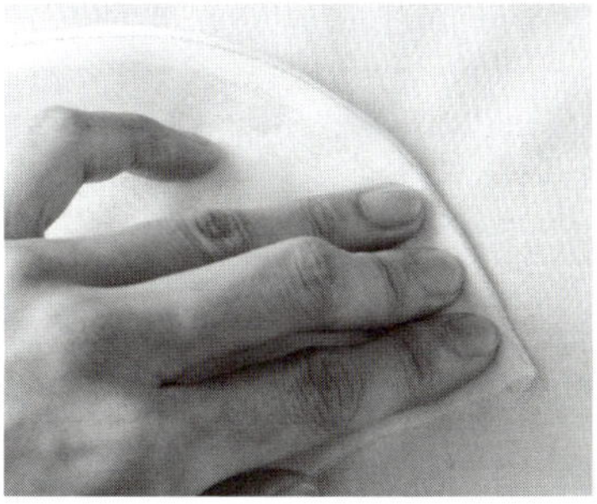

5 Die Naht von rechts aus herausdrücken.

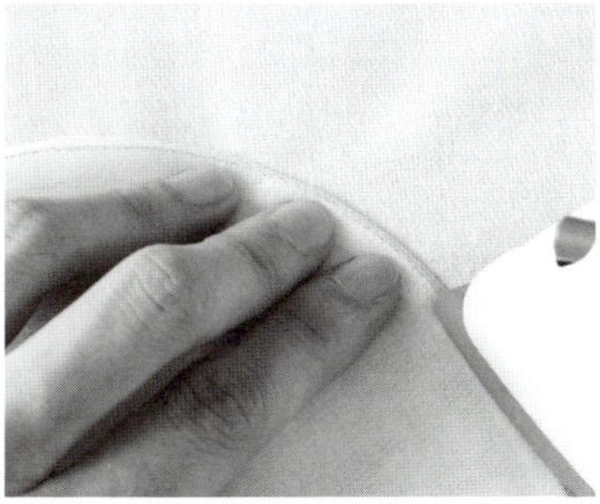

6 So bügeln, dass die beiden Teile Stoß an Stoß liegen.

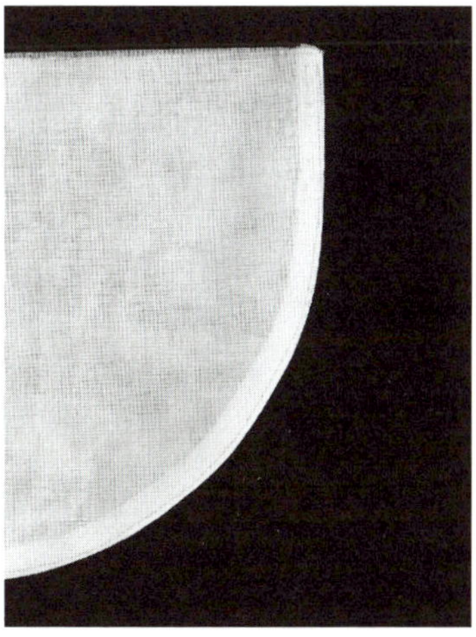

7 Fertige Rundung.

## ❍ Voluminöse Nahtzugaben

**Tipp:** Bei dicken Stoffen eine Nahtzugabe zurückschneiden.

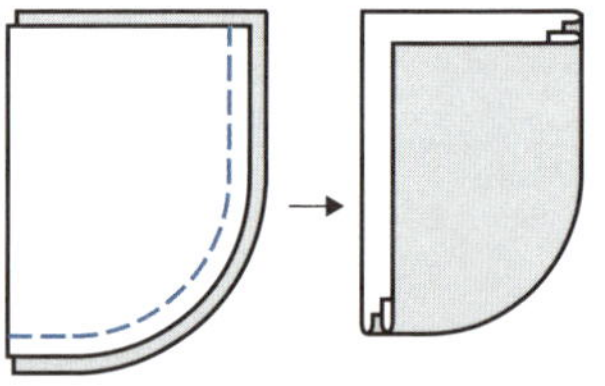

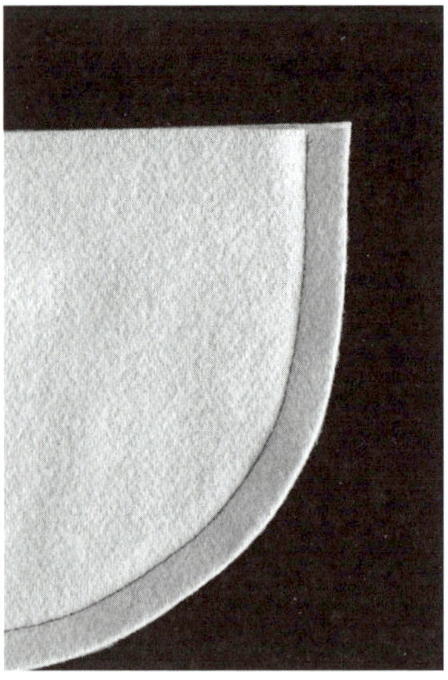

1 Rundung nähen (siehe S. 56).

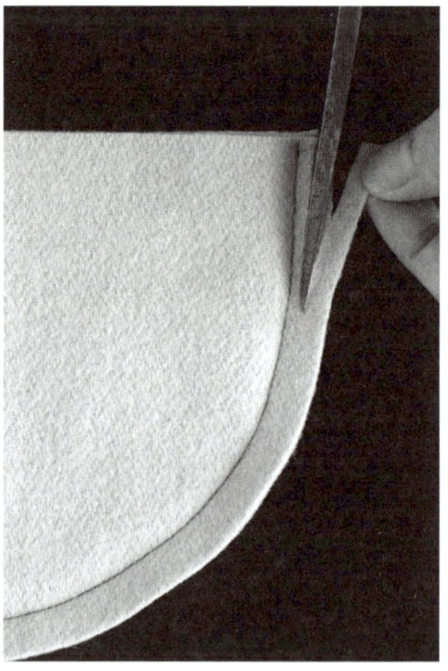

2 Eine Nahtzugabe auf etwa 3 mm zurückschneiden.

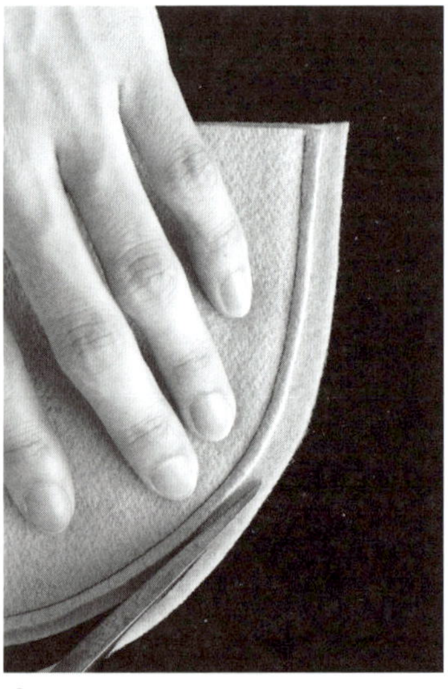

3 Die andere Nahtzugabe auf etwa 7 mm zurückschneiden.

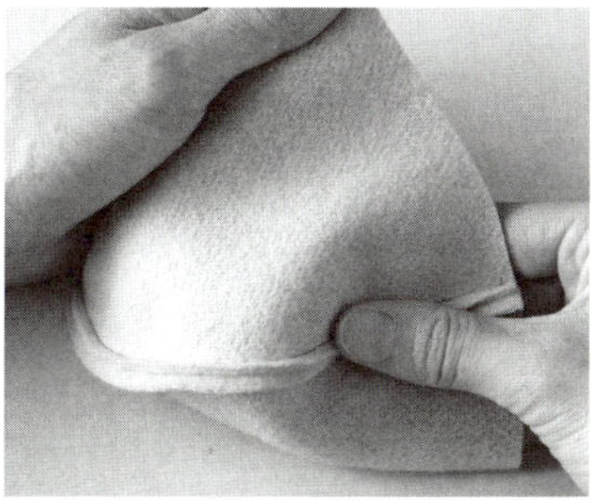

4 Die Arbeit wenden, dabei die Nahtzugaben nach außen drücken.

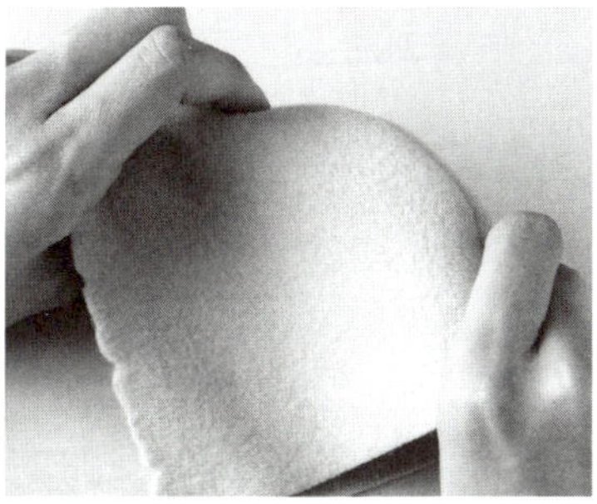

5 Die Naht mit den Fingern nachfahren und die Rundung dabei herausdrücken.

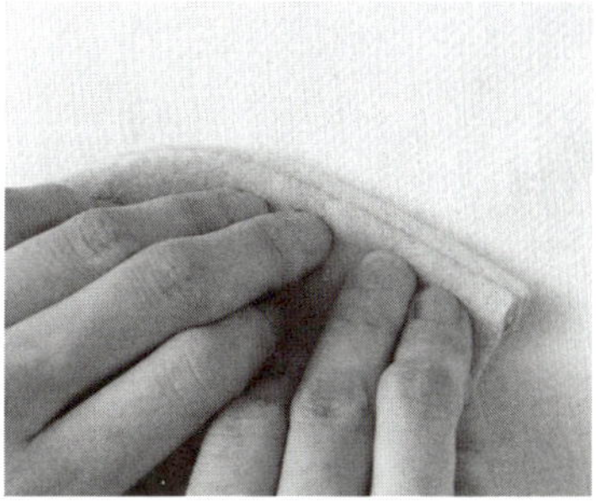

6 Die Nahtlinie durch schrittweises Abdrücken der Nahtzugabe mit den Fingern herausschieben.

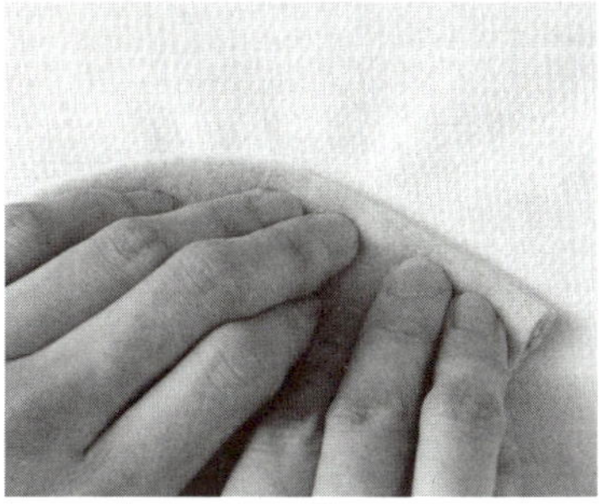

7 Die Naht durch Druck auf die Nahtzugabe herausdrücken.

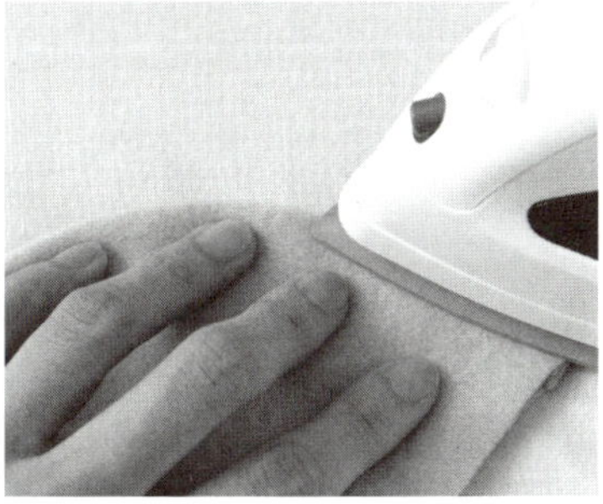

8 Die Naht mit der Hand flach drücken und bügeln.

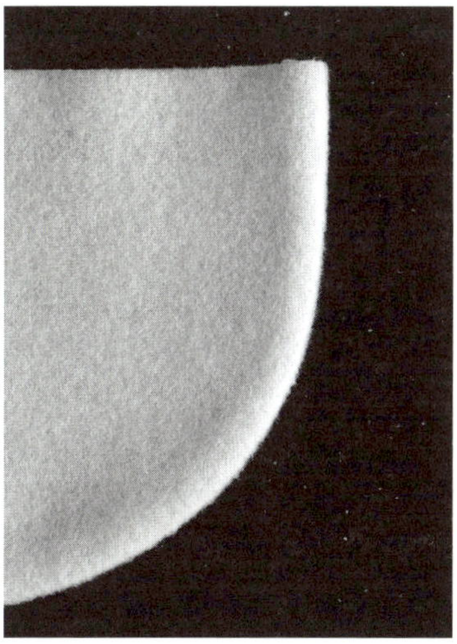

9 Fertige Rundung.



## ❍ Fertige Rundung absteppen

**Tipp:** Beide Nahtzugaben so weit zurückschneiden, dass sie hinter die Steppnaht passen.

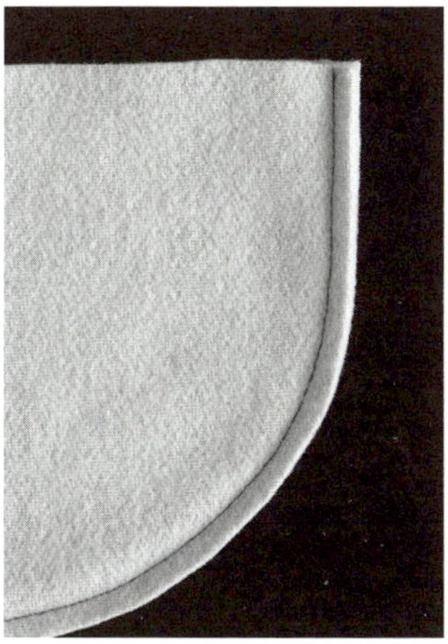

1

Beide Nahtzugaben so weit zurückschneiden, dass sie hinter die Steppnaht passen.

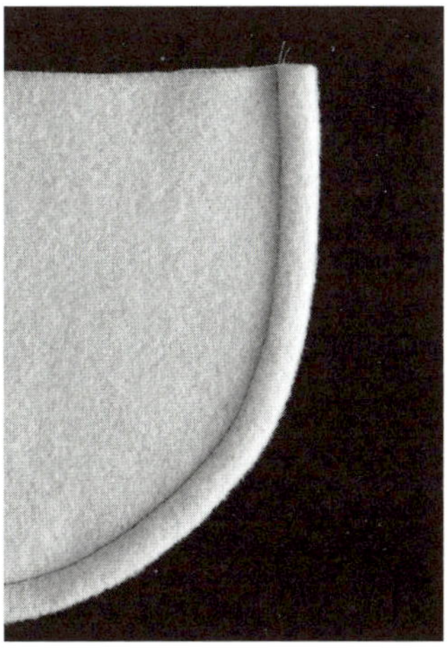

2

Wenn die Nahtzugaben hinter der Steppnaht verschwinden, ergibt sich an der Rundung eine weiche, volle Kante.

## ❍ Besonders dicke Stoffe (Wolle)

**Tipp:** Für einen sauberen Abschluss die Nahtzugaben mit dem Bügeleisen kräftig flach bügeln.

1 Nur die Nahtzugaben anfeuchten.

2 Mit dem Bügeleisen ohne Dampf die Nahtzugaben mit leichtem Druck flach bügeln.

3 Flach gebügelte Nahtzugaben.

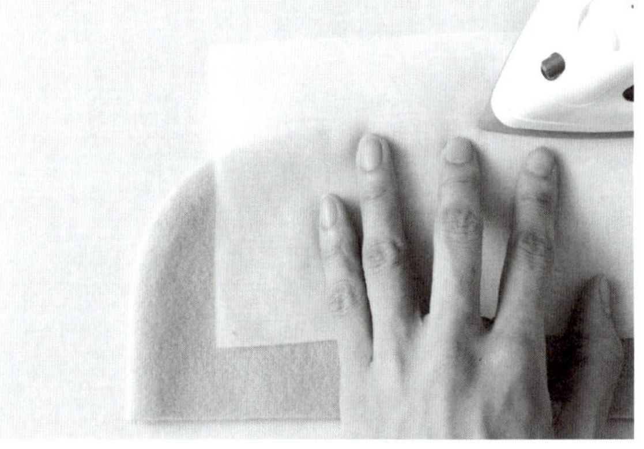

4 Die Arbeit wenden (siehe S. 61) und bügeln. Dabei ein Bügeltuch verwenden, damit der Stoff nicht glänzt.

## ○ Teilweise enge Rundungen

**Tipp:** Die Nahtzugaben deutlich zurückschneiden.

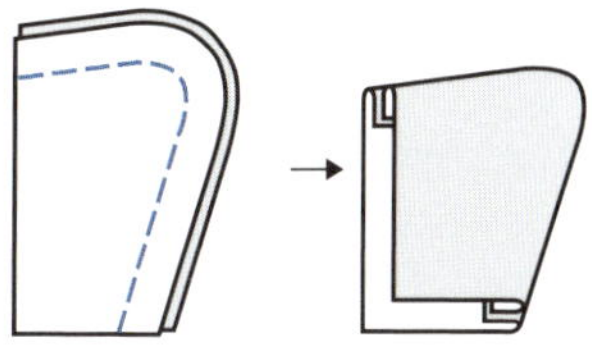

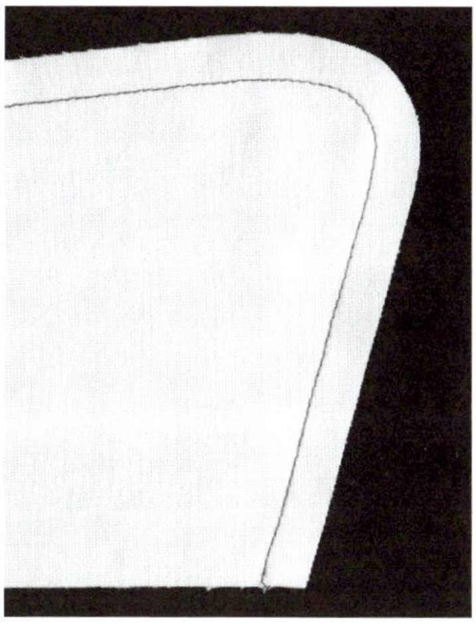

1 Rundung nähen (siehe S. 56).

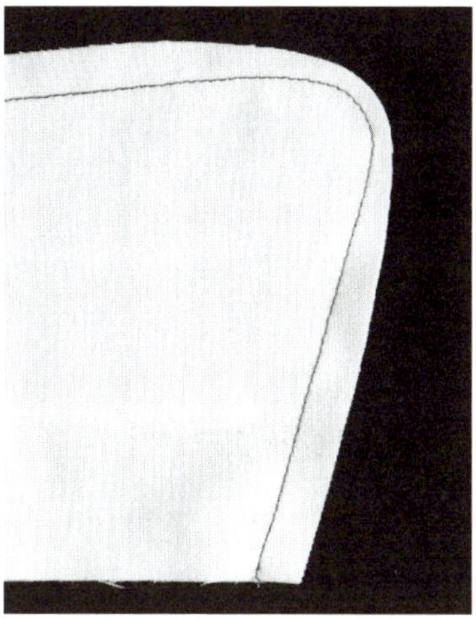

2 Die Nahtzugaben an der stark gerundeten Stelle auf etwa 3 mm zurückschneiden.

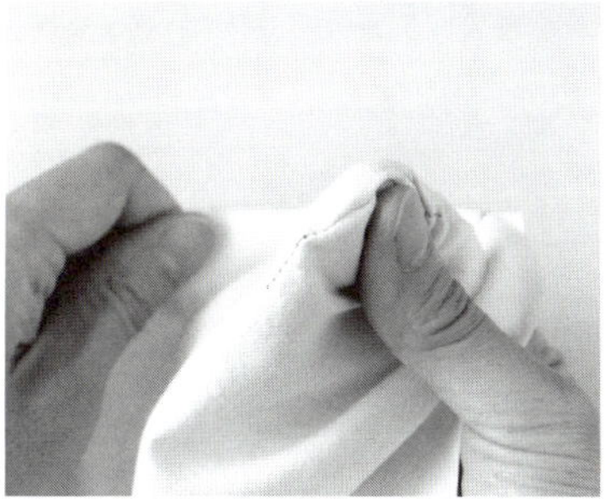

3 Die Rundung zwischen Daumen und Zeigefinger festhalten und die Arbeit wenden.

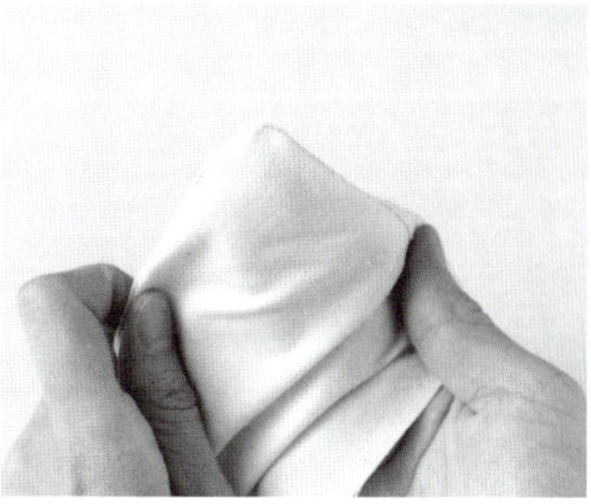

4 Die Rundung von innen mit der Fingerspitze herausdrücken.

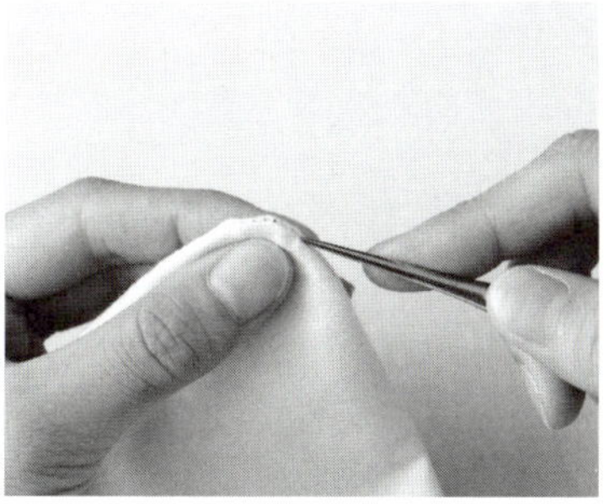

5 Die Rundung stückchenweise mit dem Pfriem sauber herausziehen.

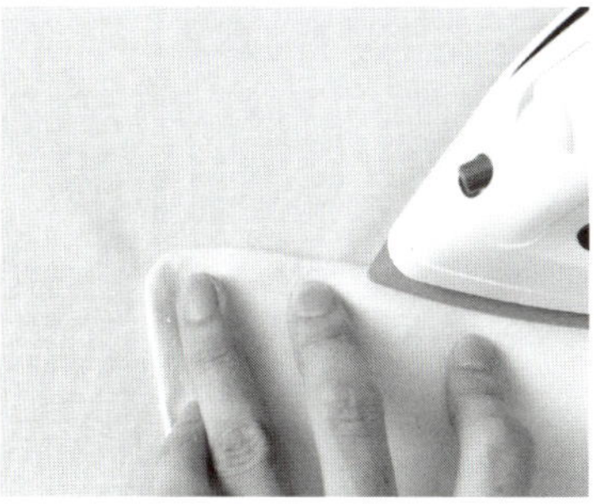

6 Mit dem Bügeleisen glätten.

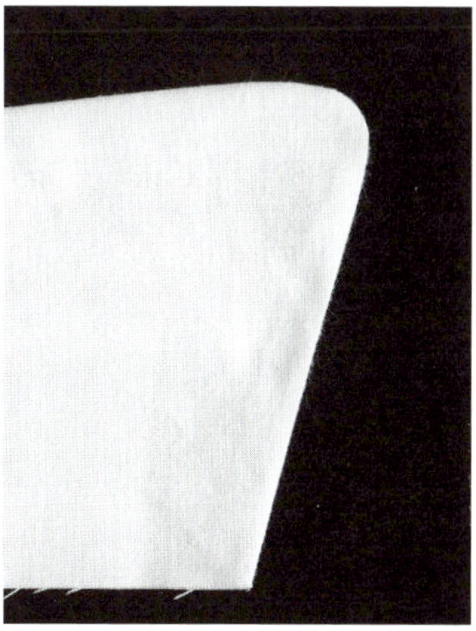

7 Fertige Rundung.

# Rundungen

## Nach innen verstürzte Rundungen

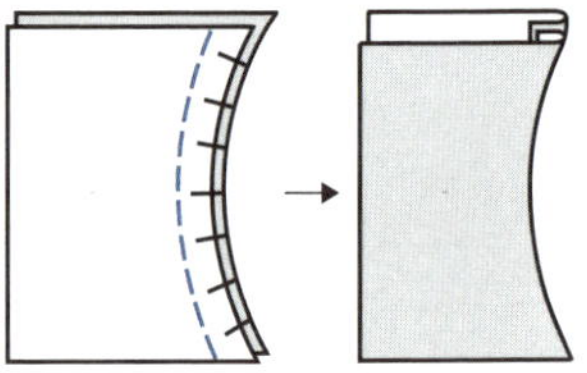

**Tipp:** Die Nahtzugaben in engem Abstand einschneiden.

Schneidet man die Nahtzugaben zur Hälfte der Breite in engen Abständen ein, werfen sie keine Falten und die Rundung liegt nach dem Wenden glatt.

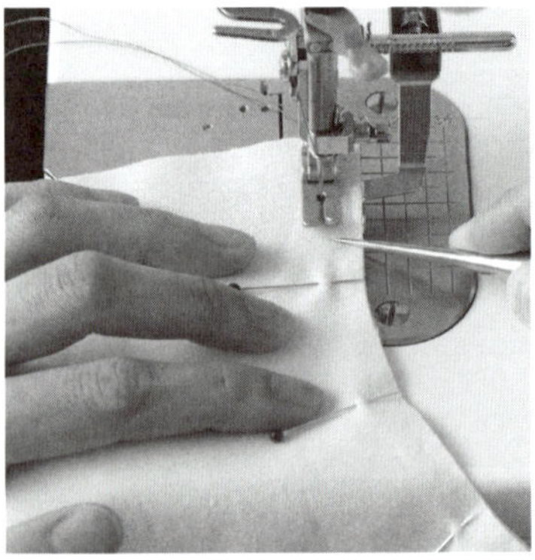

1 Rundung nähen (siehe S. 56).

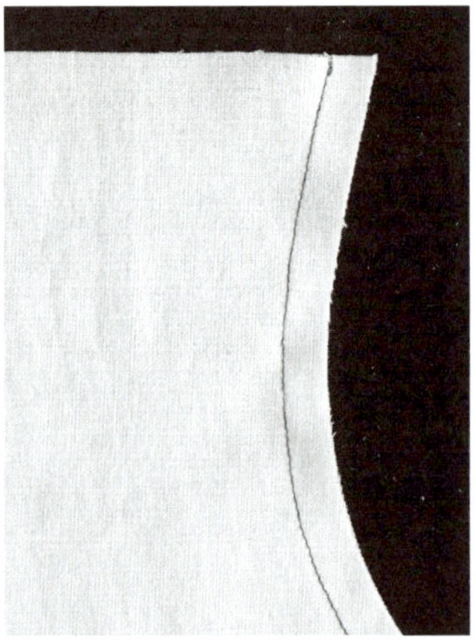

2 Die Naht mit dem Bügeleisen glätten (siehe S. 36).

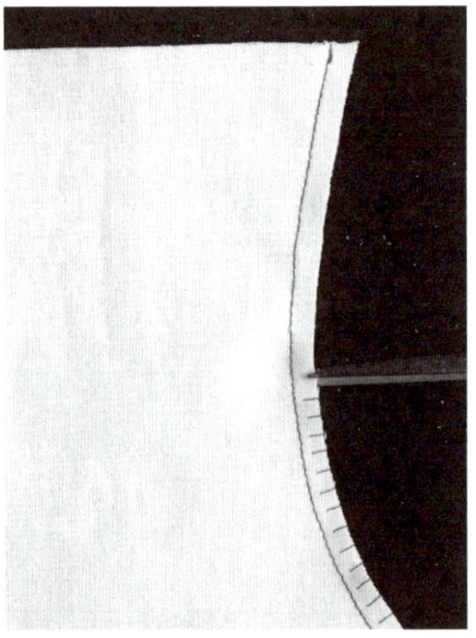

3 Die Nahtzugaben auf etwa 5 mm zurückschneiden und in engen Abständen einschneiden.

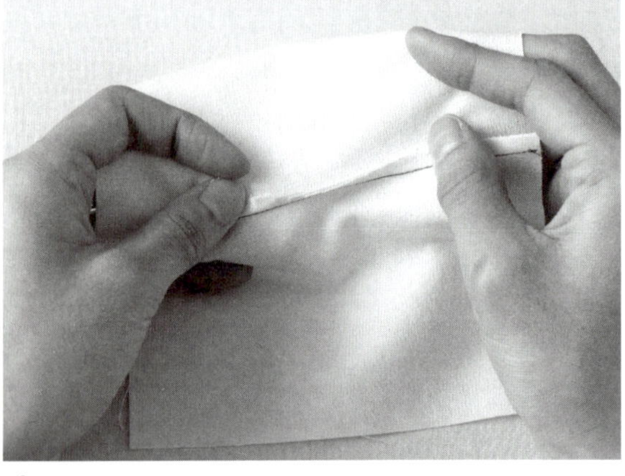

4 Die Arbeit wenden.

5 Darauf achten, dass die Nahtlinie nicht verrutscht.

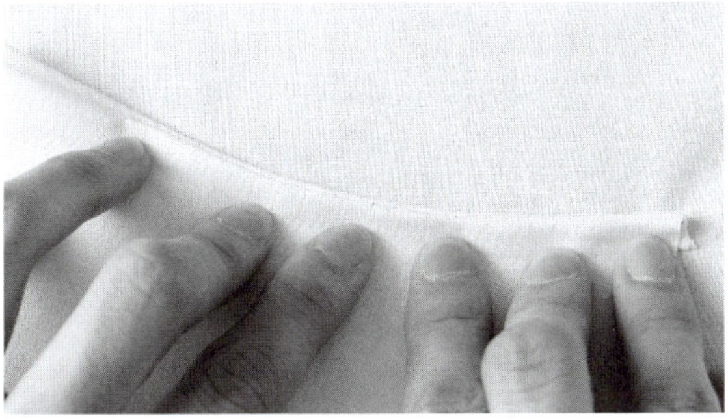

6 Die Nahtlinie durch Drücken auf die Nahtzugabe an der Rundung entlang herausschieben.

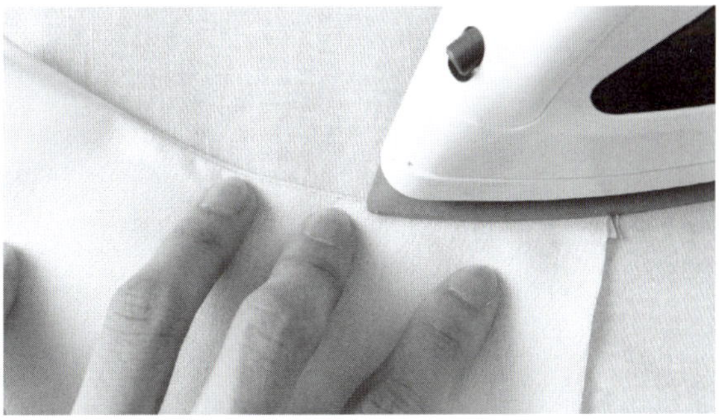

7 Die Nahtlinie mit dem Bügeleisen flach drücken.

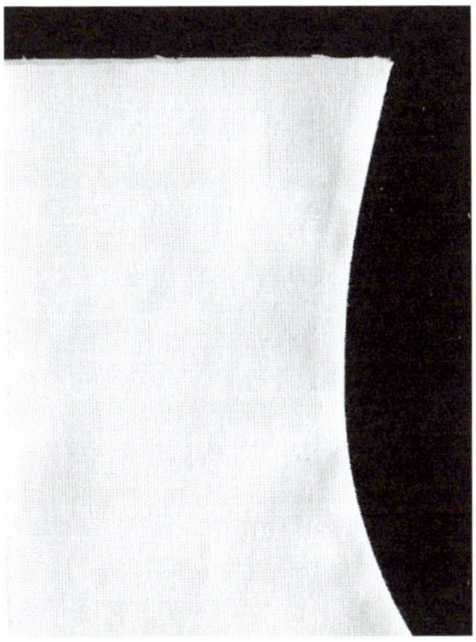

8 Fertige Rundung.

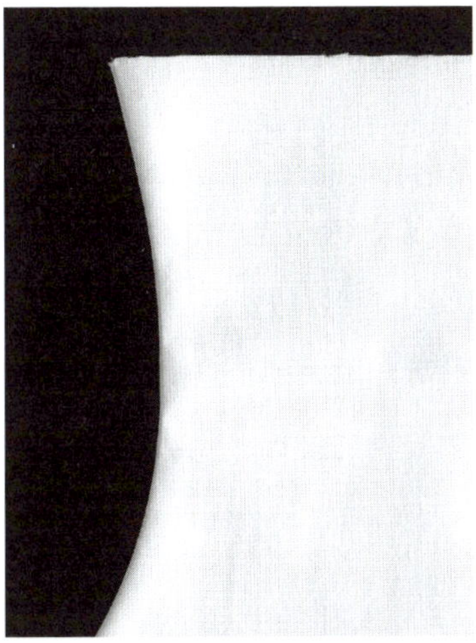

Fertige Rundung, linke Seite.

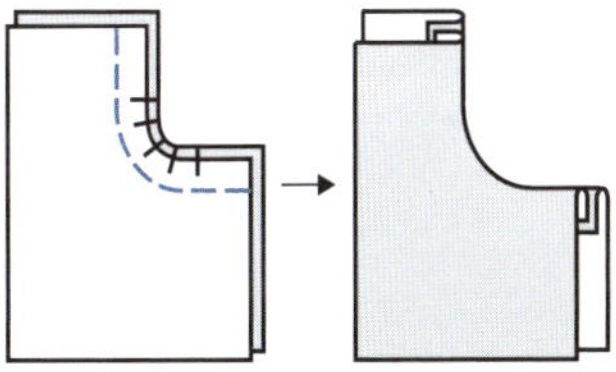

## ❍ Teilweise enge Rundungen

**Tipp:** Die Nahtzugaben in engen Abständen wiederholt einschneiden.

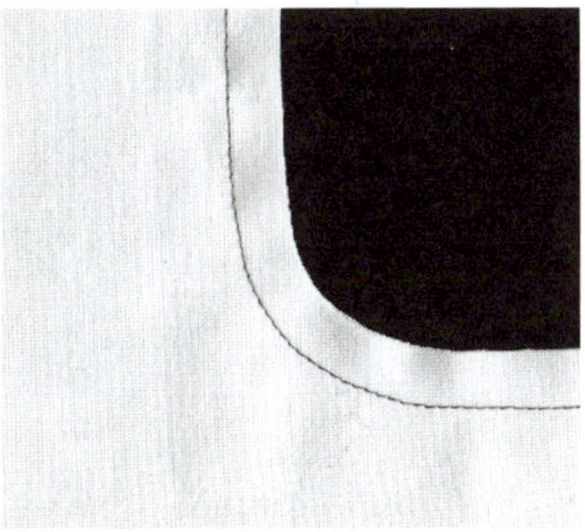

1 Die Rundung nähen (siehe S. 56).

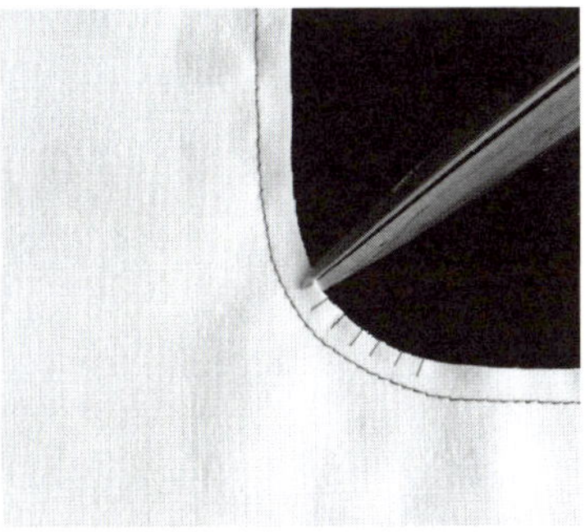

2 Die Nahtzugaben auf 4–5 mm zurückschneiden und in der Rundung in engem Abstand Einschnitte setzen.

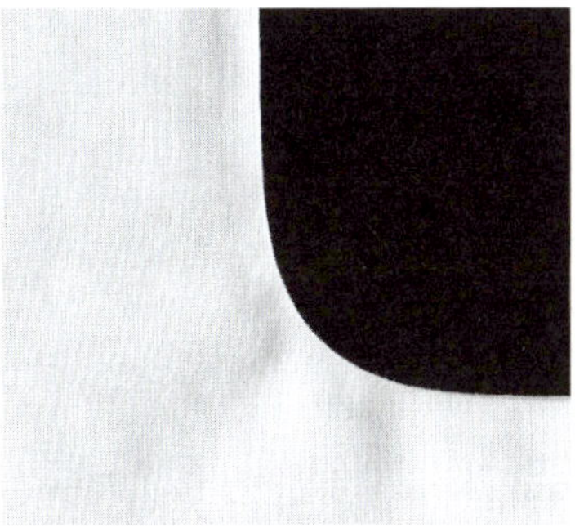

3 Die Arbeit wenden und bügeln.

# Runde Übergänge

**Tipp:** Die Passzeichen zum Zusammennähen müssen genau auf die Schnittteile übertragen werden.

## Zusammennähen von Außen- und Innenrundungen

**Tipp:** Mit schmalen Nahtzugaben lassen die Teile sich leichter zusammennähen. Die Nahtzugaben schon beim Zusammenstecken einschneiden.

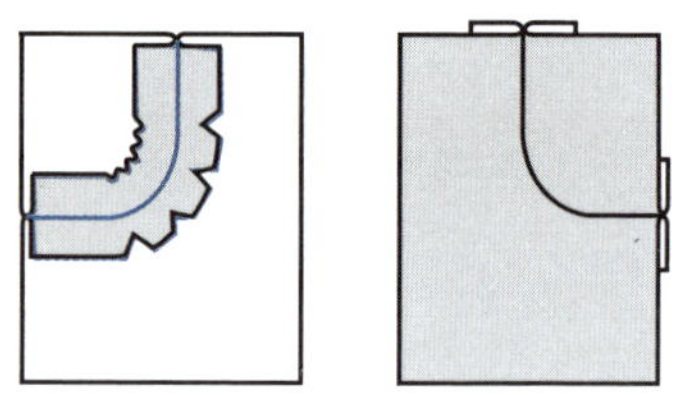

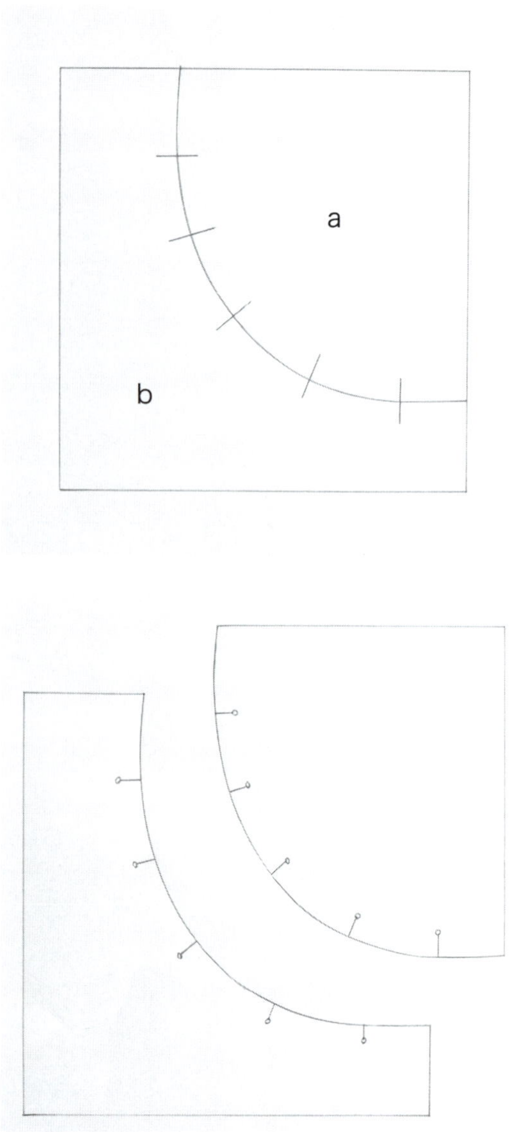


Die Passzeichen zum Zusammennähen präzise auf die Schnittteile a und b übertragen.

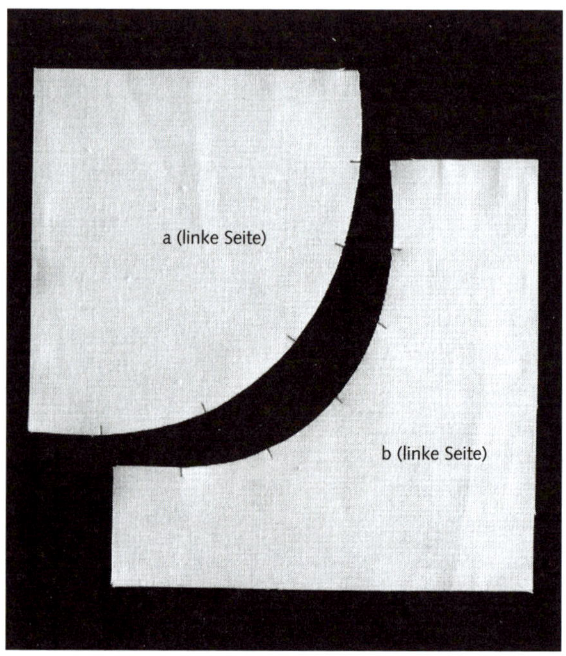


1 Die Nahtzugaben aufeinanderlegen und zusammen auf 7 mm zurückschneiden.

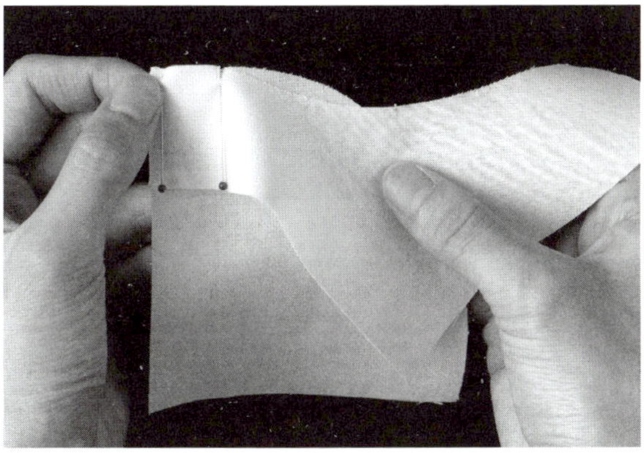

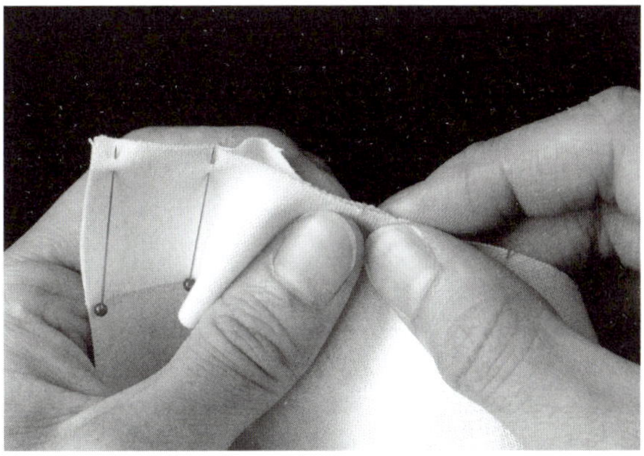

2 a und b rechts auf rechts aufeinanderlegen. Die Schnittkanten aufeinander ausrichten und an den Passzeichen mit Stecknadeln zusammenstecken. Teil b liegt dabei oben.

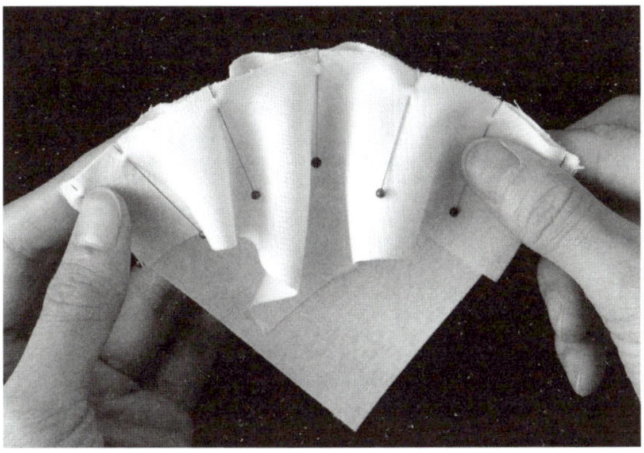

3 Da die Nahtlinie auf den Schnittteilen zwar gleich weit vom Rand entfernt ist, die Rundung jedoch entgegengesetzt verläuft, sind die Ränder der Nahtzugaben unterschiedlich lang.

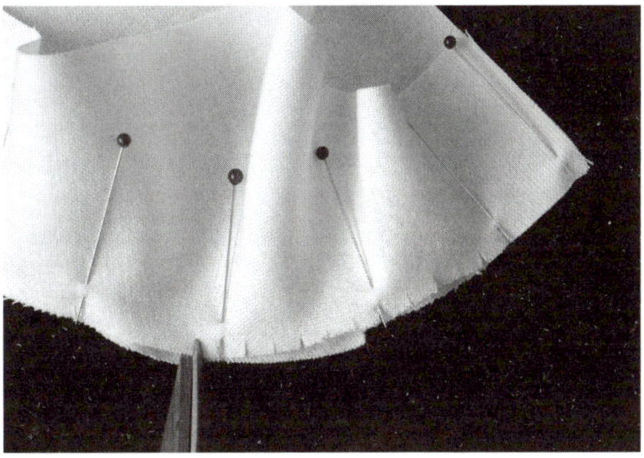

4 Nur die Nahtzugabe von Teil b in engen Abständen einschneiden. Die Tiefe der Einschnitte entspricht etwa der halben Breite der Nahtzugabe.

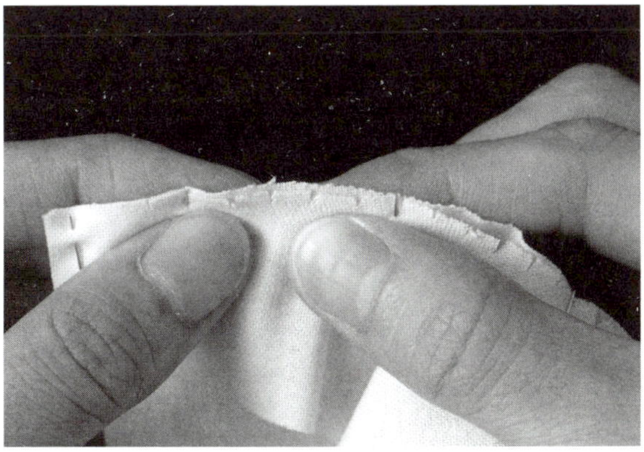

5 Die Stoffkanten von a und b aufeinander ausrichten, dabei die Einschnitte in b öffnen. a und b zusammenstecken.

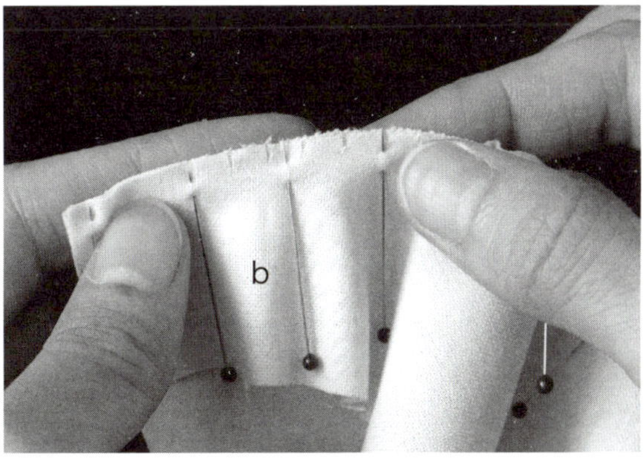

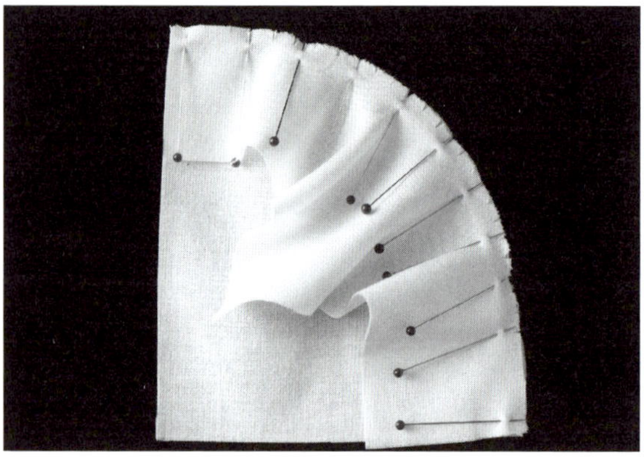

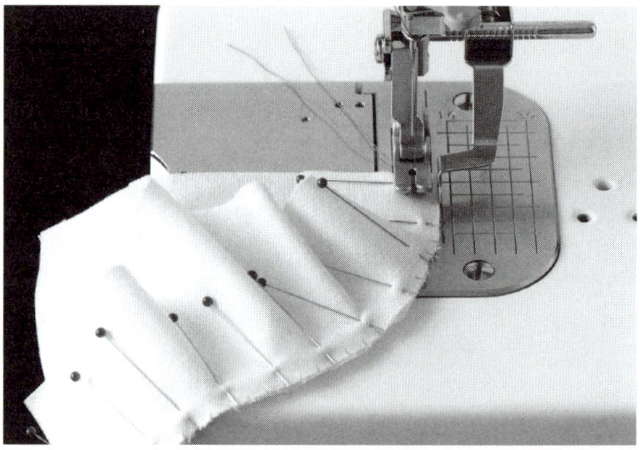

6 Mit der Nähmaschine so zusammennähen, dass Teil b oben liegt.

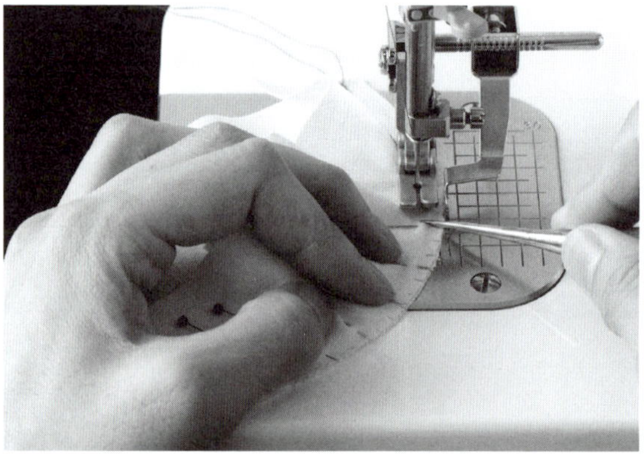

7 Damit die Naht an den eng gesteckten Stellen nicht zu locker wird, empfiehlt es sich, den Stoff beim Nähen mit dem Pfriem hinunterzudrücken.

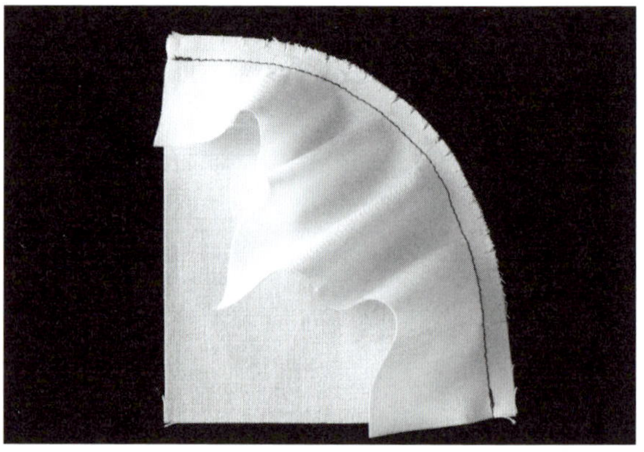

8 Nach dem Zusammennähen.

9 Die Naht mit dem Bügeleisen glätten.

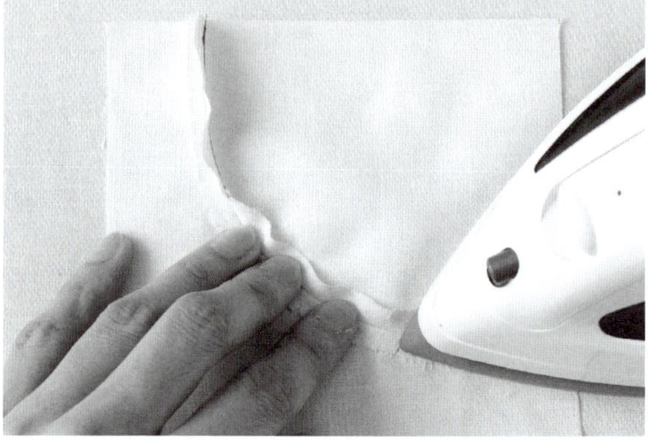

10 Die Nahtzugaben mit der Spitze des Bügeleisens abschnittweise auseinanderbügeln.

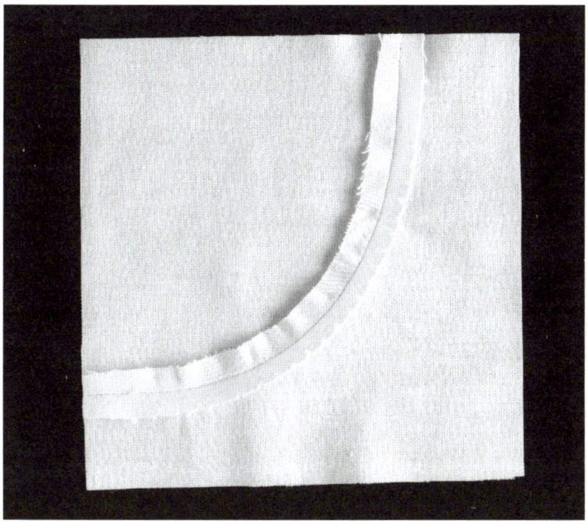

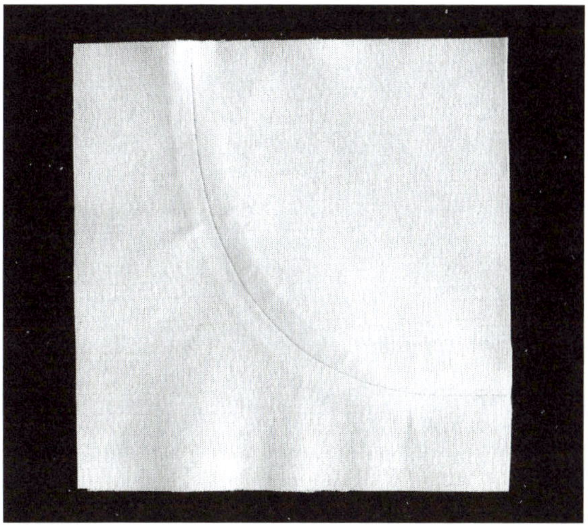

11 Fertige Naht, linke Seite.

Fertige Naht, rechte Seite.

## ○ Nahtzugaben umbügeln

**Tipp:** Die Nahtzugaben erst leicht teilen, dann umbügeln.

### Nach außen bügeln

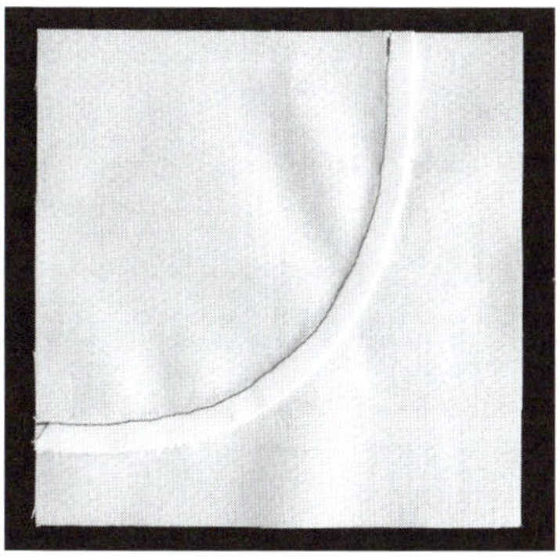

Nach dem Glätten der Naht beide Nahtzugaben nach außen bügeln.

Rechte Seite.

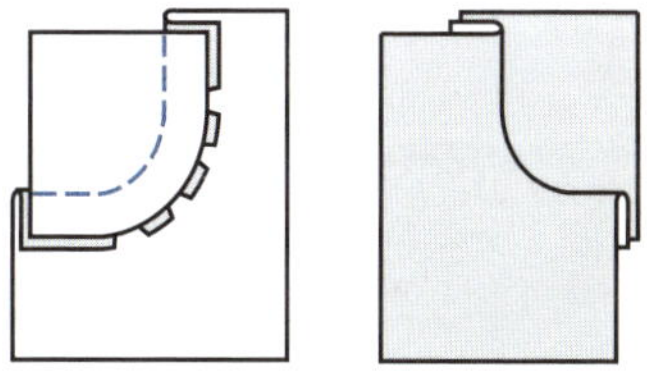

### Nach innen bügeln

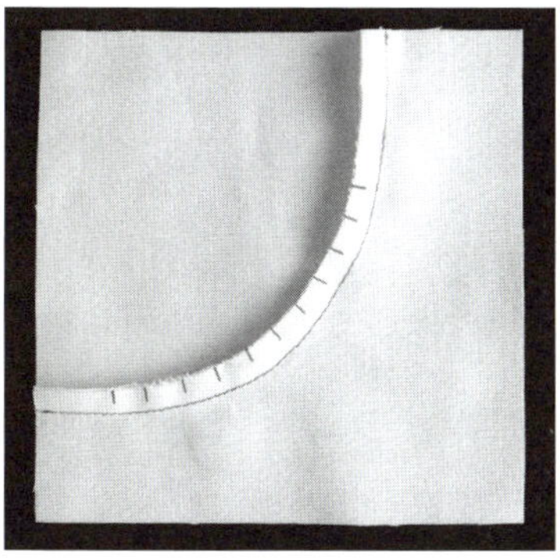

Nach dem Glätten der Naht beide Nahtzugaben nach innen bügeln.

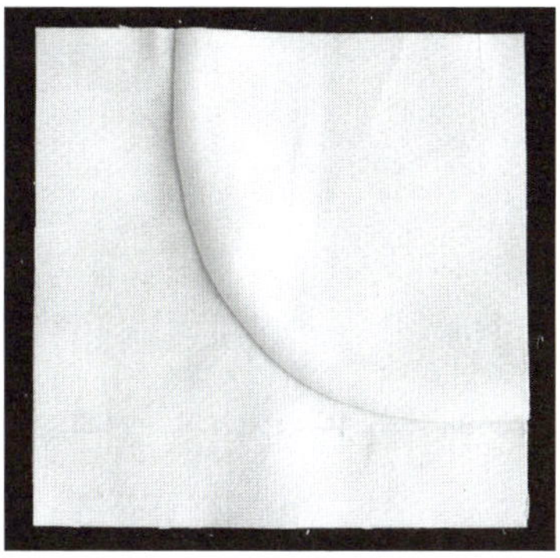

Rechte Seite.

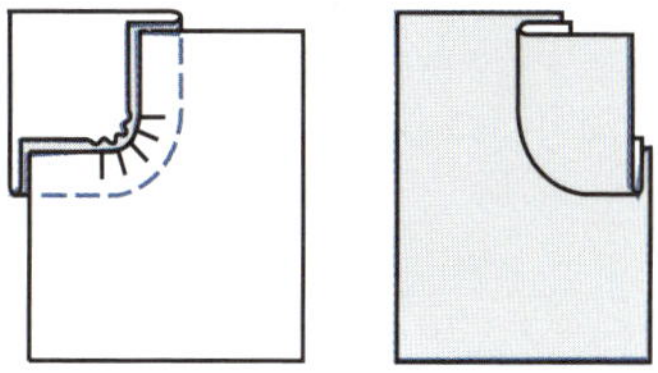

Runde Übergänge

# Rundungen und gerade Kanten

## Boden von Röhren verstürzen

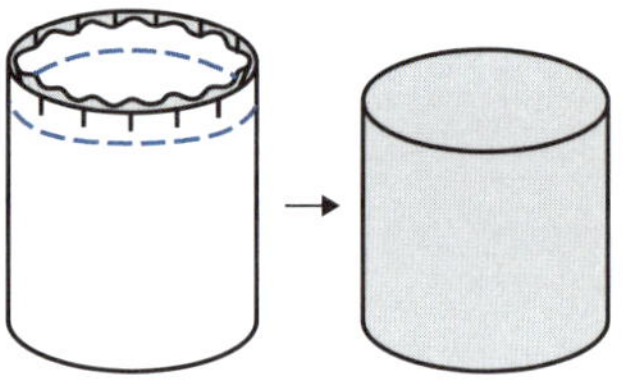

**Tipp:** Die Passzeichen präzise aufeinander ausrichten und mit vielen Stecknadeln abstecken.

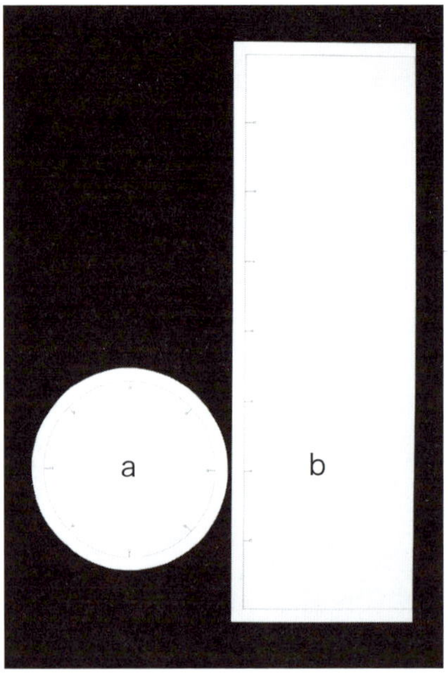


Die Passzeichen zum Zusammennähen präzise auf die Schnittteile a und b übertragen.

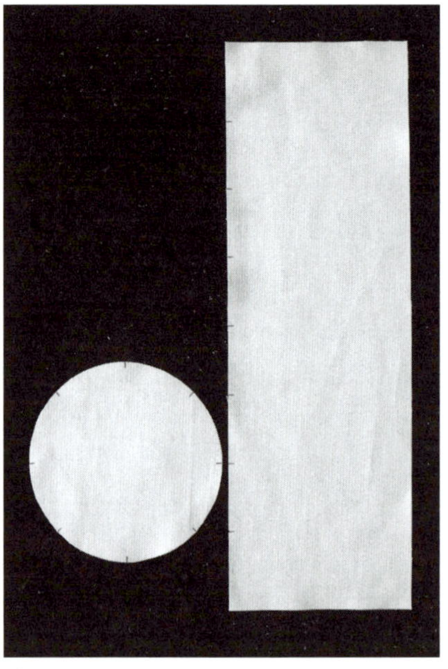

1 Mit schmalen Nahtzugaben lassen die Teile sich leichter mit der Maschine nähen. Daher die Nahtzugaben auf 7 mm zurückschneiden.

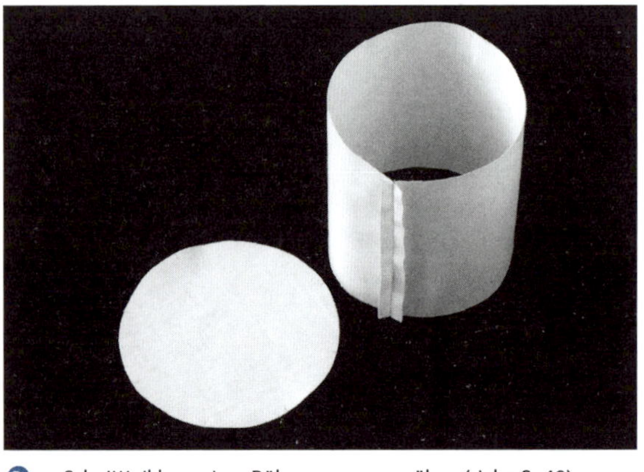

2 Schnittteil b zu einer Röhre zusammennähen (siehe S. 40).

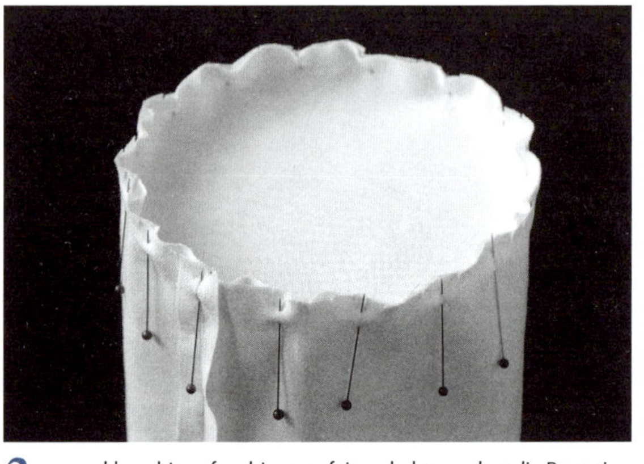

3 a und b rechts auf rechts so aufeinanderlegen, dass die Passzeichen aufeinander ausgerichtet sind, und mit Stecknadeln feststecken (siehe S. 67).

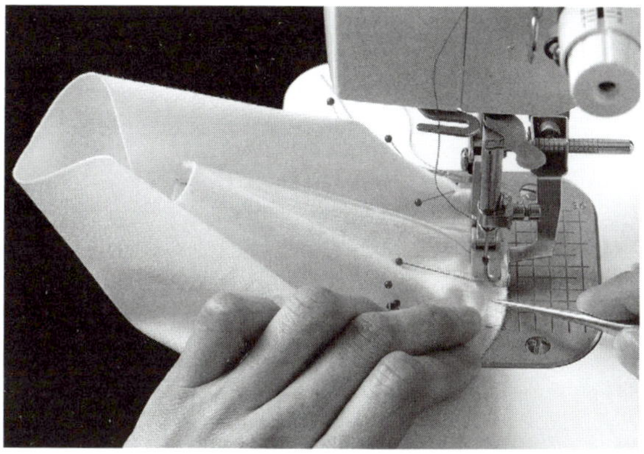

4 Mit der Nähmaschine an der Nahtlinie so zusammennähen, dass Teil b oben liegt.

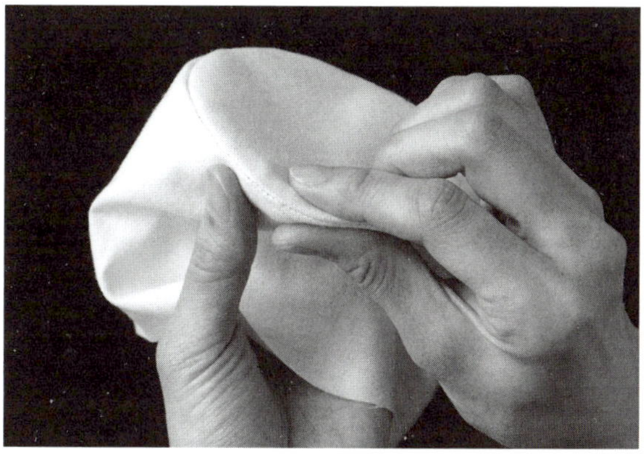

5 Die Arbeit wenden und die Nahtzugaben von innen mit den Fingern nach außen drücken. Von außen die Nahtlinie zwischen den Fingerspitzen flach drücken, damit die Naht gut zu sehen ist.

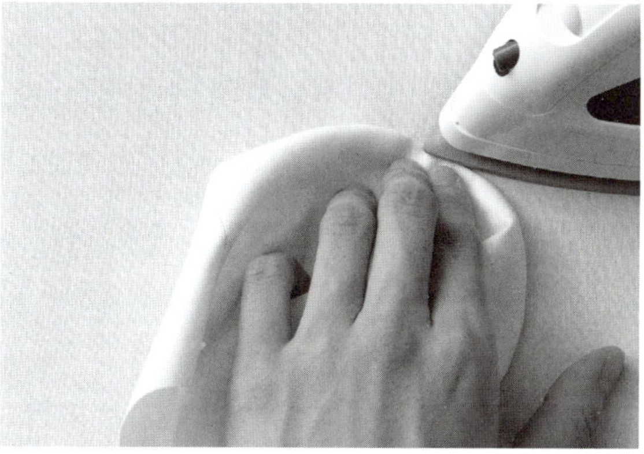

6 Die Arbeit mit dem Boden a nach unten an der Rundung entlang stückchenweise mit dem Bügeleisen so bearbeiten, dass eine scharfe Kante entsteht.

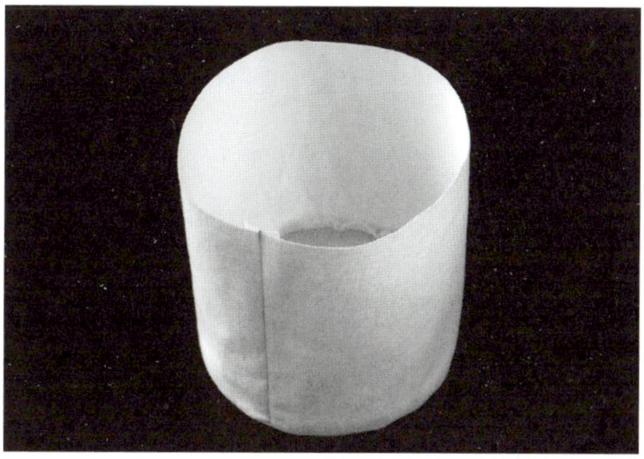

7 Fertige Arbeit.

## Saubere Fertigstellung

Ob man sich beim Fertigstellen Mühe gibt oder nicht, hat großen Einfluss auf das Aussehen der fertigen Arbeit. Schludert man an „unsichtbaren“ Stellen, kann das zu solchen Ergebnissen führen.

### Wenden ohne vorheriges Zurückschneiden der Nahtzugaben

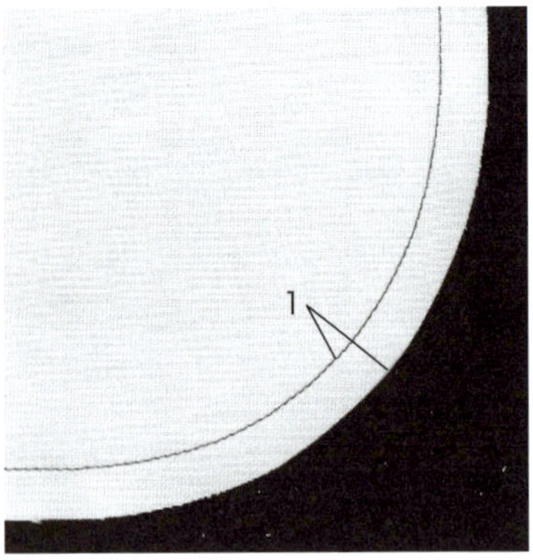


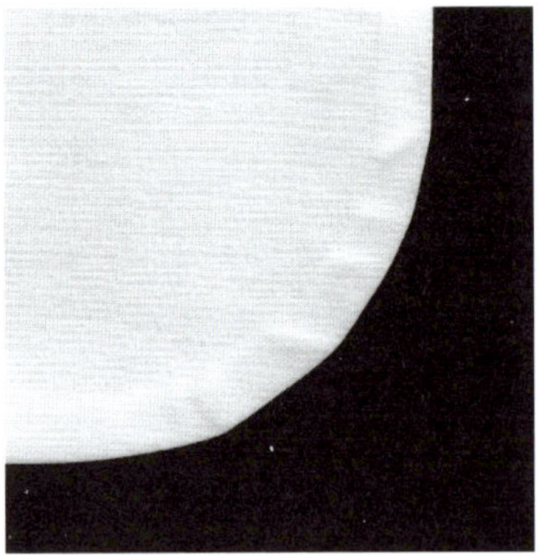

Die Nahtzugaben werfen Falten, die rechte Seite sieht uneben aus.

### Nahtzugaben bei dünnen, durchscheinenden Stoffen ungleichmäßig

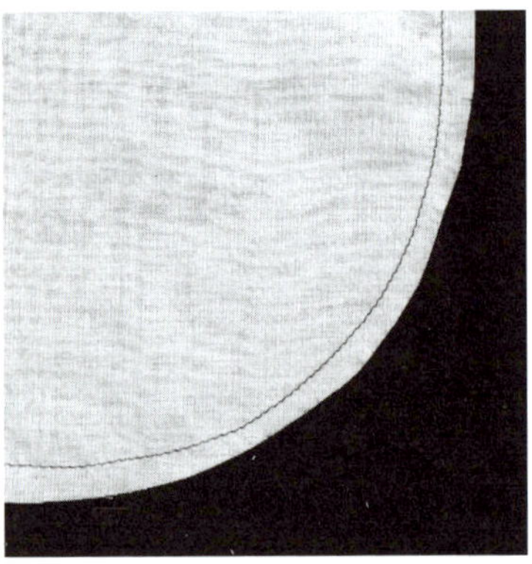

Wenn unsauber zurückgeschnittene Nahtzugaben durchscheinen, sieht selbst eine sauber genähte Rundung ungleichmäßig aus.

### Ungenaue Einschnitte

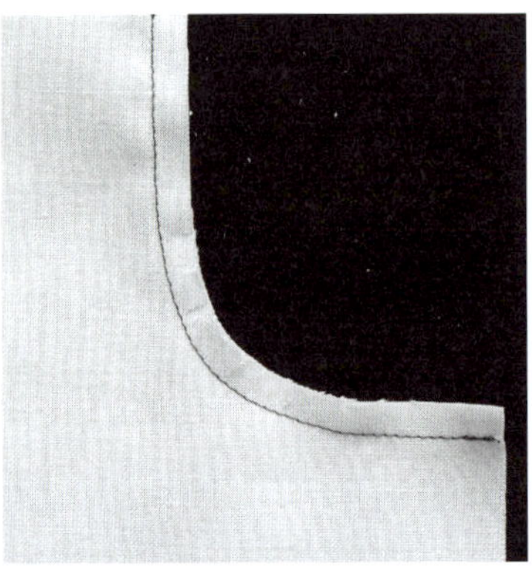

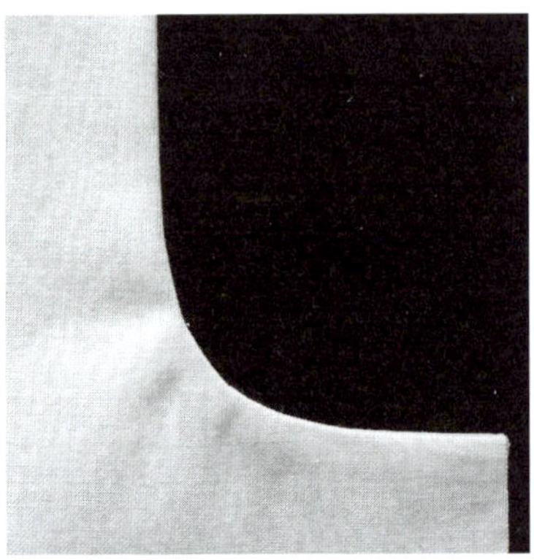

Die Position der Einschnitte beeinflusst die Erscheinung der Rundung und lässt sie unsauber aussehen.

# Versäubern von Naht- und Saumzugaben

Bei der Herstellung von ungefütterten, einlagigen Kleidungsstücken müssen die Nahtzugaben ordentlich versäubert werden, da auch die Innenseite zu sehen ist. Ein je nach Verwendungszweck passend abgesteppter Rand verstärkt dabei nicht nur die Nahtlinie, sondern sieht auch hübsch aus. Am besten wählt man die Methode des Versäuberns passend zum restlichen Design aus. Es kann auch interessant wirken, wenn im fertigen Kleidungsstück die normalerweise nicht zu sehende Innenseite gelegentlich aufblitzt.

# Zickzacknaht

Zickzackstiche verhindern das Ausfransen der Stoffkante. Je nach Stoffart gibt es unterschiedliche Ausführungsarten.

**Tipp:** Auf jeden Fall erst auf einem Stoffrest eine Nähprobe durchführen!

## Zickzacknaht mit Abstand von der Stoffkante

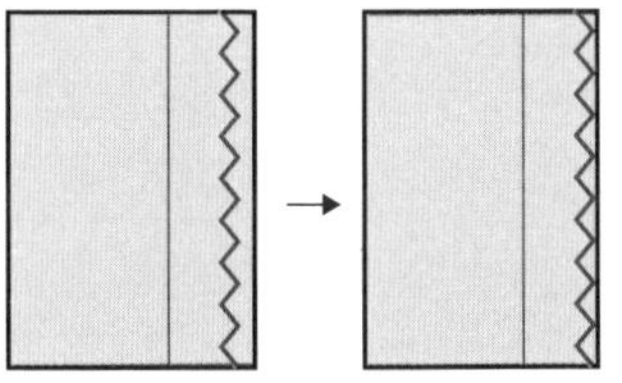

Dünner Stoff kann durch die Zickzackführung des Fadens zusammengezogen werden. Daher lässt man die Naht- bzw. Saumzugaben etwas breiter und näht weiter innen, wo der Fadenlauf stabiler ist. Den Überschuss schneidet man ab.

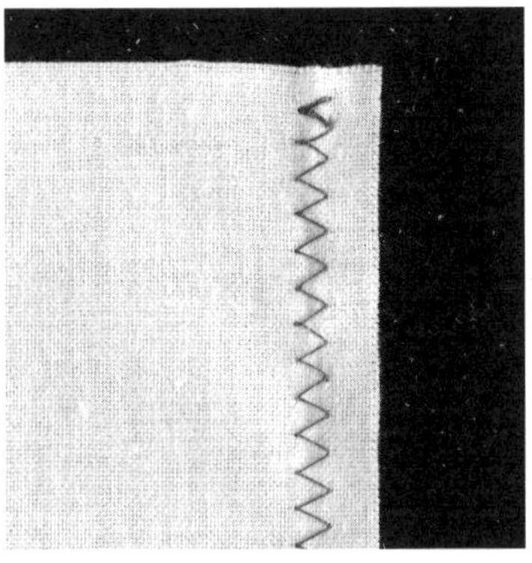

1 Innerhalb der zusätzlichen Nahtzugabe (5–10 mm von der Stoffkante entfernt) mit der Maschine eine Zickzacknaht setzen, dabei den Nahtbeginn mit einem Rückstich sichern.

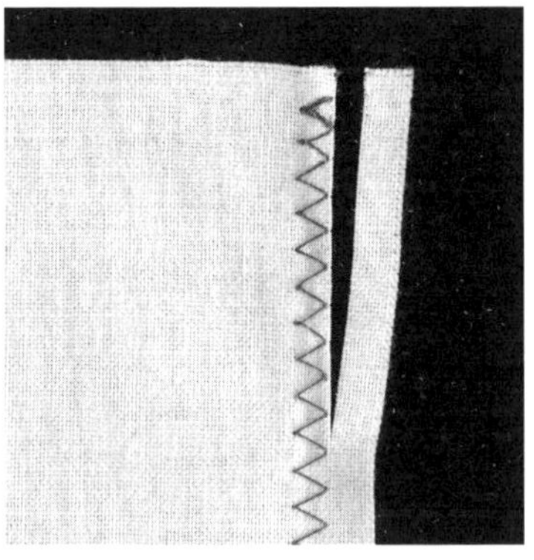

2 Den Untertritt an der Zickzacknaht so abschneiden, dass sie nicht beschädigt wird.

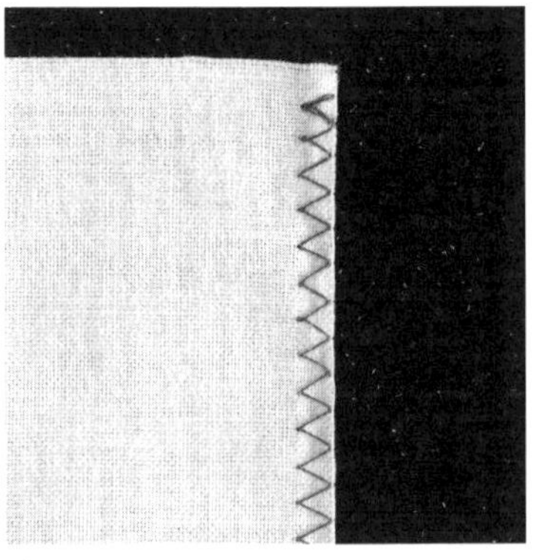

3 Die Saumnaht flach bügeln.

## Zickzacknaht direkt an der Stoffkante

Bei festen Stoffen und soliden Geweben kann die Zickzacknaht auch erst nach dem Zurückschneiden der Naht- oder Saumzugabe gesetzt werden. Dabei liegt die eine Seite der Naht direkt an der Stoffkante.

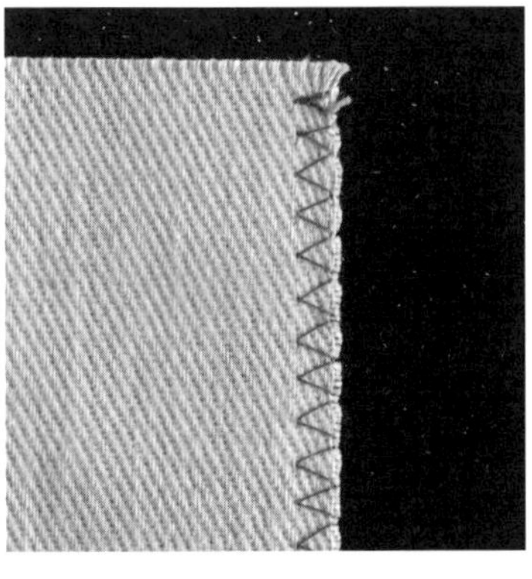

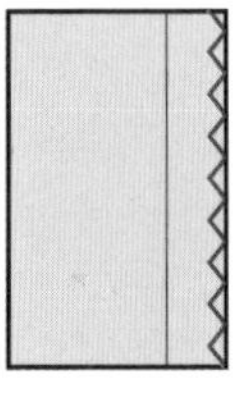

### ◆ Zickzacknähmaschine

Es gibt Modelle verschiedener Hersteller; hier eine Computernähmaschine für den Hausgebrauch.

## ❍ Nahtzugaben auseinanderbügeln

Die Stoffkanten können auch schon vor dem Zusammennähen im Zickzackstich versäubert werden.

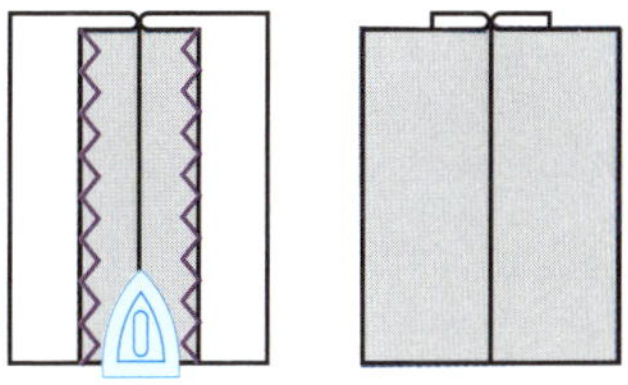

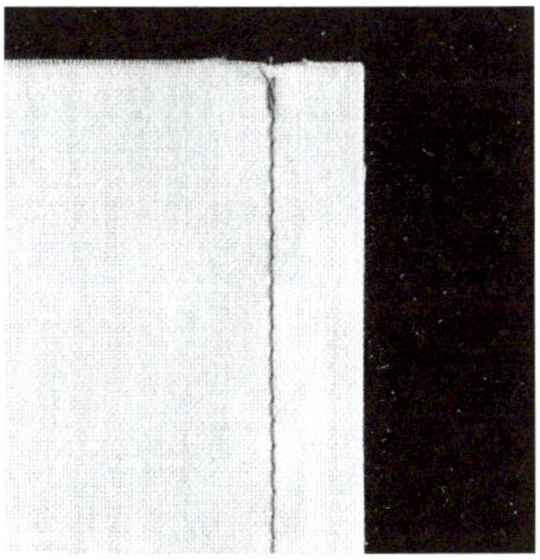

1 Die Teile zusammennähen und die Naht glätten (siehe S. 36).

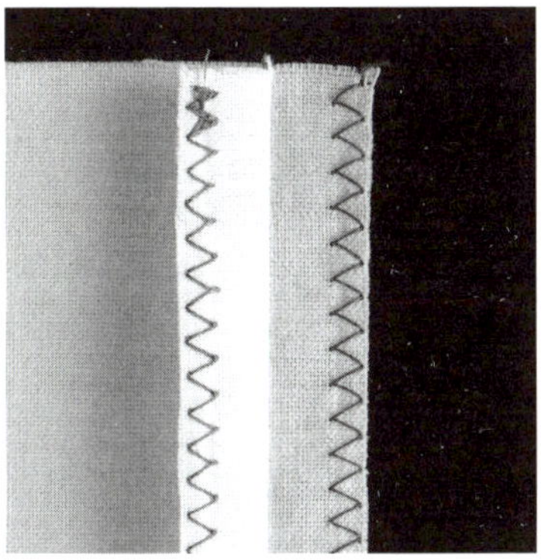

2 Die Nahtzugaben öffnen und jede im Zickzackstich versäubern.

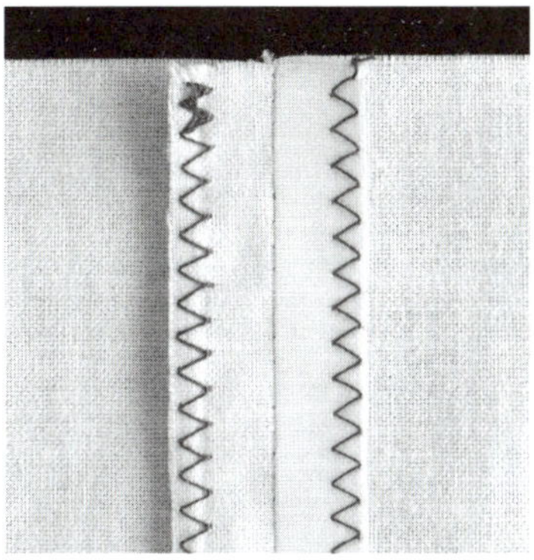

3 Die Nahtzugaben auseinanderbügeln (siehe S. 36).

## ❍ Nahtzugaben umbügeln

Bei dünnen Stoffen wird das Ergebnis schöner und stabiler, wenn beide Stofflagen zusammen im Zickzackstich versäubert und dann in eine Richtung gebügelt werden.

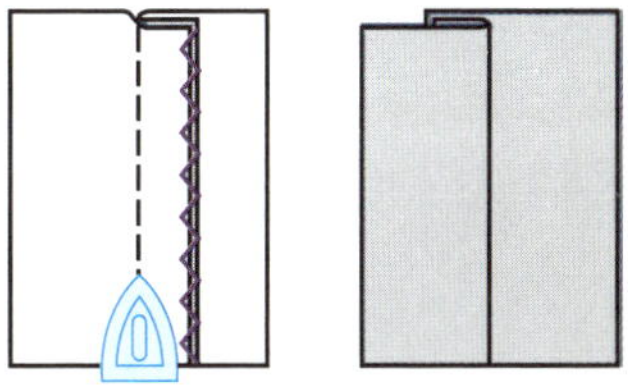

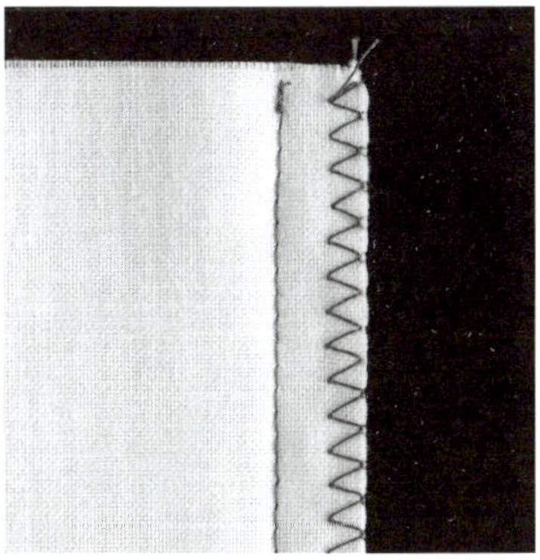

1 Beide Nahtzugaben zusammen im Zickzackstich versäubern.

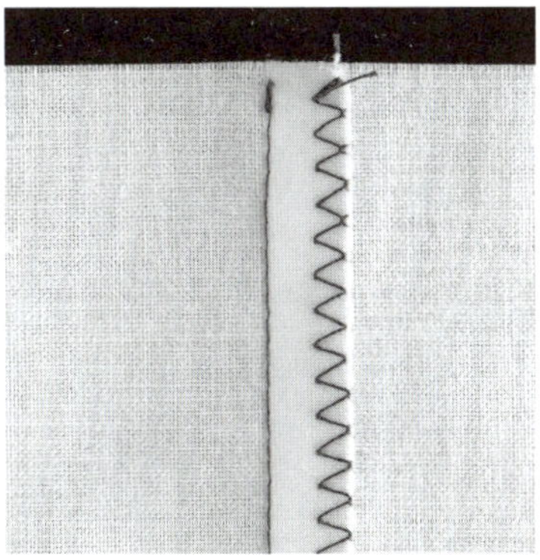

2 Die Nahtzugaben umbügeln (siehe S. 38).

# Overlocknaht

Eine Overlocknaht ist eine Versäuberungsnaht, bei der die Stoffkante mit drei oder vier Fäden eingefasst wird. Da sich durch das Einfassen der Stoff beim Nähen nicht zusammenzieht, kann mit dem Overlockstich jedes Material versäubert werden. Mit der Overlocknähmaschine lässt sich mit dem zusätzlich montierten Messer beim Versäubern auch gleich die Stoffkante beschneiden. In diesem Fall werden die Nahtzugaben bzw. Saumzugaben etwas breiter gelassen.

## Dreifädige Overlocknaht

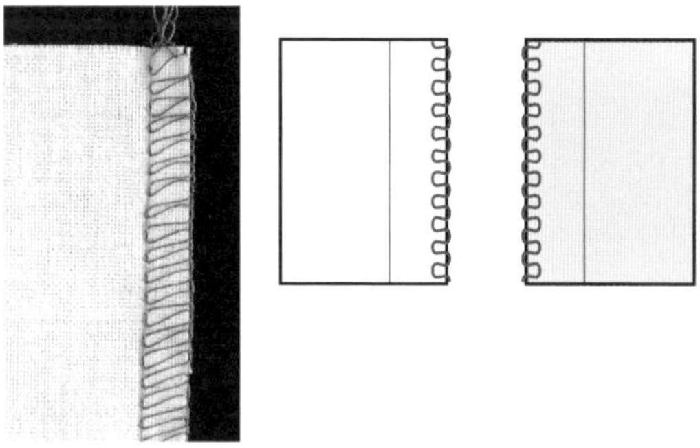

## Vierfädige Overlocknaht

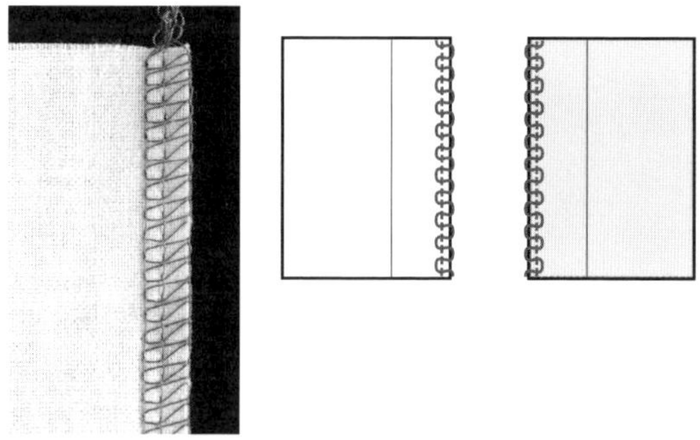

## Nahtbeginn und Nahtende

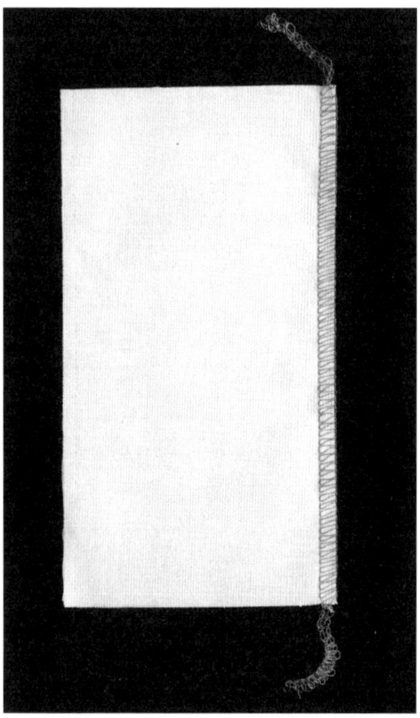

Da sich mit der Overlocknähmaschine kein Rückstich ausführen lässt, wird 7–8 cm über Nahtbeginn und Nahtende hinausgenäht.

## Fadenenden vernähen

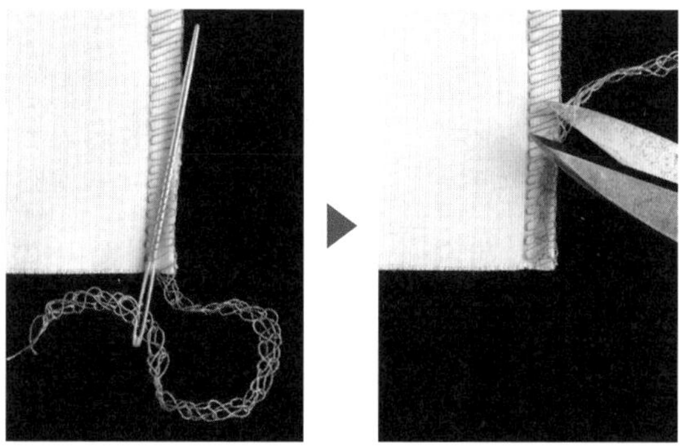

Das lange Fadenende in eine Sticknadel einfädeln, durch die Naht führen und den überstehenden Faden abschneiden.

### ◆ Overlocknähmaschine

Es gibt Modelle verschiedener Hersteller; hier eines für drei- und vierfädige Overlocknähte.

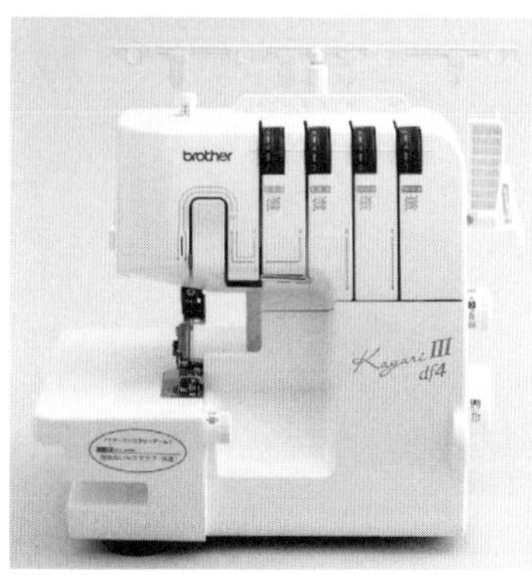

## ❍ Nahtzugaben auseinanderbügeln

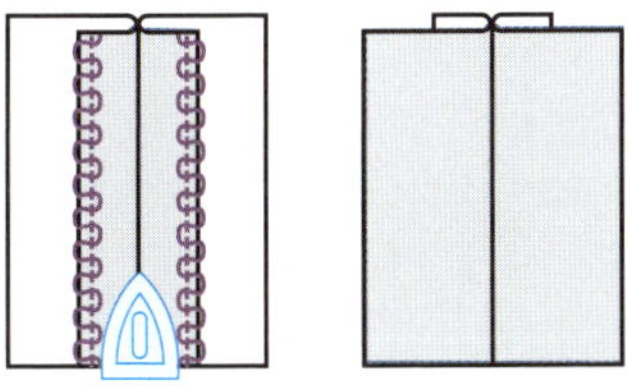

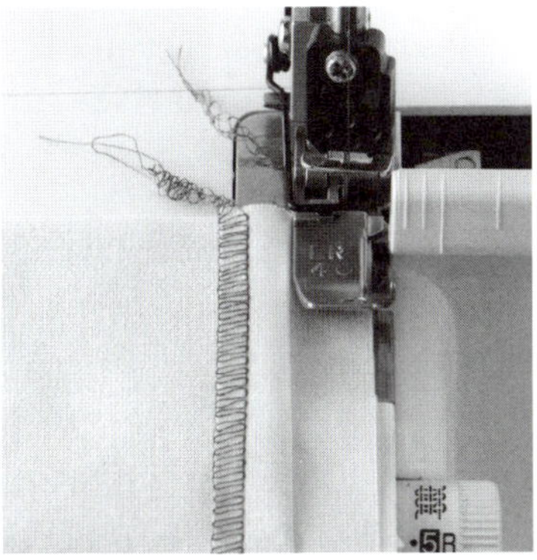

1 Die Nahtzugaben öffnen und jede im Overlockstich versäubern.

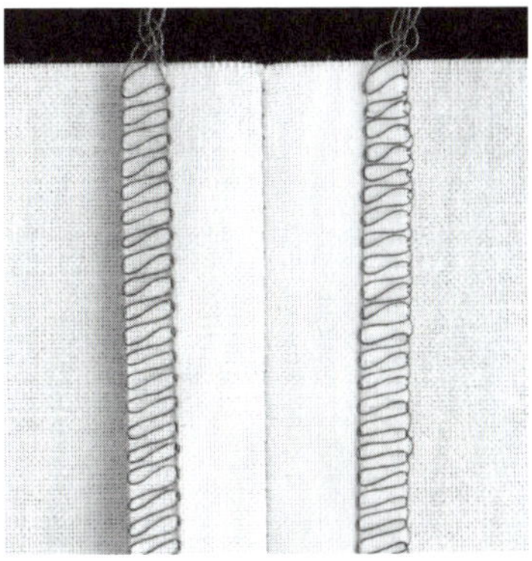

2 Die Nahtzugaben auseinanderbügeln (siehe S. 36).

## ❍ Nahtzugaben umbügeln

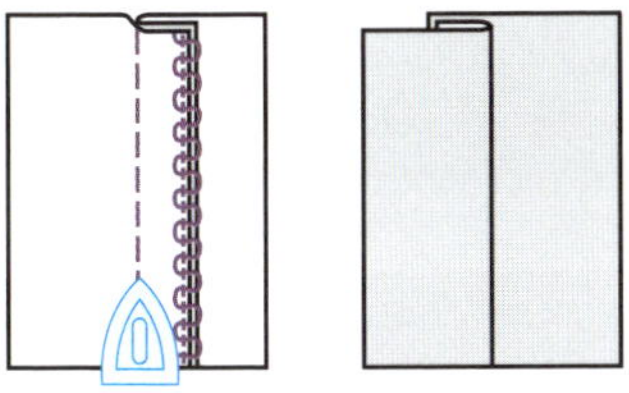

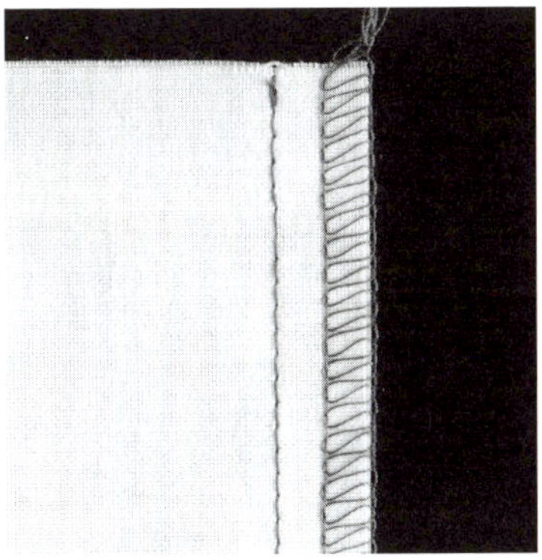

1 Beide Nahtzugaben zusammen im Overlockstich versäubern.

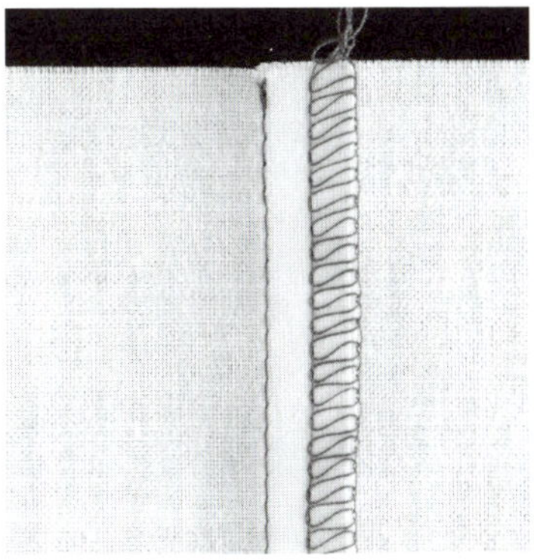

2 Die Naht glätten und die Nahtzugaben umbügeln (siehe S. 38).

## ❍ Zusammennähen mit vierfädiger Overlocknaht

Da der vierfädige Overlockstich auch zum Zusammennähen verwendet werden kann, ist es möglich, z. B. Trikotagen nur mit dem Overlockstich miteinander zu verbinden.

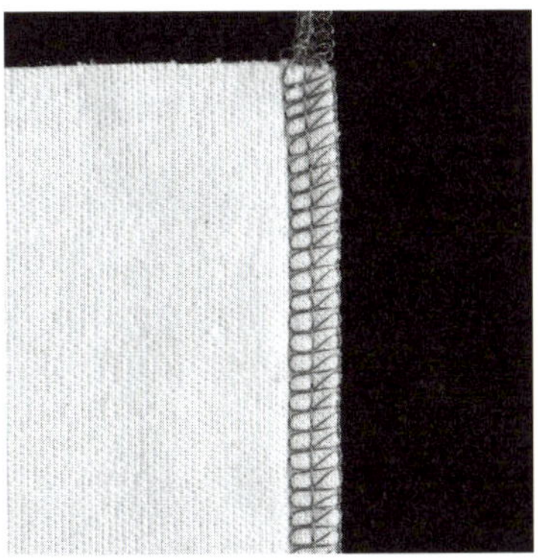

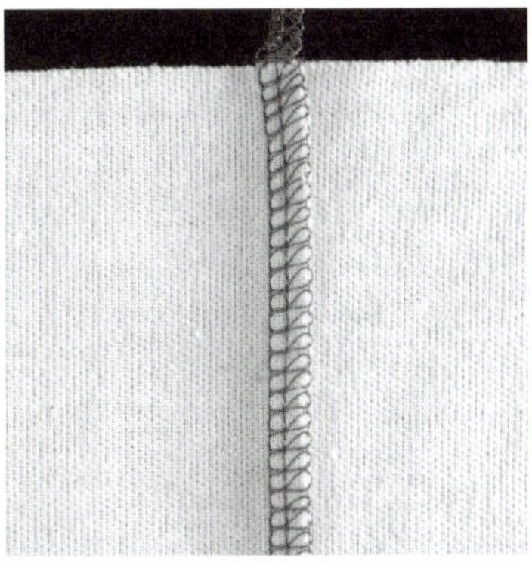

# Stütznaht

Eine Maschinennaht 2–3 mm neben der Stoffkante verhindert das Ausfransen des Garnes.

**Tipp:** Je enger der Stich, desto besser der Schutz vor dem Ausfransen.

## ❍ Nahtzugaben auseinanderbügeln

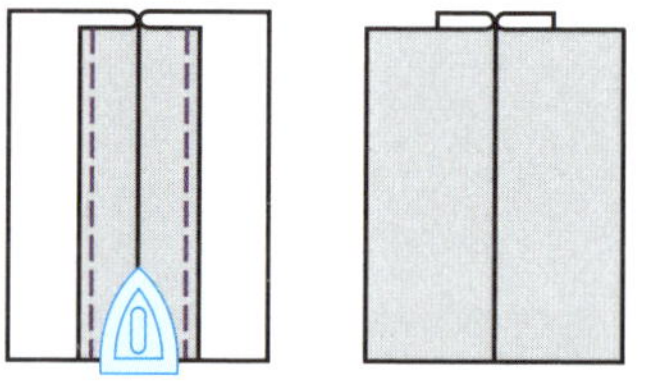

1 Die Nahtzugaben öffnen und neben eine Stoffkante eine Stütznaht setzen.

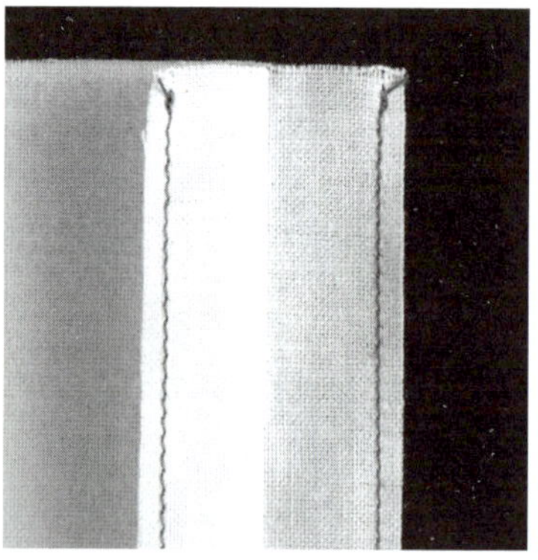

2 Mit der zweiten Nahtzugabe ebenso verfahren.

3 Die Nahtzugaben auseinanderbügeln (siehe S. 36).

## ❍ Nahtzugaben umbügeln

Auch geeignet zum Versäubern von Trikotagen anstelle von Overlock- oder Zickzackstich.

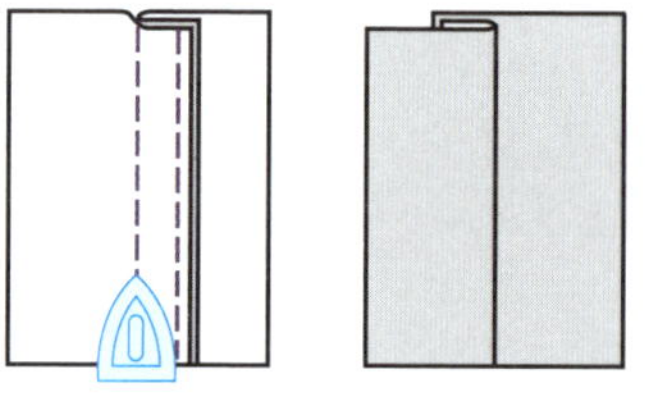

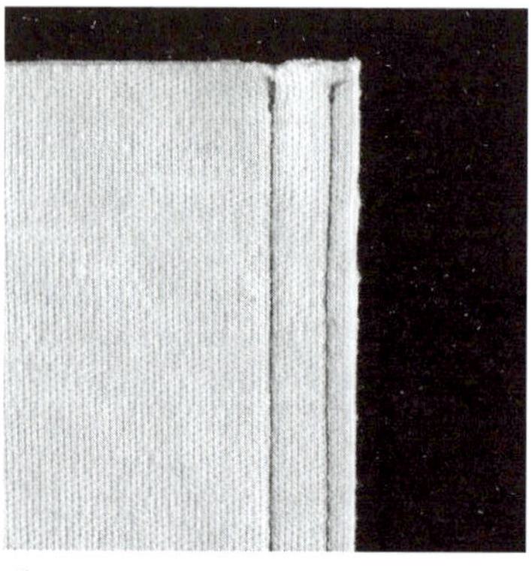

1 Beide Nahtzugaben zusammen mit einer Stütznaht versehen.

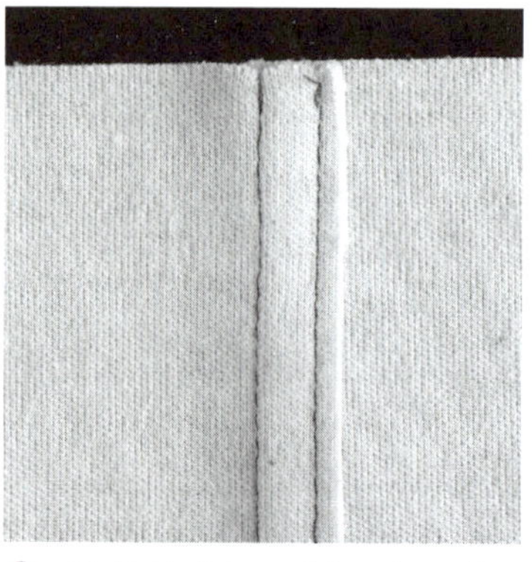

2 Die Naht glätten und die Nahtzugaben umbügeln (siehe S. 38).

# Gesäumte Saumzugabe

Bei dieser Methode wird die Stoffkante einmal nach links umgeschlagen und festgenäht. Die Breite der umgeschlagenen Stoffkante wird zur Naht- bzw. Saumzugabe dazugerechnet.

## ❍ Nahtzugaben auseinanderbügeln

**Tipp:** Am saubersten wirkt das Ergebnis, wenn die Breite der Stoffkantenumschläge aufeinander abgestimmt wird.

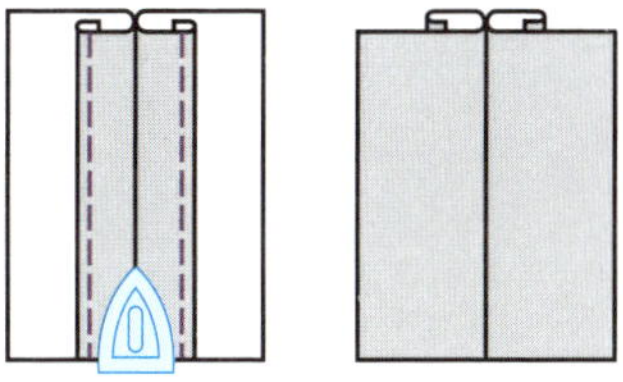

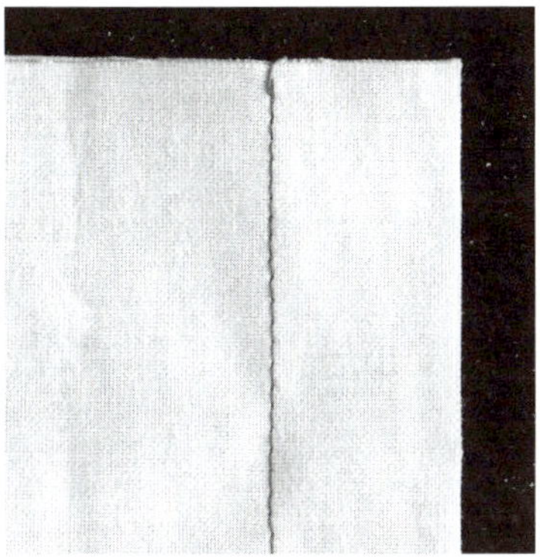

1 Bei den Nahtzugaben etwa 5 mm Umschlagbreite aufschlagen.

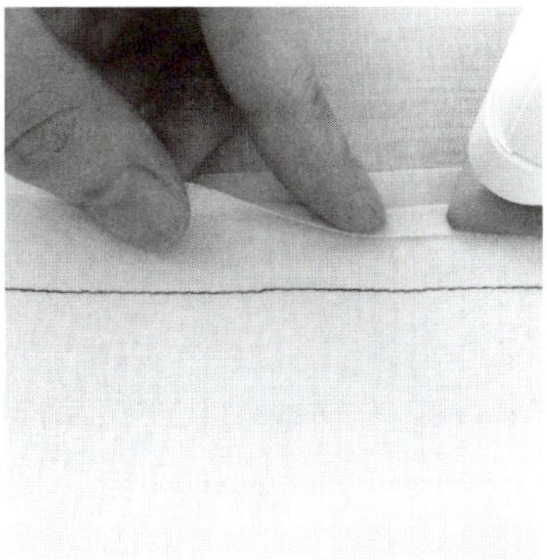

2 Eine Nahtzugabe mithilfe des Bügeleisens gleichmäßig umbügeln (ca. 5 mm breit).

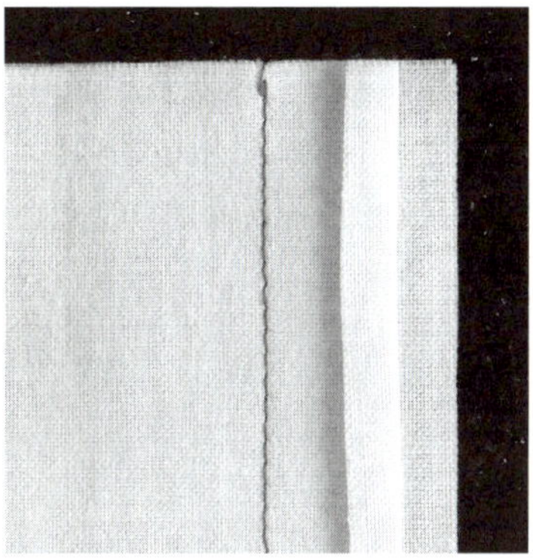

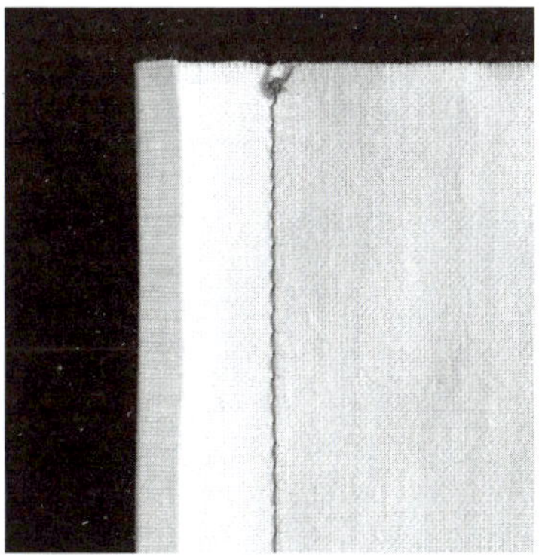

3 Mit der anderen Nahtzugabe ebenso verfahren.

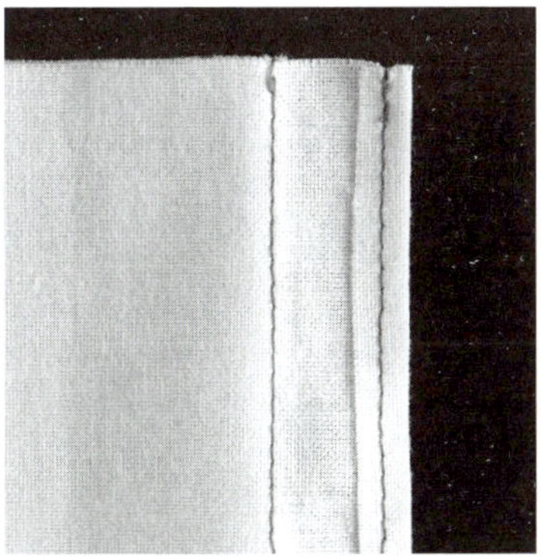

4 Die Umschläge mit der Maschine steppen.

5 Die Nahtzugaben auseinanderbügeln (siehe S. 36).

## ❍ Nahtzugaben umbügeln

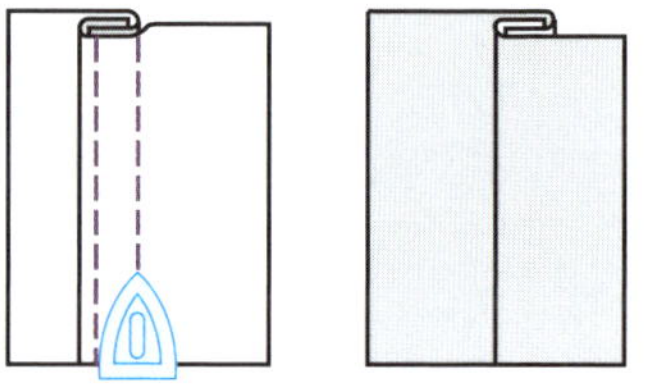

**Tipp:** Beide Stofflagen werden auf der Innenseite der zurückgeschnittenen Nahtzugabe zusammengesteppt und damit geglättet.

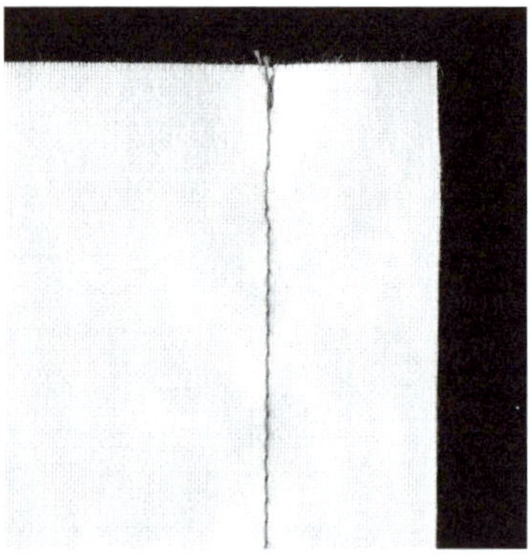

1 Bei den Nahtzugaben etwa 5 mm Umschlagbreite aufschlagen. Die Stoffteile zusammennähen und die Naht mit dem Bügeleisen glätten.

2 Eine Nahtzugabe (auf der Seite, auf die später umgebügelt wird) etwa 6 mm zurückschneiden.

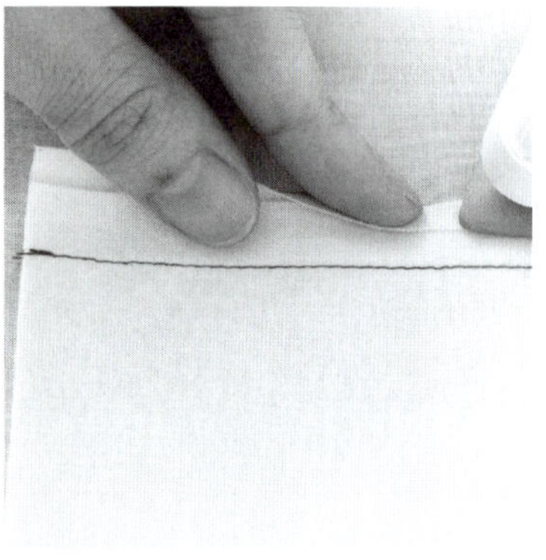

3 Die andere Nahtzugabe so über die zurückgeschnittene falten, dass sie die Stoffkante einfasst.

4 Die umgeschlagene Nahtzugabe steppen.

5 Die Naht flach bügeln und die Nahtzugaben umbügeln (siehe S. 38).

# Schnelle Jeansnaht

Die Nahtzugaben auf eine Seite bügeln und von rechts feststeppen.

**Tipp:** Vor dem Absteppen die Nahtzugaben akkurat mit dem Bügeleisen auf eine Seite legen.

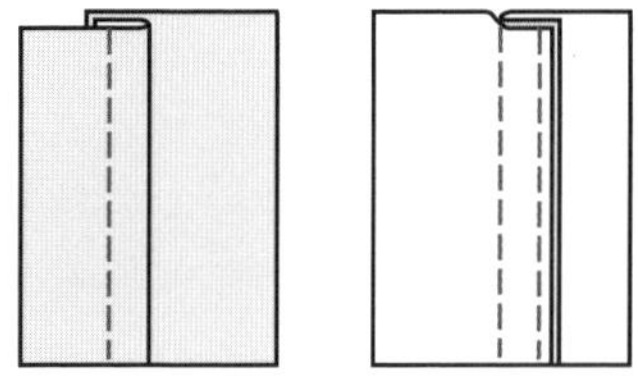

1 Die Nahtzugaben umbügeln (siehe S. 38).

2 Die umgebügelten Nahtzugaben von rechts feststeppen.

3 Fertige Naht, rechte Seite.

Fertige Naht, linke Seite.

Bei ungefütterten Teilen können die Nahtzugaben vor dem Feststeppen auch erst versäubert werden.

## ❍ Dicke Stoffe

**Tipp:** Die zurückgeschnittene Nahtzugabe wird zwischen den beiden Nähten eingeschlossen.

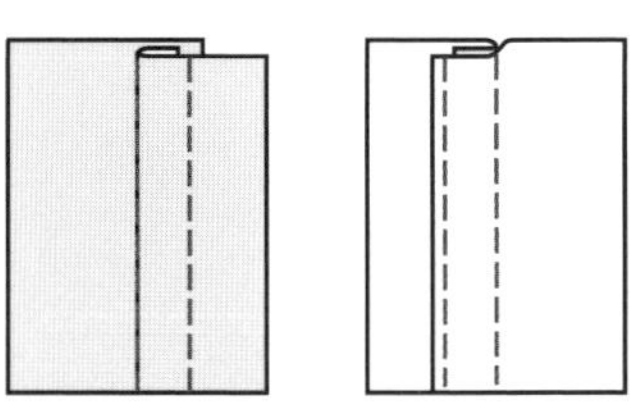

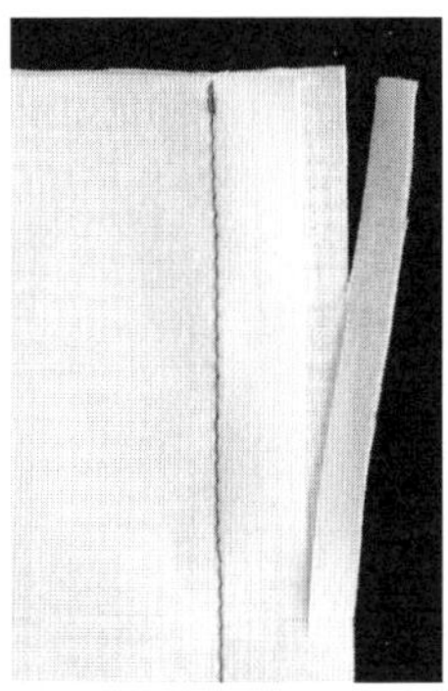

1 Die Nahtzugabe auf der Seite, wo später die Naht gesetzt wird, 2 mm zurückschneiden.

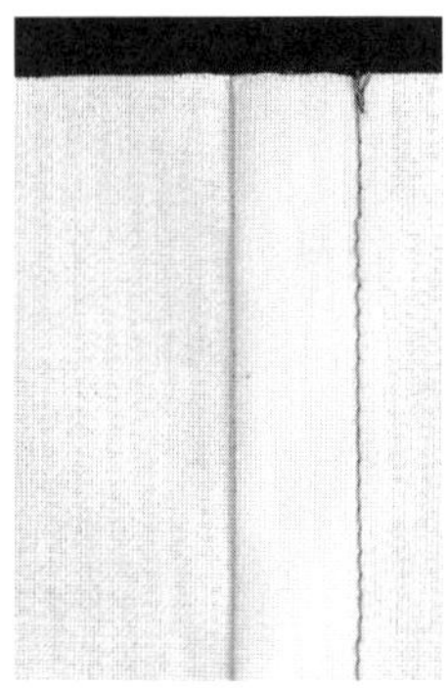

2 Die umgebügelten Nahtzugaben von rechts feststeppen.

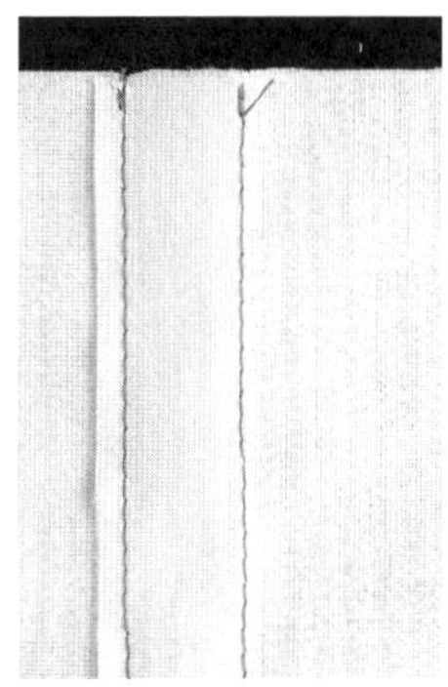

Fertige Naht, linke Seite.

# Kappnaht

Bei dieser Versäuberungstechnik werden die Stoffkanten der Nahtzugaben eingeschlagen und anschließend von rechts festgesteppt. Die Nahtzugaben können dabei in einer Richtung liegen oder geteilt sein.

## Nahtzugaben in eine Richtung

**Tipp:** Das sorgfältige Bügeln der Nahtzugaben in eine Richtung ergibt eine saubere Nahtlinie.

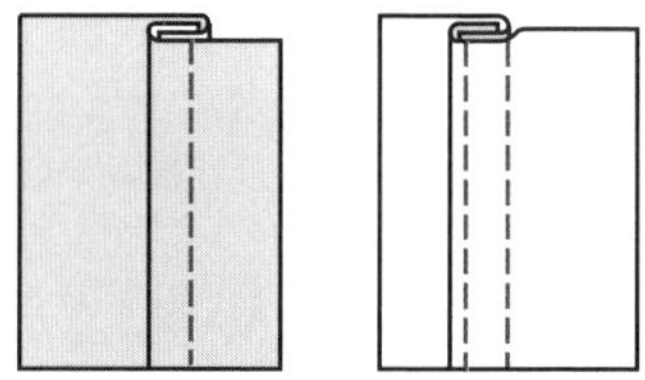

### ❍ Einfach abgesteppt

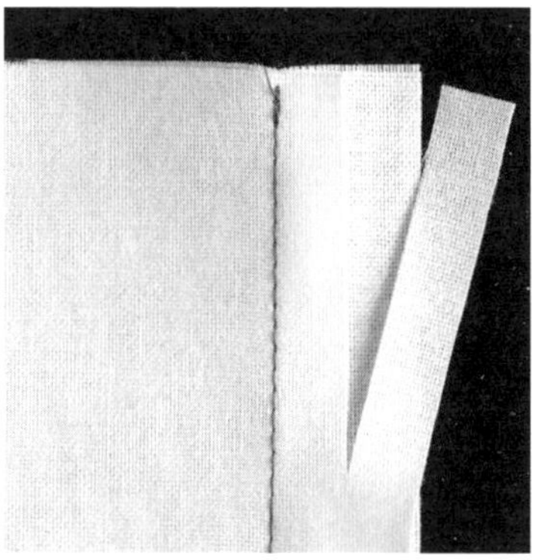

1 Die Nahtzugabe auf der Seite, auf der später die Naht gesetzt wird, auf die Hälfte zurückschneiden.

2 Die andere Nahtzugabe einmal über die zurückgeschnittene Nahtzugabe schlagen.

3 An der Nahtlinie beide Nahtzugaben noch einmal umschlagen.

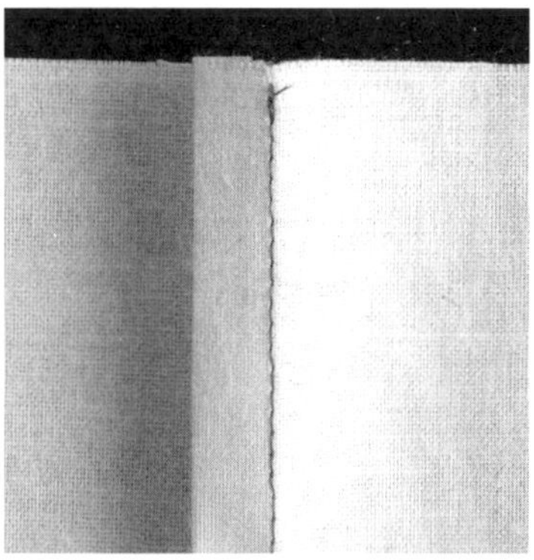

4 Den Stoff öffnen und die Nahtzugaben auf die Seite legen, auf der die Naht gesetzt wird.

5 Die umgeklappten Nahtzugaben auf der rechten Seite feststeppen. Die fertige Naht sieht auf der rechten Seite nun aus wie auf dem Foto.

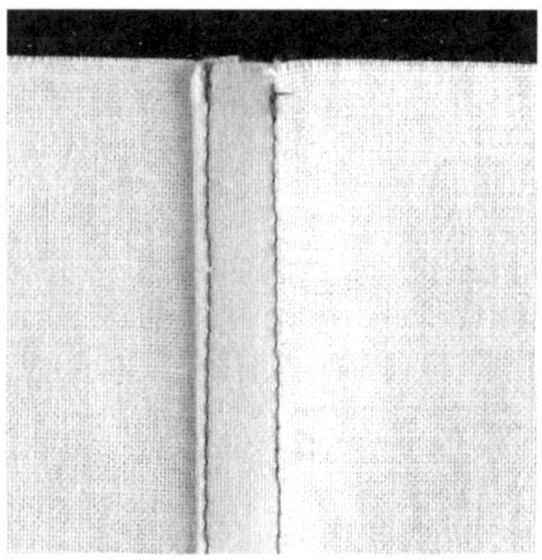

Fertige Naht, linke Seite.

## ❍ Doppelt abgesteppt

Direkt an der Nahtlinie wird noch eine zweite Naht gesetzt. Dadurch verdreht sich der Stoff weniger.

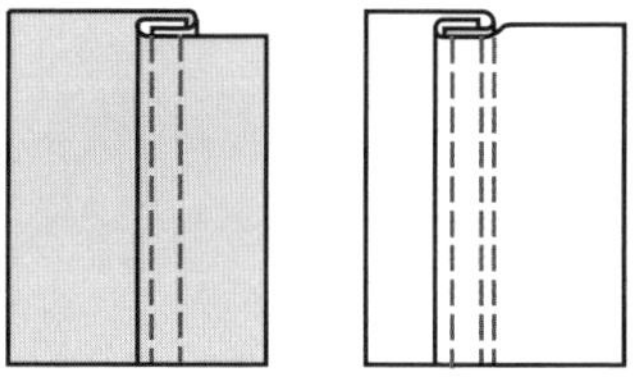

Fertige Naht, rechte Seite.

Fertige Naht, linke Seite.

# Auseinandergesteppte Naht

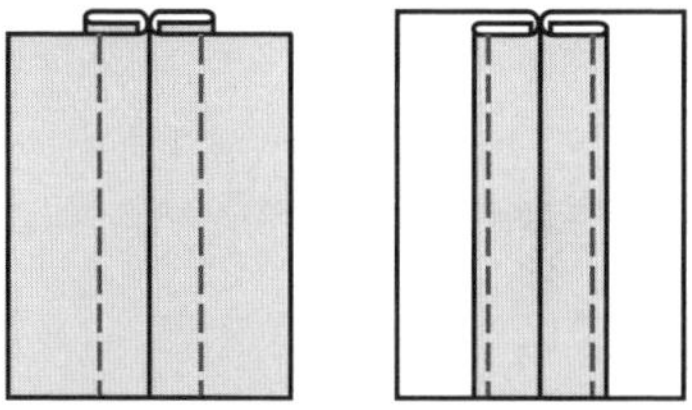

**Tipp:** Die Nahtzugaben so bemessen, dass sie sich bequem zweimal umschlagen lassen. Auf parallele Nähte achten.

1 Eine Nahtzugabe zur Hälfte umschlagen.

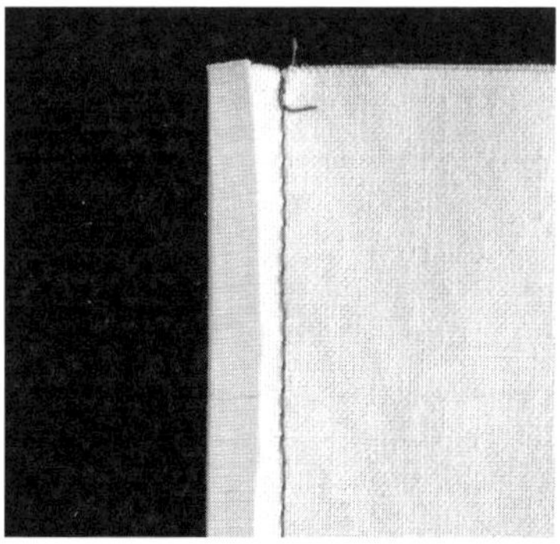

2 Mit der anderen Nahtzugabe ebenso verfahren.

3 Die Nahtzugaben teilen.

4 Auf der rechten Seite beide Nahtzugaben zu beiden Seiten der Nahtlinie feststeppen. Die fertige Naht sieht nun aus wie auf dem Foto (rechte Seite).

Fertige Naht, linke Seite.

# Französische Naht

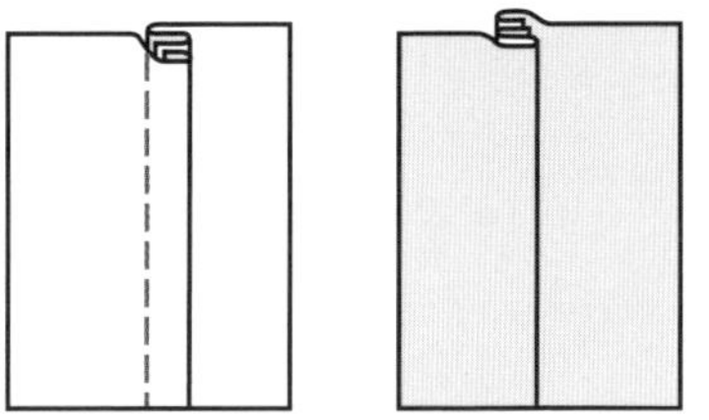

Die Schnittkanten dünner Stoffe werden in die Naht mit eingeschlagen.

**Tipp:** Die Stoffkante sauber abschneiden und in die Naht mit einnähen.

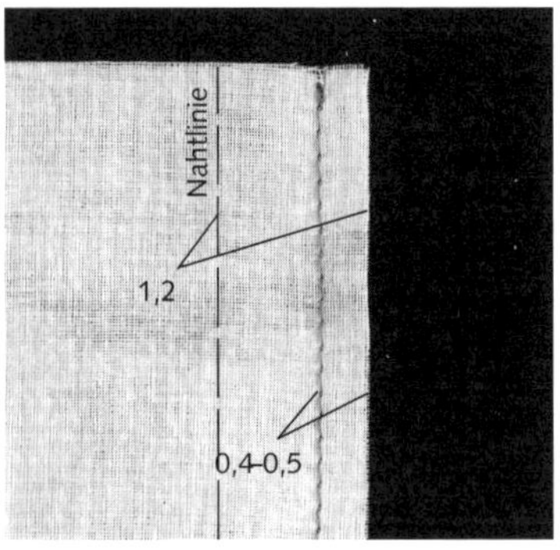


**1** Die Stoffteile links auf links aufeinanderlegen und zusammennähen.

**2** Die Nahtzugaben umbügeln. Anschließend die ausgefransten Stoffränder sauber zurückschneiden.

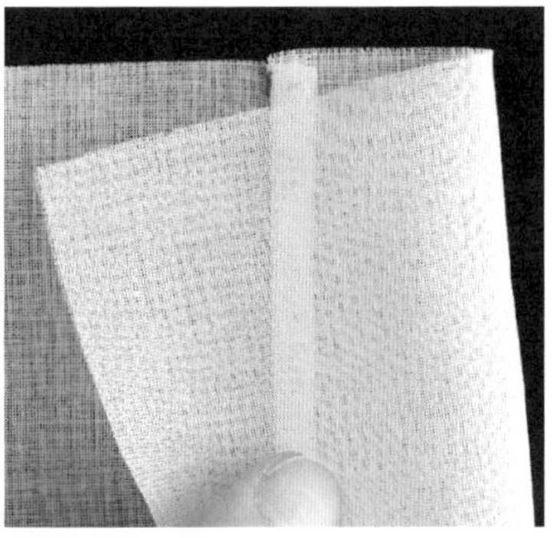

**3** Die Stoffteile nun rechts auf rechts legen, sodass die Nahtzugaben innen liegen.

**4** Die Arbeit an der Nahtlinie falten und flach bügeln.

**5** Auf der Nahtlinie eine Naht setzen.

**6** Die Nahtzugaben umbügeln (siehe S. 38).

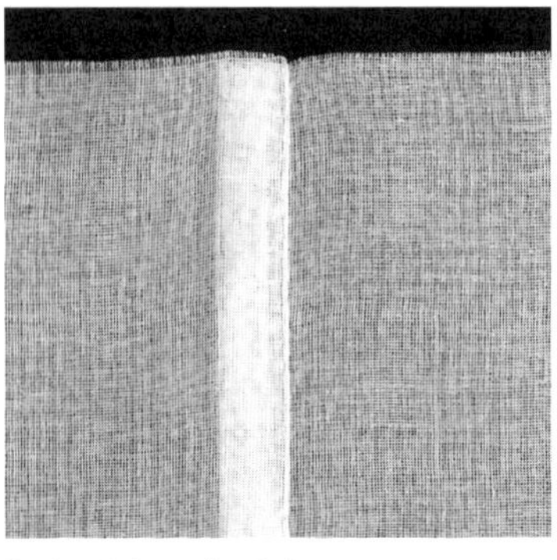

Fertige Naht, rechte Seite.

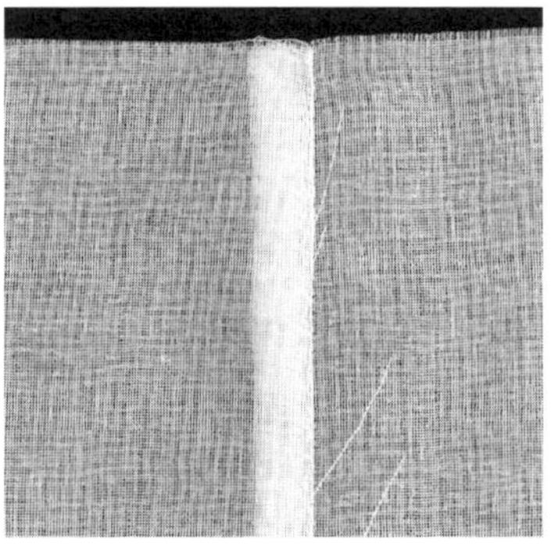

✕

Werden die losen Fäden an den Stoffkanten in Schritt 2 nicht sauber zurückgeschnitten, stechen sie unschön durch die Naht an der Nahtlinie.

# Einfacher Saum

Bei dieser Saumvariante wird der Stoff auf der Breite der Saumzugabe einmal umgeschlagen.

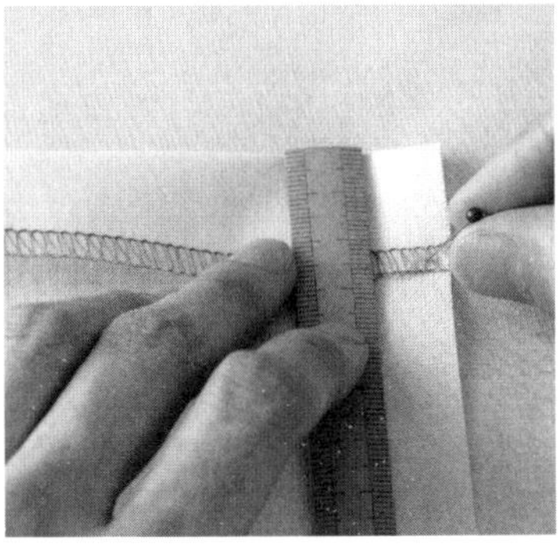

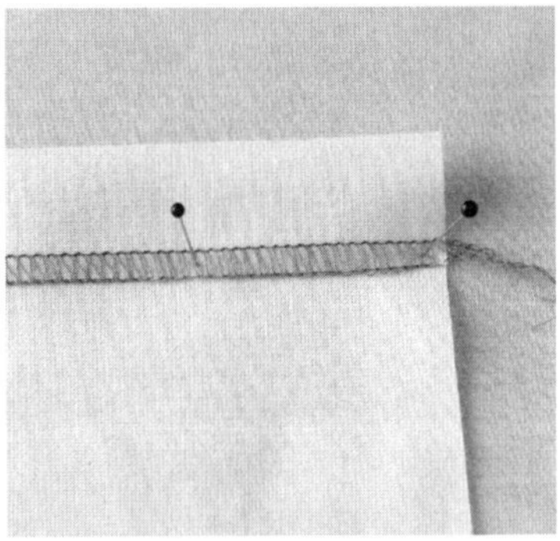

1 Den Stoff mit der linken Seite nach oben auf ein Bügelbrett legen. Die Saumzugabe mit dem Lineal ausmessen, umschlagen und mit Stecknadeln feststecken.

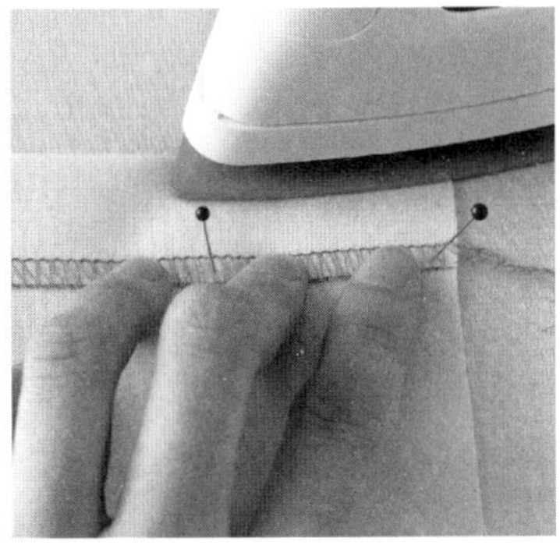

2 Den umgeschlagenen Saum flach bügeln.

## ❍ Absteppen

**Tipp:** Gerade auf der Nahtlinie absteppen.

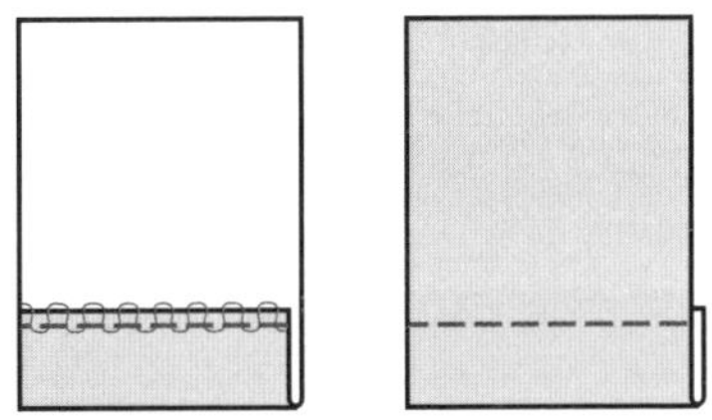

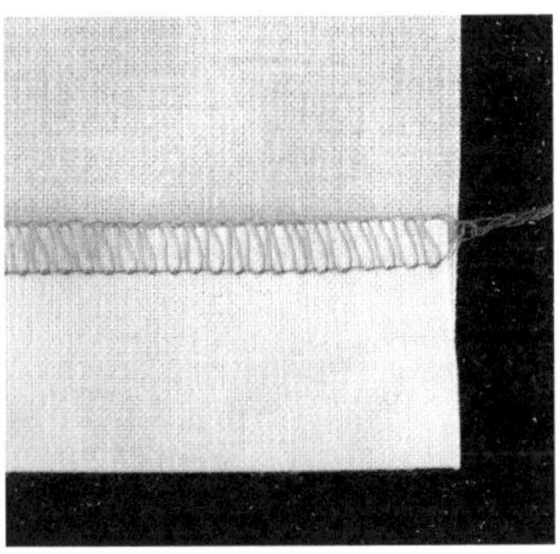

1 Den Saum umbügeln.

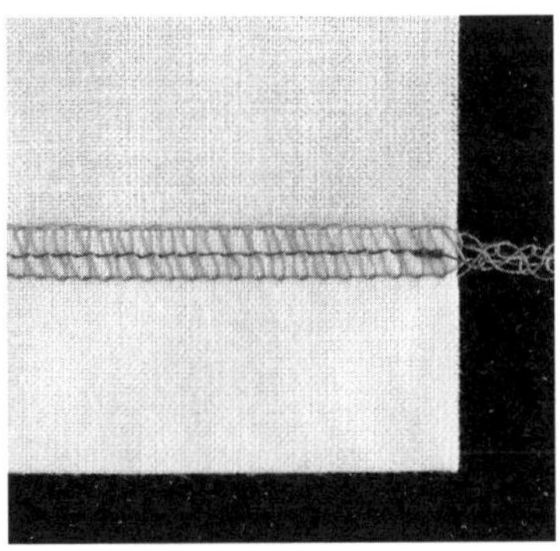

2 Die Stoffkante auf der Versäuberungsnaht feststeppen.

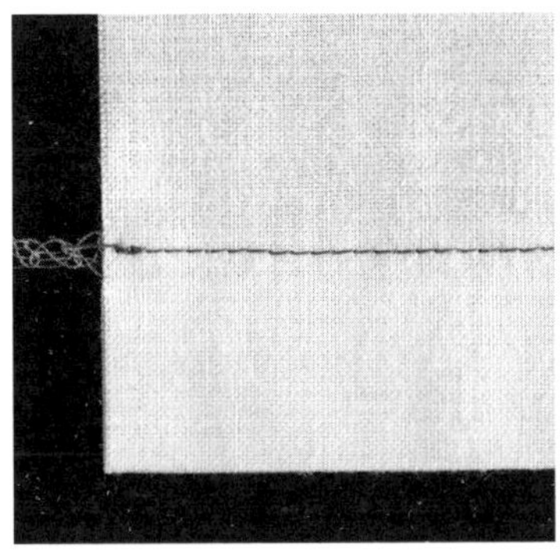

Fertige Naht, rechte Seite.

### Holzlineal – praktischer Helfer beim präzisen Bügeln

Ein Holzlineal kann durch die Hitze des Bügeleisens nicht schmelzen.

**◆ Holzlineal**

Mit seinen 20 cm Länge klein genug, um es jederzeit griffbereit halten zu können.

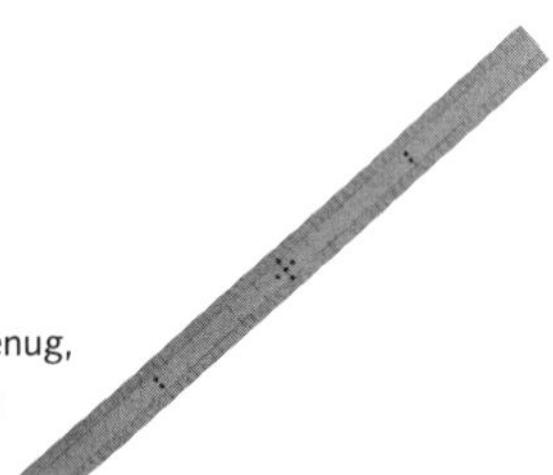

## ❍ Hohl annähen

**Tipp:** Näht man den Saum etwas entfernt von der Stoffkante von Hand hohl an, ist die Saumnaht auf der rechten Seite kaum zu sehen.

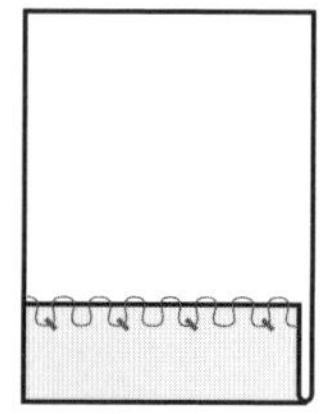

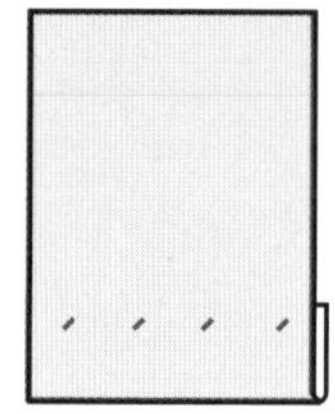

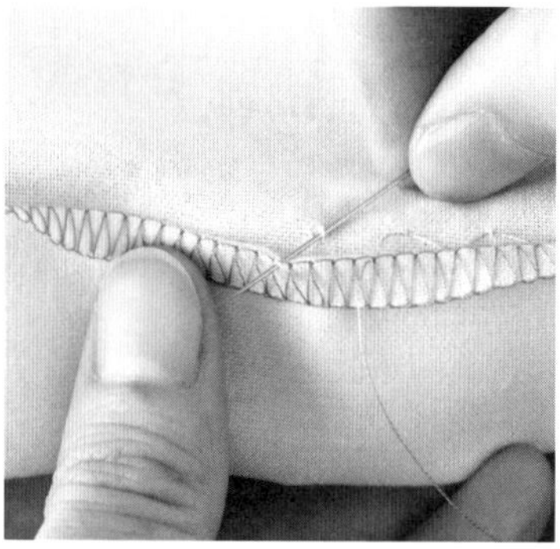

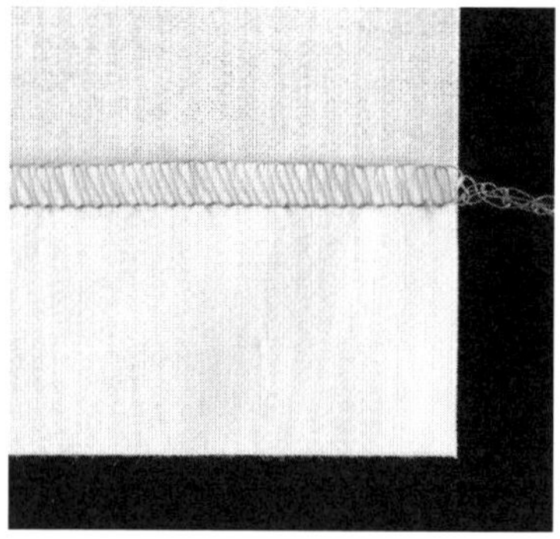

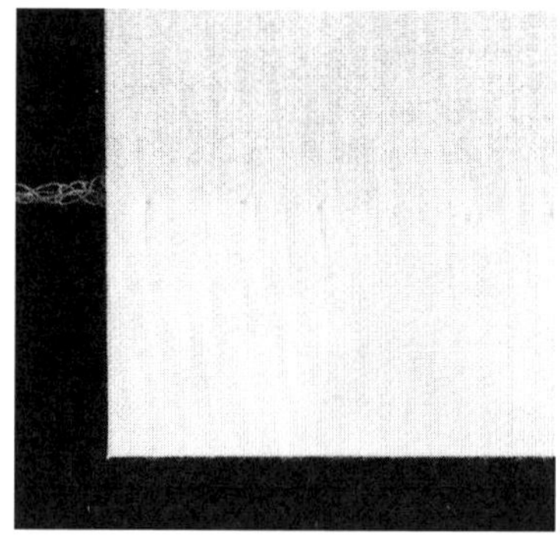

1 Die umgebügelte Saumzugabe etwas nach vorn umschlagen und ein Stück von der Stoffkante entfernt mit Zickzackstichen hohl annähen.

2 Fertige Naht, linke Seite.

Fertige Naht, rechte Seite.

## ❍ Trikotagen absteppen

**Tipp:** Die gedehnte Naht vor dem Nähen stets erst mit dem Dampfbügeleisen glätten.

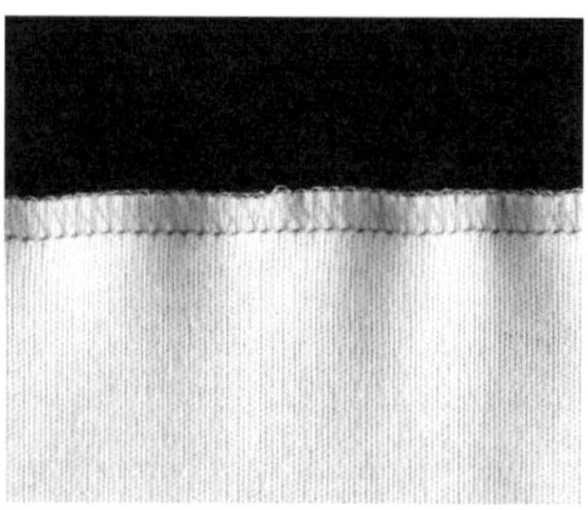

1 Beim Versäubern der Stoffkante von Trikotagen im Overlockstich wird diese gedehnt.

2 Den gewellten Teil mit dem Dampfbügeleisen glatt bügeln.

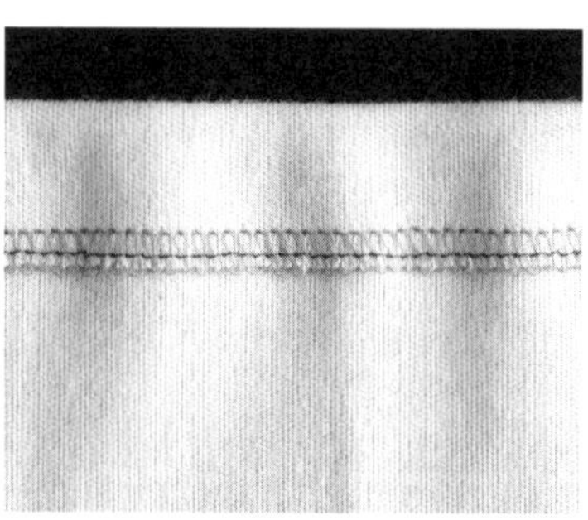

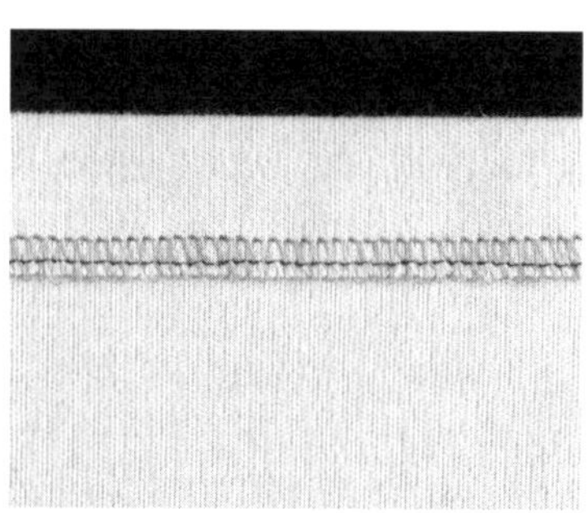

3 Nach dem Säumen die gedehnte Naht erneut wie in Schritt 2 mit dem Dampfbügeleisen glatt bügeln.

4 Fertige Arbeit, linke Seite.

**Tipp:** Beim Vernähen von Trikotagen immer Garn und Nadeln für Jerseystoffe/Trikotagen verwenden (siehe S. 24).

# Doppelter Saum

Bei dieser Methode wird die Stoffkante erst einmal, dann ein zweites Mal umgeschlagen.

**Tipp:** Da am Stoffbruch abgesteppt wird, bügelt man diesen präzise um.

## Echter Doppelsaum

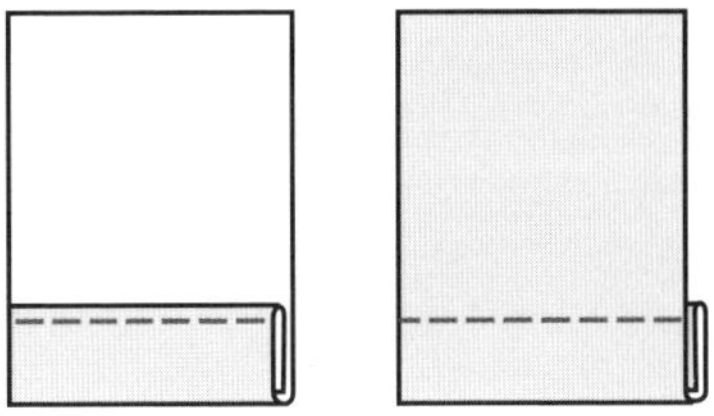

Diese Methode ist besonders geeignet für schmale Saumbreiten, besonders bei dünnen, durchscheinenden Stoffen.

1 Den Stoff an der Nahtlinie umschlagen.

2 Den Stoff wieder öffnen und bis zur Hälfte der Saumbreite umschlagen.

3 Den gefalteten Saum noch einmal an der Nahtlinie umschlagen.

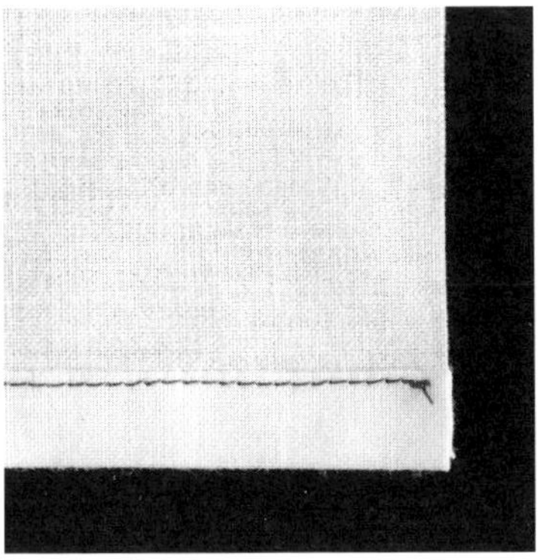

4 Den Stoffbruch feststeppen.

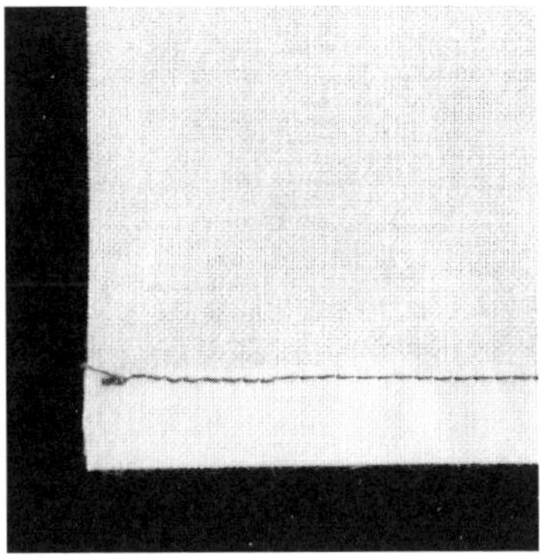

Fertige Naht, rechte Seite.

## Knapp eingeschlagener Saum

Bei breiten Säumen oder dicken Stoffen wird der Saum nicht über die ganze Breite doppelt eingeschlagen. Für diese Methode rechnet man für die Saumzugabe zur Saumbreite noch 1 cm hinzu.

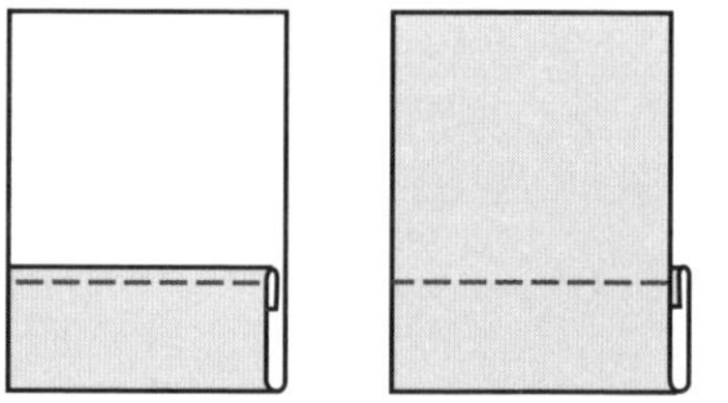

1 Den Stoff an der Nahtlinie umschlagen, bügeln.

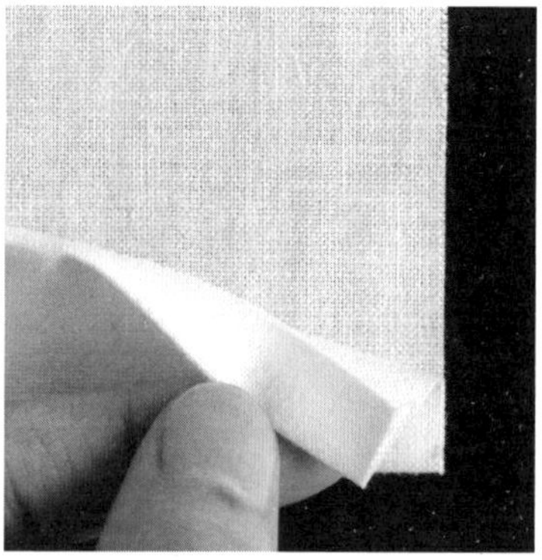

2 Den Stoff wieder öffnen und 1 cm breit umschlagen, bügeln.

3 Erneut an der Nahtlinie umschlagen.

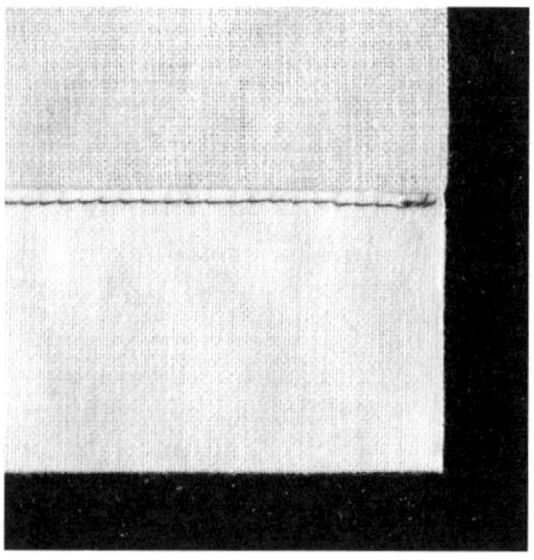

4 Den Stoffbruch feststeppen.

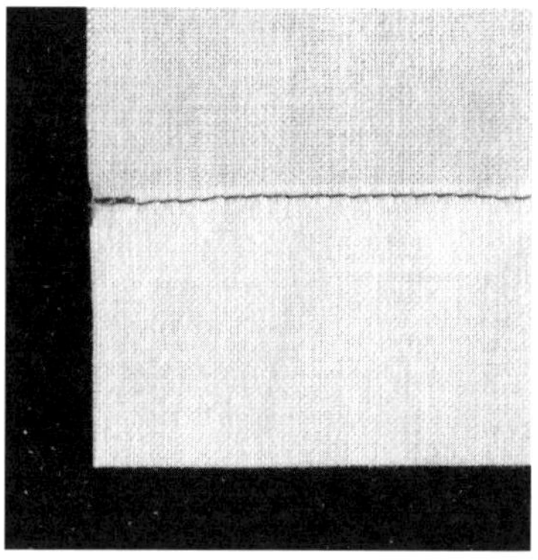

Fertige Naht, rechte Seite.

# Versäubern von Säumen

Ein versäuberter Saum, der die Nahtlinie einschließt, ergibt einen unauffälligen, hübsch anzusehenden Abschluss. Durch die Verwendung von andersfarbigem Stoff oder Schrägband lassen sich Kleidungsstücke zudem verschönern. Dieser Arbeitsschritt kommt meist ganz zum Schluss – es ist jedoch wichtig, ihn mit derselben Sorgfalt auszuführen wie alle anderen Schritte.

# Eingefasster gerader Saum

Bei dieser Versäuberungstechnik wird die Stoffkante mit einem Stoffband eingefasst.

## Schrägband auf beiden Seiten eingeschlagen

### ❍ Steppstich

Der Steppstich erscheint auf der rechten und auf der linken Stoffseite. Diese Lösung ist daher besonders stabil. Für das Schrägband wird Methode A auf Seite 97 angewendet.

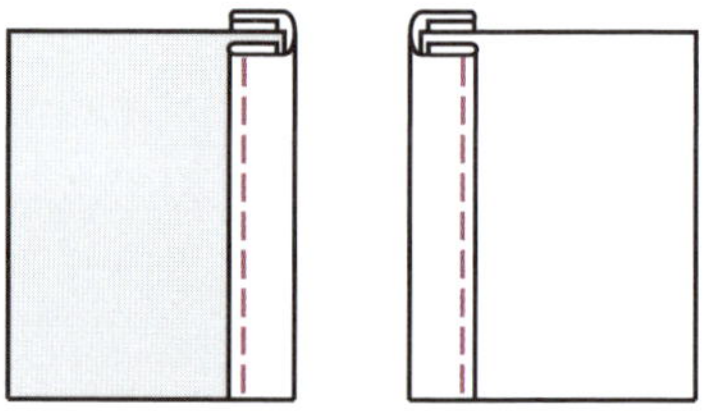

1 Oberstoff und Schrägband rechts auf rechts aufeinanderlegen und ca. 1 mm neben dem Stoffbruch des Schrägbands auf der Nahtzugabe annähen.

2 Das Schrägband so auf die linke Seite umschlagen, dass es die Nahtzugaben einfasst.

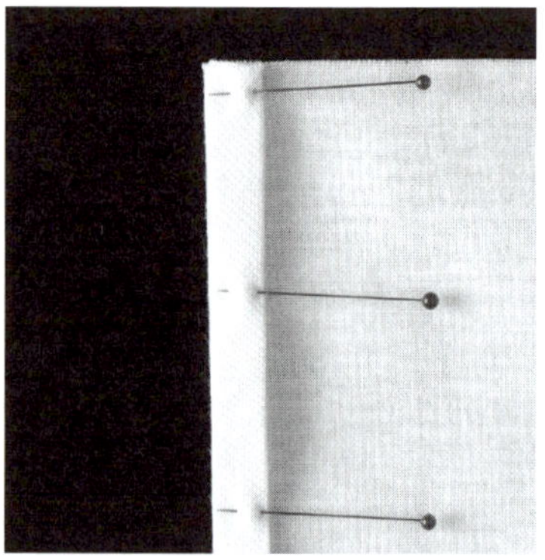

3 Das Schrägband auf der linken Seite mit Stecknadeln feststecken.

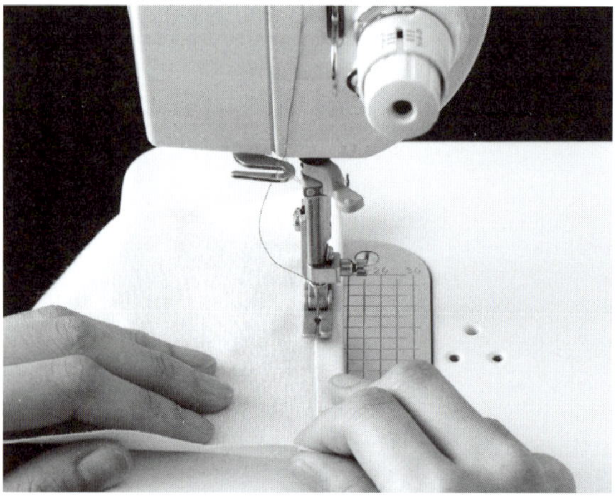

4 Das Schrägband von rechts an der Kante entlang feststeppen.

**Tipp:** Das Schrägband kann sowohl von rechts als auch von links festgesteppt werden.

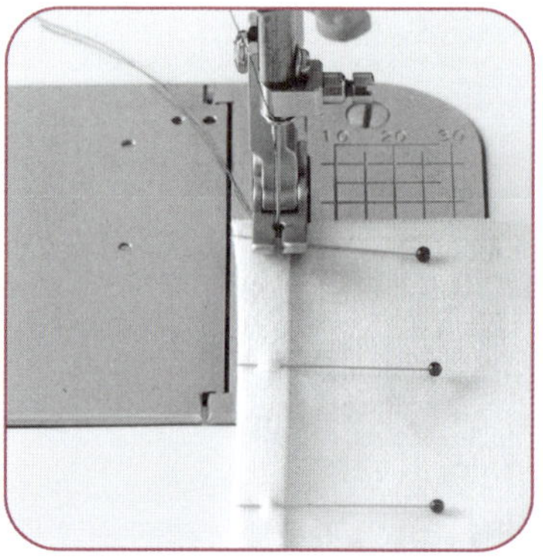

Wenn Sie befürchten, das Schrägband auf der linken Seite beim Absteppen von rechts nicht richtig zu erfassen, können Sie es auch von links feststeppen.

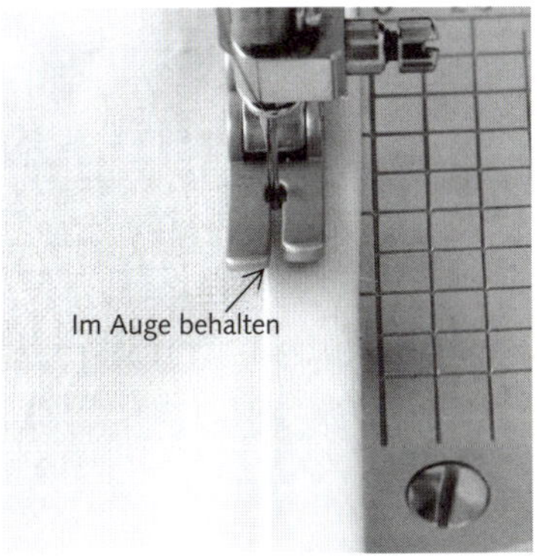


5 Das knappkantige Feststeppen funktioniert am besten, wenn Sie dabei die Position von Stoffbruch und Nähfuß im Auge behalten.

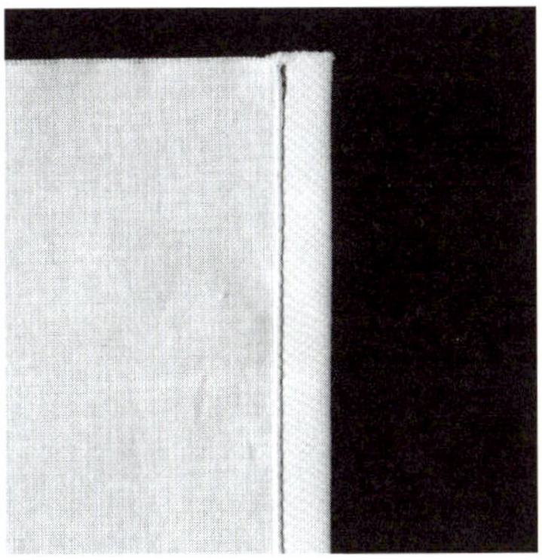

6 Fertiger Saum, rechte Seite.

Fertiger Saum, linke Seite.

## ❍ Hohl annähen von Hand

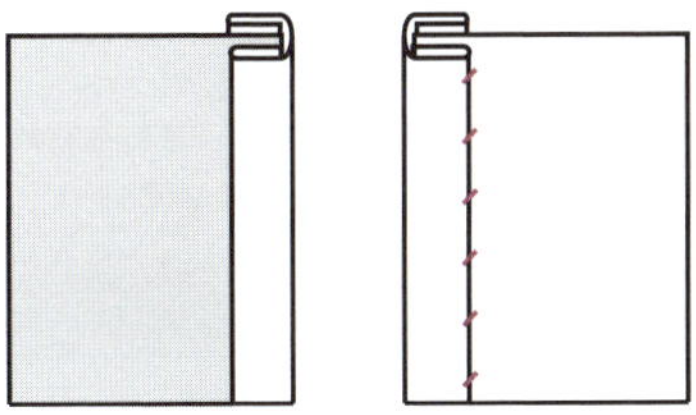

Gut geeignet, wenn die Naht weder auf der Vorder- noch auf der linken Seite zu sehen sein soll. Für das Schrägband wird Methode A auf Seite 97 angewendet.

**Tipp:** Am saubersten wird das Ergebnis, wenn man entlang der Ansatznaht von innen hohl annäht.

1 Oberstoff und Schrägband rechts auf rechts aufeinanderlegen und etwa 1 mm neben dem Stoffbruch des Schrägbands auf der Nahtzugabe zusammennähen.

Das Schrägband auf die linke Seite umschlagen, mit Stecknadeln feststecken und mit kleinen Handstichen hohl annähen. Der fertige Saum sieht auf der linken Seite nun aus wie auf dem Foto.

Fertiger Saum, rechte Seite.

## ❍ Unsichtbare Saumnaht

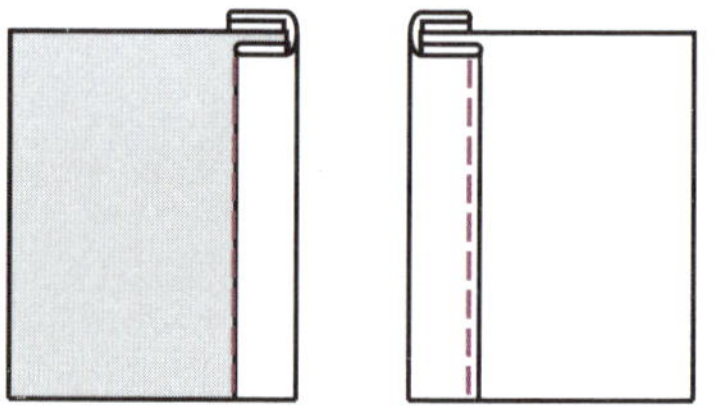

Diese Saumtechnik ist gut geeignet, wenn die Naht auf der rechten Seite nicht zu sehen sein soll. Für das Schrägband wird Methode B auf Seite 97 angewendet.

**Tipp:** Nicht auf dem Schrägband nähen.

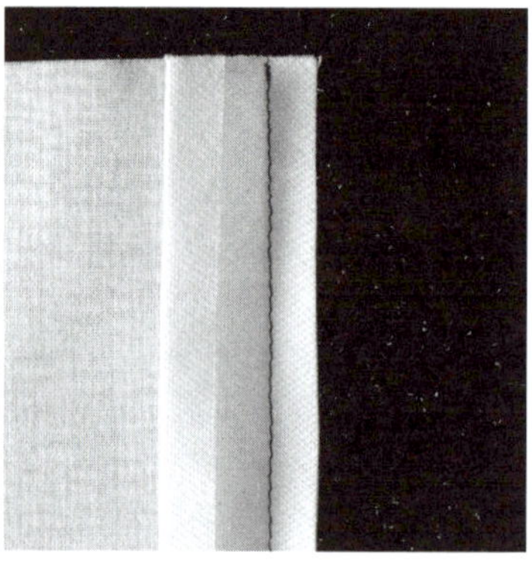

1 Oberstoff und die schmale Seite des Schrägbands rechts auf rechts aufeinanderlegen und etwa 1 mm neben dem Stoffbruch des Schrägbands auf der Nahtzugabe zusammennähen.

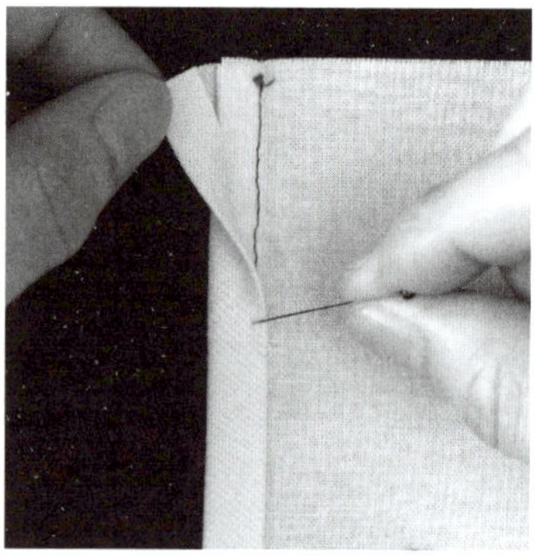

2 Das Schrägband auf die linke Seite umschlagen und so mit Stecknadeln feststecken, dass es die Naht um etwa 2 mm überlappt.

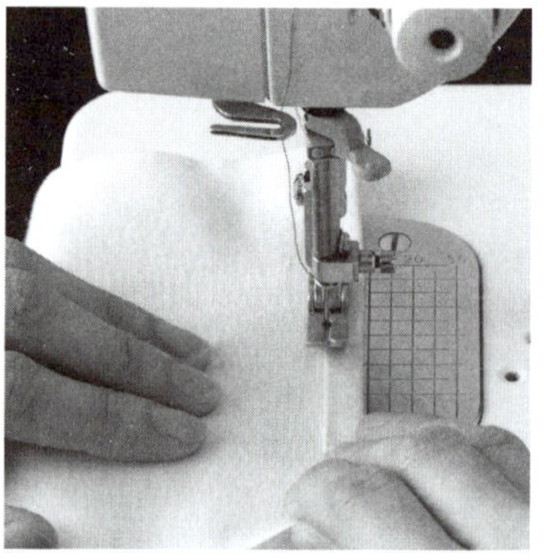

3 Von rechts auf der Nahtlinie aus Schritt 1 absteppen.

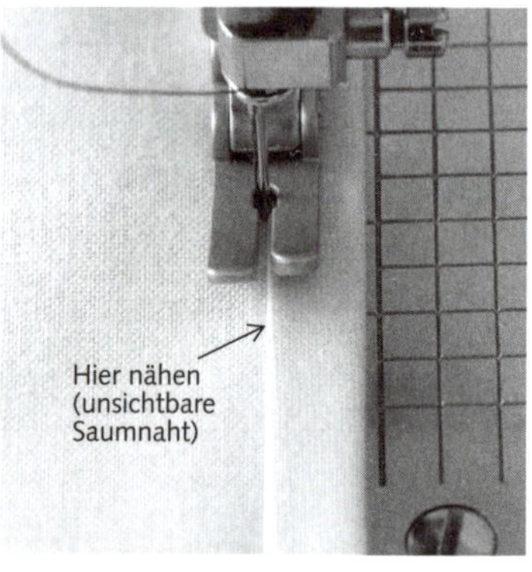

4 Fertige Naht, rechte Seite. Auf der rechten Seite ist die Naht fast nicht zu sehen.

Fertige Naht, linke Seite.

# Schrägband nur auf der rechten Seite eingeschlagen

Bei dieser Technik bleibt der Teil mit dem nicht eingeschlagenen Schrägband auf der linken Seite schön flach.

## ❍ Absteppen

Für das Schrägband wird Methode A auf Seite 97 angewendet.

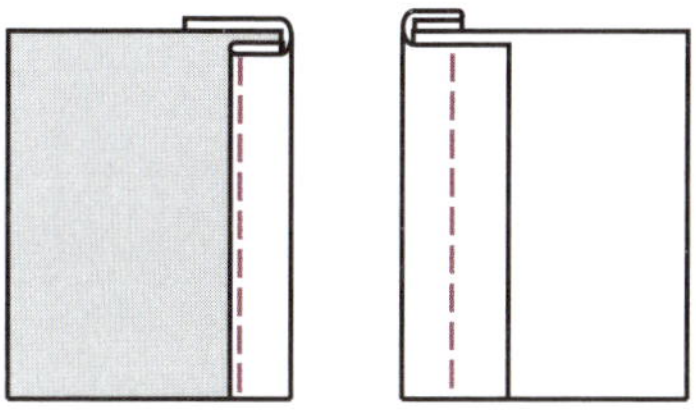

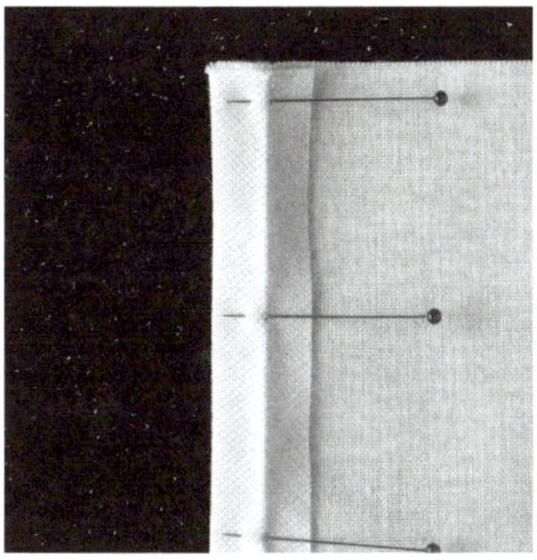

1 Die Schritte 1 und 2 auf Seite 90 ausführen, das umgeschlagene Schrägband auf der linken Seite jedoch nicht einschlagen, sondern geöffnet mit Stecknadeln befestigen.

2 Von rechts das Schrägband knappkantig feststeppen. Die fertige Naht sieht aus wie auf dem Bild (rechte Seite).

3 Fertige Naht, linke Seite.

## ❍ Unsichtbare Naht

Für das Schrägband wird Methode A auf S. 97 angewendet.

**Tipp:** Nicht auf dem Schrägband nähen.

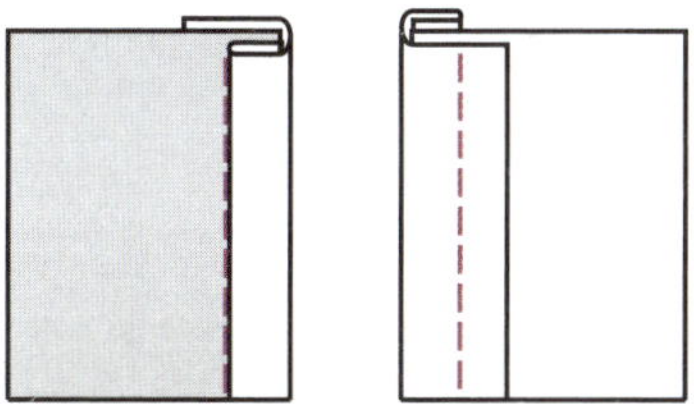

Schritt 1 wie oben ausführen und das Schrägband von rechts auf der Naht feststeppen. Die fertige Naht sieht aus wie auf dem Foto (rechte Seite).

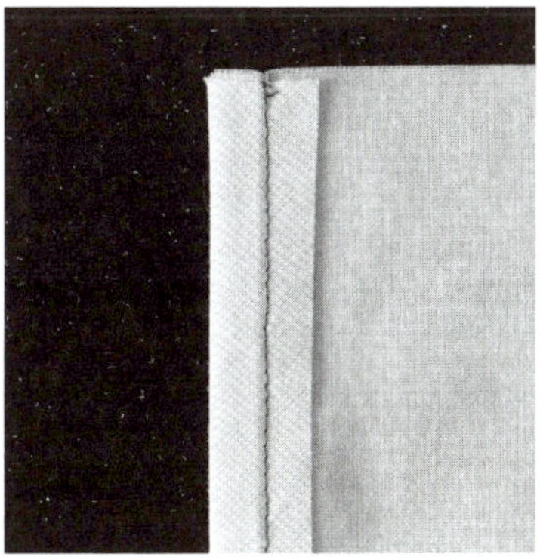

Fertige Naht, linke Seite.

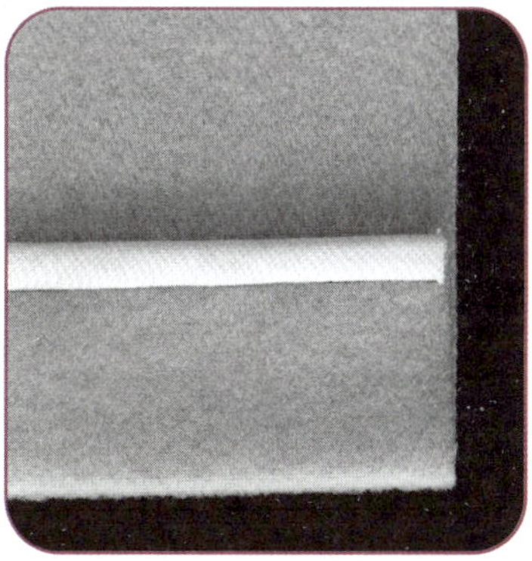

Weil die Einfassung flach bleibt, eignet sich diese Technik besonders für Naht- und Saumzugaben bei dicken Stoffen, z. B. Mantelstoffen.

# Eingefasster runder Saum

Auch bei dieser Saumtechnik kommt ein Schrägband zum Einsatz. Auf welcher Länge das Schrägband festgenäht wird, hängt davon ab, ob die Rundung nach innen oder nach außen verläuft.

## Außenrundung

**Tipp:** Da die Außenkante des Schrägbands (△) länger ist als die eigentliche Naht (●), darf die Länge des Schrägbands nicht zu knapp bemessen werden.

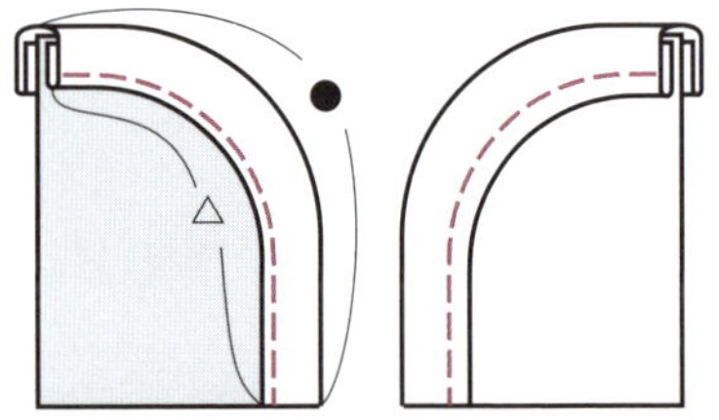

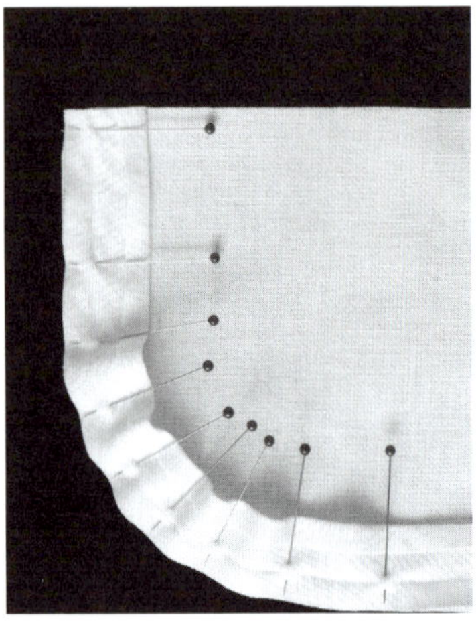

1 Das Schrägband auf die Stoffkante des Oberstoffs ausrichten, ohne es dabei zu dehnen, und mit Stecknadeln befestigen.

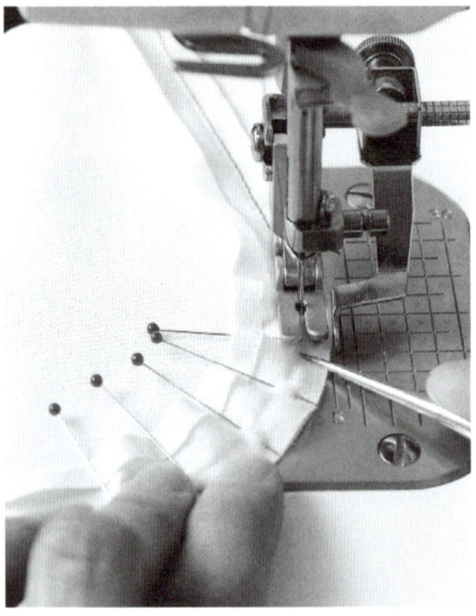

2 Das Schrägband etwa 1 mm vom Stoffbruch entfernt auf der Nahtzugabe feststeppen.

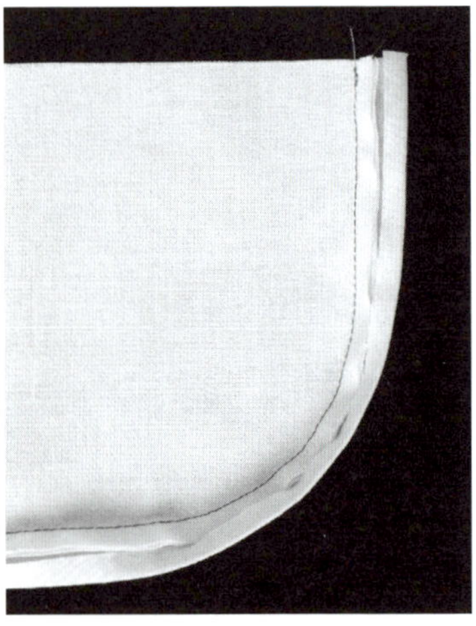

3 Das Schrägband so auf die linke Seite umschlagen, dass es die Nahtzugaben einfasst.

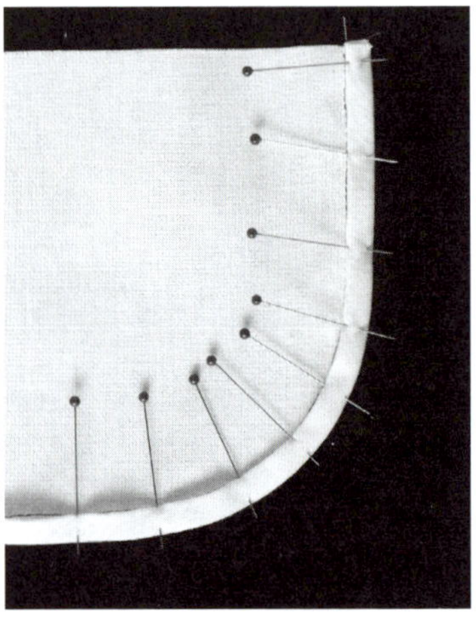

4 Das umgeschlagene Schrägband auf der linken Seite mit Stecknadeln befestigen.

5 Das Schrägband von rechts knappkantig feststeppen. Die fertige Naht sieht auf der rechten Seite nun aus wie auf dem Foto.

# Innenrundung

**Tipp:** Da die Außenkante des Schrägbands (△) kürzer ist als die eigentliche Naht (●), das Schrägband beim Festnähen ganz leicht dehnen.

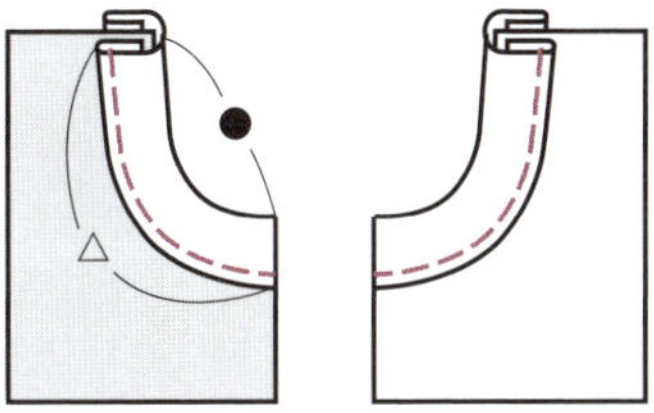

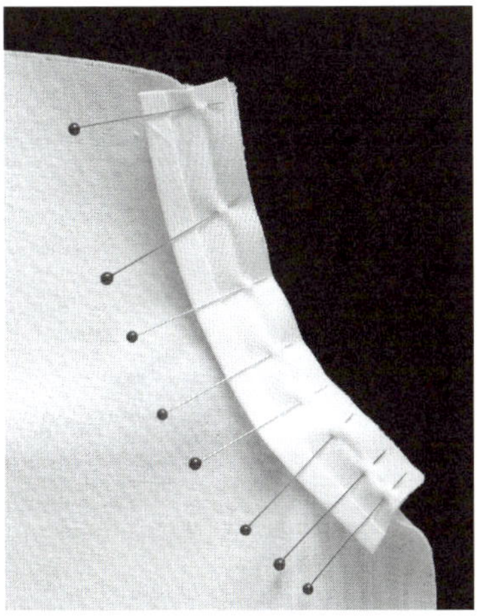

1 Oberstoff und Schrägband an den Stoffkanten aufeinander ausrichten und das Band unter minimalem Zug mit Stecknadeln feststecken. Dabei den Oberstoff nicht dehnen.

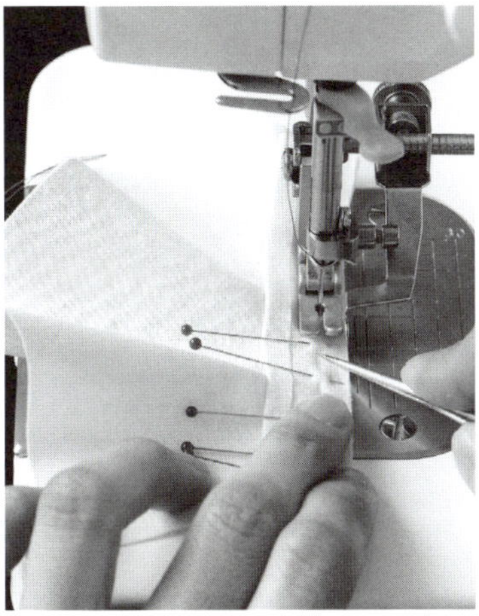

2 Das Schrägband etwa 1 mm vom Stoffbruch entfernt auf der Nahtzugabe feststeppen.

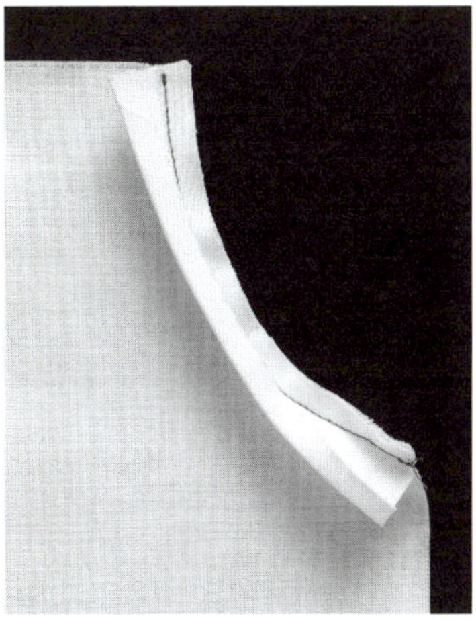

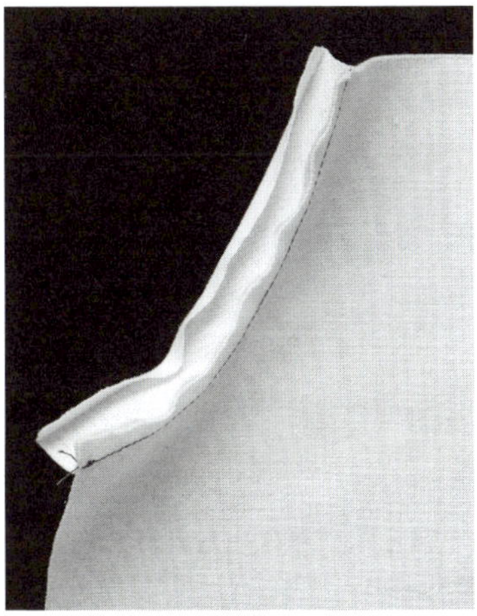

3 Das Schrägband so auf die linke Seite umschlagen, dass es die Nahtzugaben einfasst.

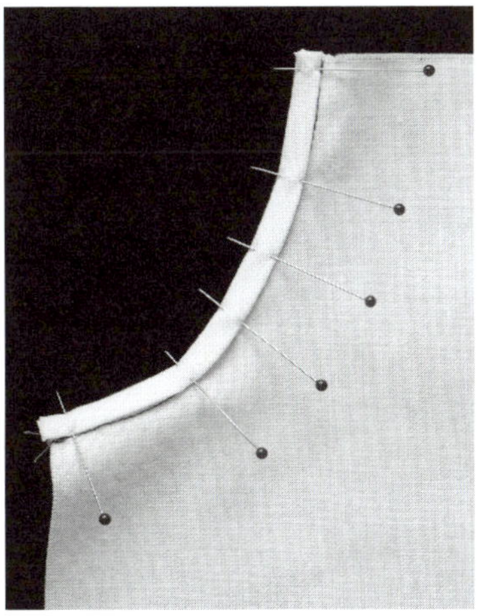

4 Das umgeschlagene Schrägband auf der linken Seite mit Stecknadeln feststecken.

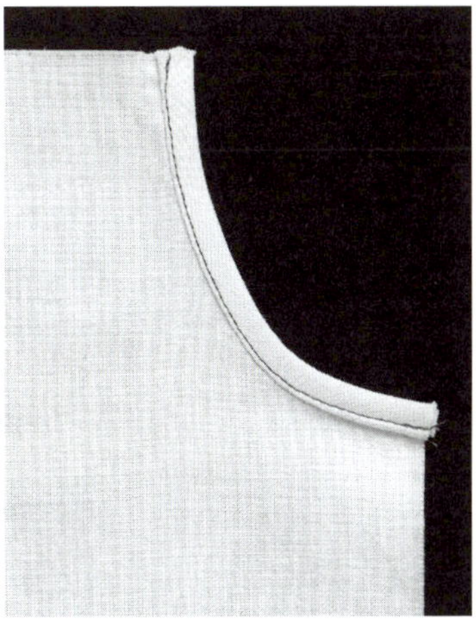

5 Das Schrägband von rechts knappkantig feststeppen. Die fertige Naht sieht auf der rechten Seite nun aus wie auf dem Foto.

# Schrägband

Ein Schrägband ist ein Stoffband, das in einem 45°-Winkel zum Fadenlauf geschnitten wurde. Es passt sich gut an Teile mit unregelmäßigem Fadenlauf und an Rundungen an.

## Doppelt eingeschlagenes Schrägband von Hand herstellen

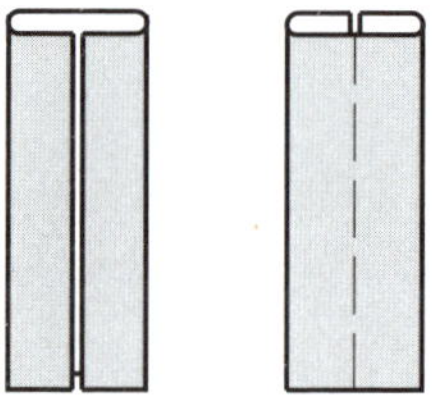

**Tipp:** Da das Schrägband sich leicht dehnt und damit schmal wird, muss beim Bügeln besonders darauf geachtet werden, den Stoff nicht zu dehnen.

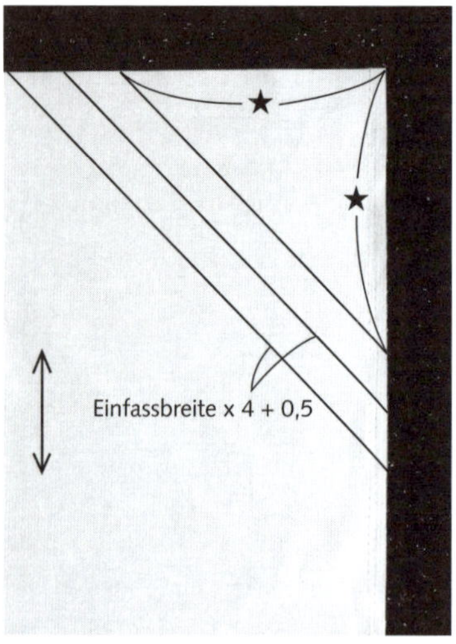


1 Den Stoff so zurechtziehen und auslegen, dass Kett- und Schussfaden senkrecht zueinander verlaufen. Das Band im 45°-Winkel zuschneiden.

2 Beim Zusammennähen von Schrägbändern auf übereinstimmenden Fadenlauf achten.

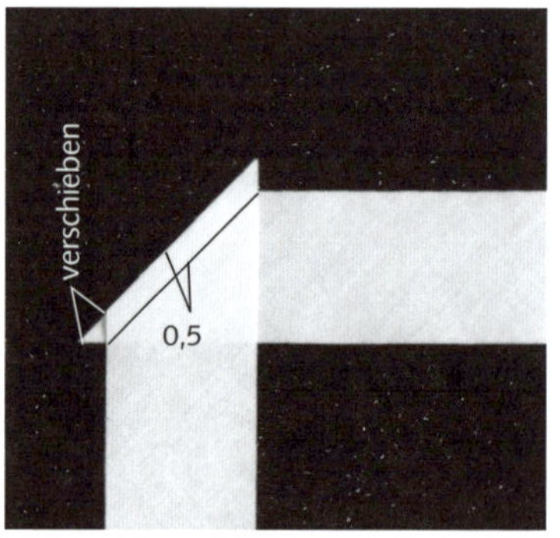


3 Die Kanten mit identischem Fadenlauf rechts auf rechts aufeinander ausrichten. Dabei die Bänder um die Nahtzugabenbreite zueinander verschieben.

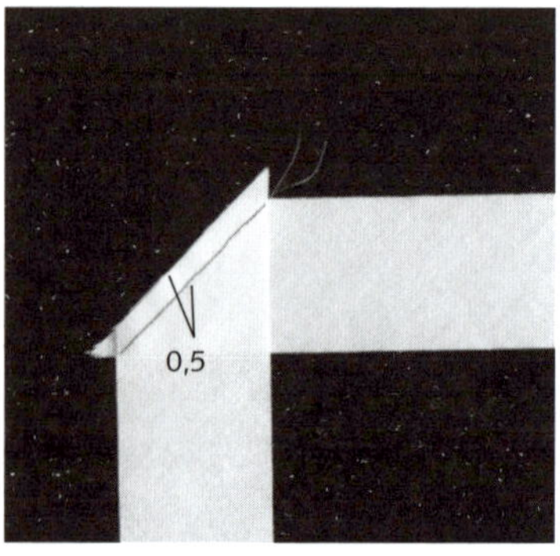


4 Zusammennähen.

5 Die Nahtzugaben auseinanderbügeln und die Überstände zurückschneiden (rechte Seite).

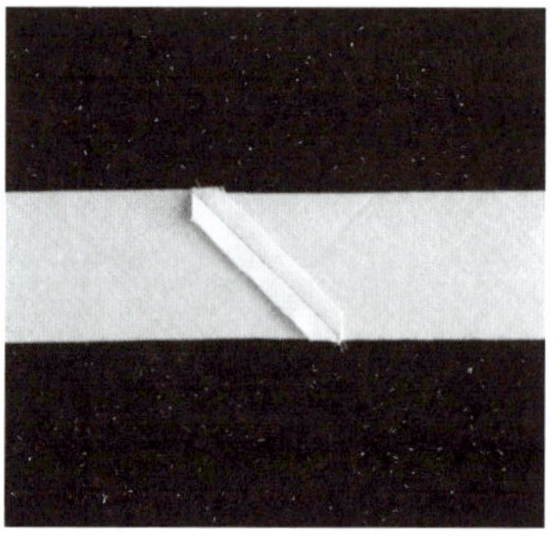

Linke Seite.

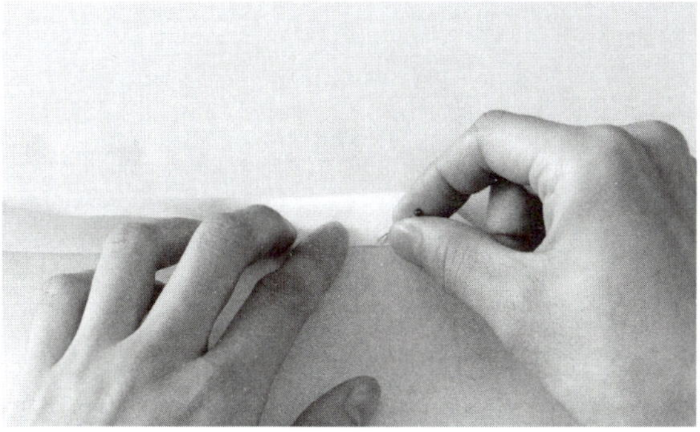

6 Auf einem Bügelbrett die Stoffkanten links auf links aufeinander ausrichten und das Band dabei zur Hälfte umschlagen.

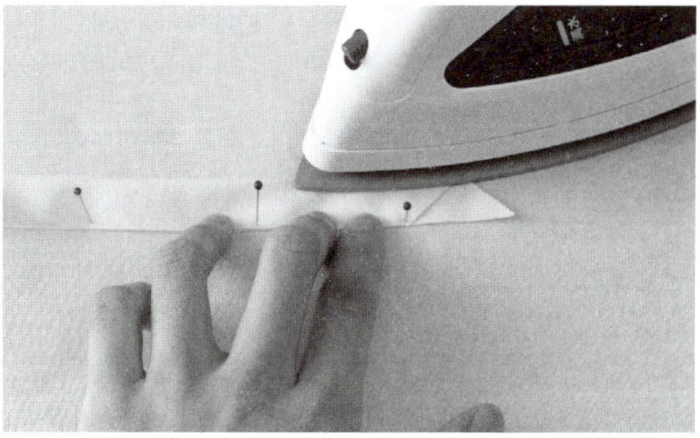

7 Die Stoffkanten mit Stecknadeln befestigen und das Band bügeln, ohne den Stoff dabei zu dehnen.

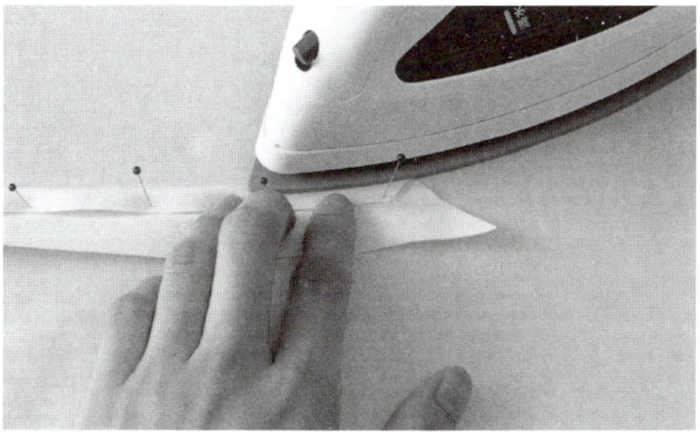

8 Den Stoff öffnen und erneut so umschlagen, dass Stoffkante und Stoffbruch aufeinander ausgerichtet sind. Wie in Schritt 7 bügeln.

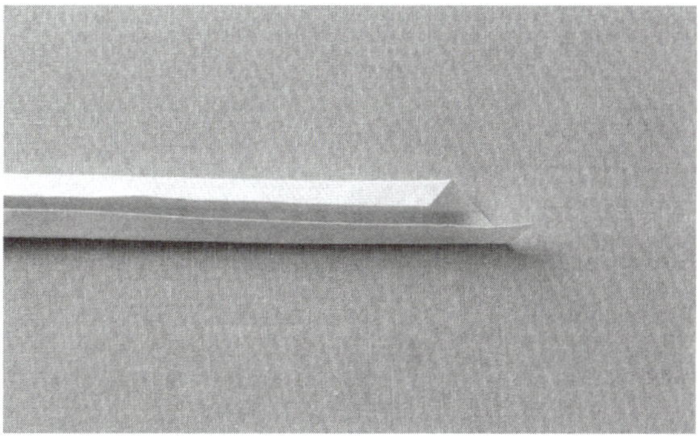

9 Fertiges Band.



## Falzvarianten für doppelt eingeschlagenes Schrägband

Für unsichtbare Säume wird das Schrägband wie im Beispiel B gefaltet.

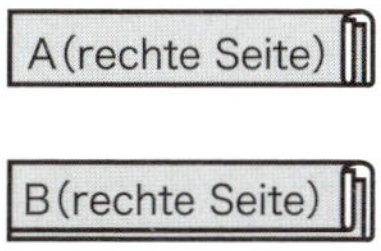


A wird in Schritt 6 genau zur Hälfte umgeschlagen. B wird in Schritt 6 so umgeschlagen, dass die Stoffkante der späteren linken Seite um 3 mm nach oben verschoben ist.

# Mit dem Schrägbandformer herstellen

Mit dem Schrägbandformer lassen sich die Falten ganz einfach festbügeln und die Breite wird schön gleichmäßig.

## ◆ Schrägbandformer

Gerät zum einfachen Falten von Schrägbändern. Für Breiten von 6 mm, 12 mm, 18 mm, 25 mm und 50 mm erhältlich.

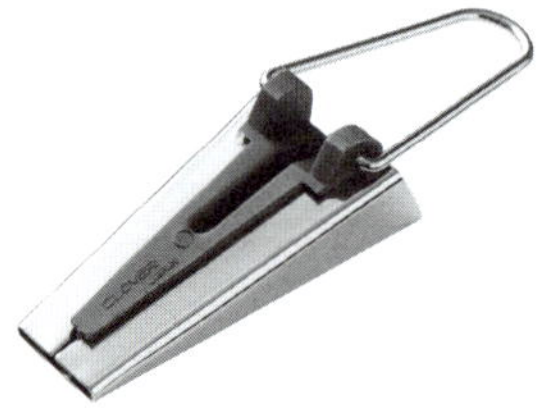

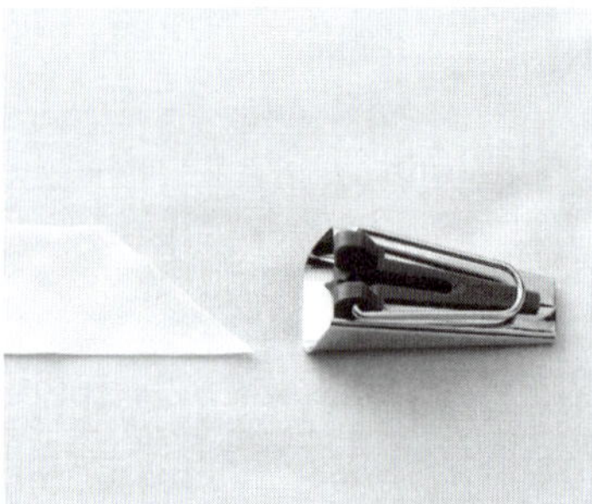

1 Den Stoff so zurechtziehen und auslegen, dass Kett- und Schussfaden senkrecht zueinander verlaufen (siehe S. 96). Im 45°-Winkel zuschneiden.

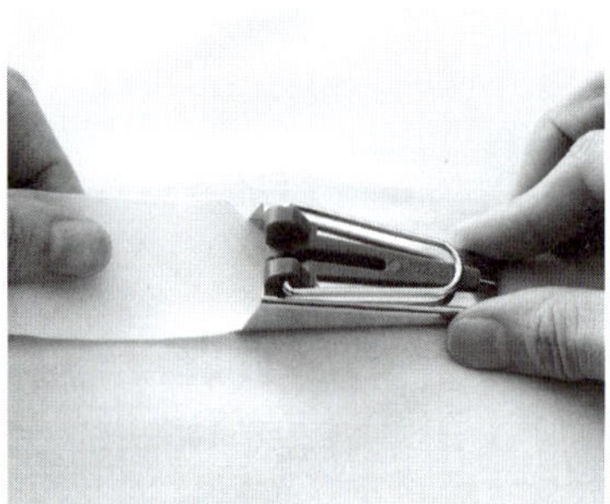

2 Das Band in den Schrägbandformer einführen.

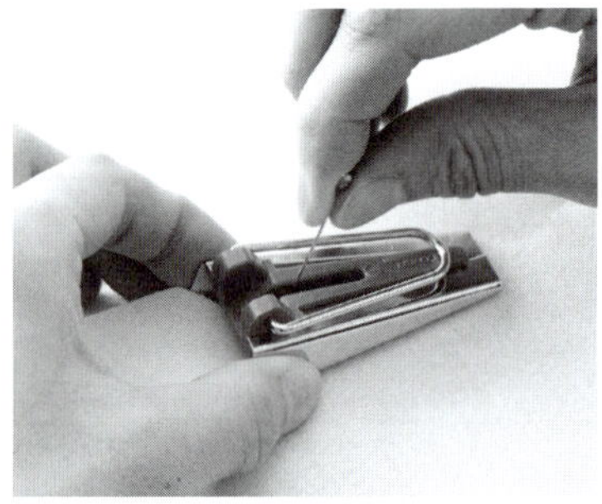

3 Mit einer Nadel oder Pfriem das Band stückchenweise weiterschieben.

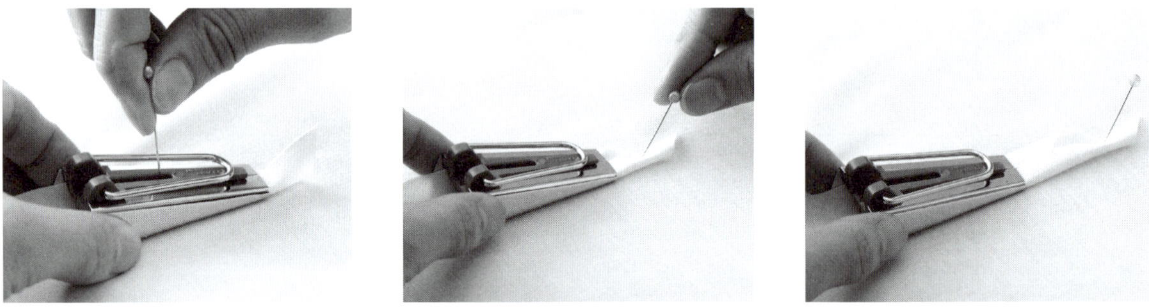

4 Das Band aus dem Schrägbandformer ziehen und mit einer Stecknadel feststecken.

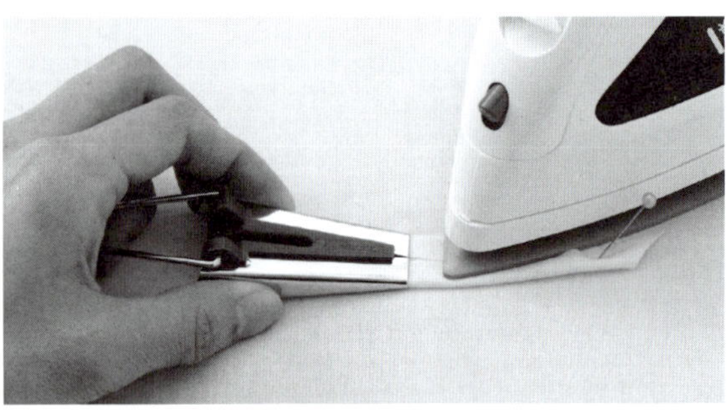

5 Das gefaltete Schrägband mit dem Bügeleisen flach bügeln.

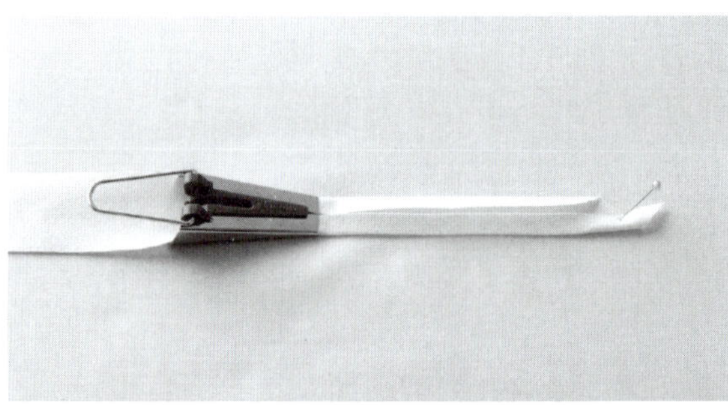

6 Das Schrägband weiter aus dem Schrägbandformer ziehen und dabei bügeln.

# Bandeinfassung überlappen

Einfache Methode, bei rundum verlaufenden Säumen Nahtbeginn und Nahtende der Saumeinfassung zu verbinden.

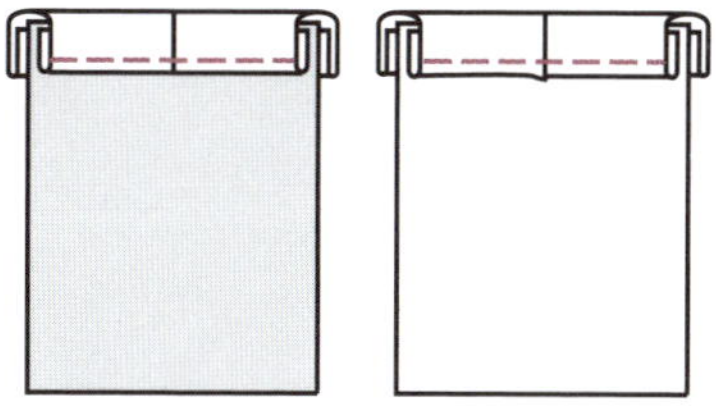

1 Das Schrägband ca. 1 cm neben der Stoffkante falten und einmal um den Oberstoff herum annähen. Nahtende und Nahtbeginn 1 cm überlappen.

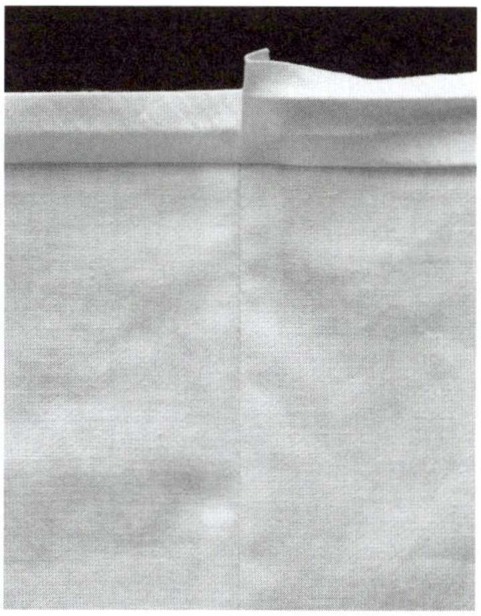

2 Das Schrägband so auf die linke Seite umschlagen, dass es die Nahtzugaben einfasst.

3 Sauber sieht es aus, wenn die Schließnähte von Oberstoff und Band in einer Linie liegen. Bei voluminösen Stoffen können die Nähte leicht versetzt sein.

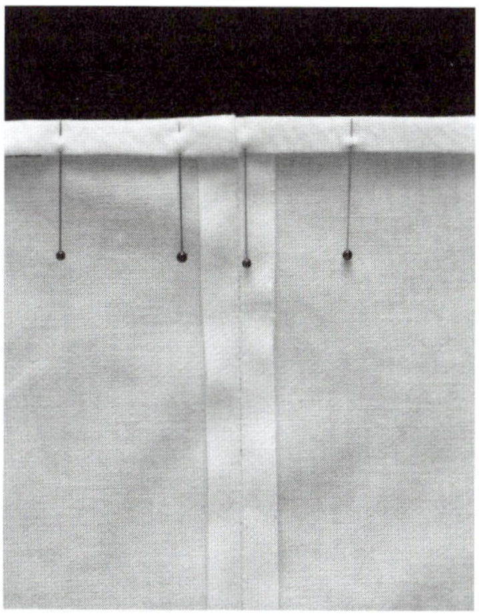

4 Das umgeschlagene Schrägband auf der linken Seite mit Stecknadeln feststecken und das Band von rechts knappkantig feststeppen.

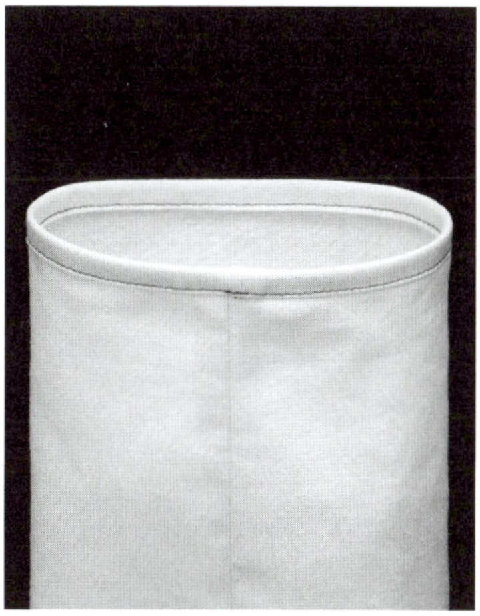

5 Fertig genähte Überlappung, rechte Seite.

Fertige genähte Überlappung, linke Seite.

# Rollsaum

Ein Rollsaum wird doppelt eingeschlagen mit schmaler Breite genäht. Dabei kommt ein spezieller Nähfuß zum Einsatz.

## Rollsaum

**Tipp:** Je feiner die Naht, desto sauberer das Ergebnis.

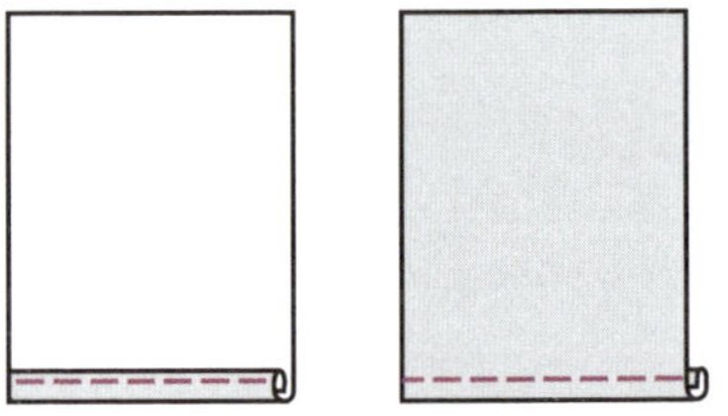

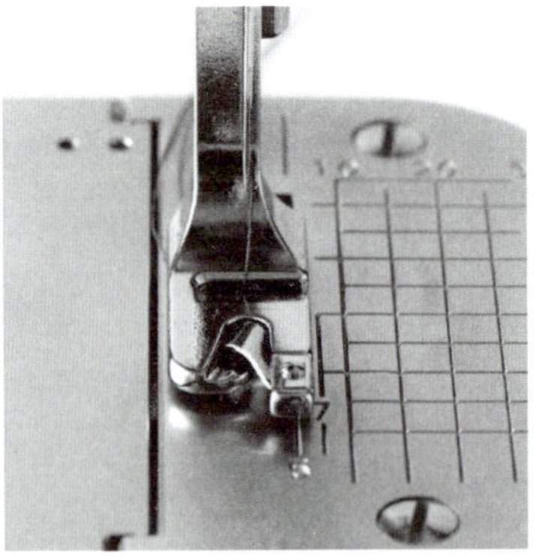

**1** Den Rollsaumfuß an der Nähmaschine befestigen.

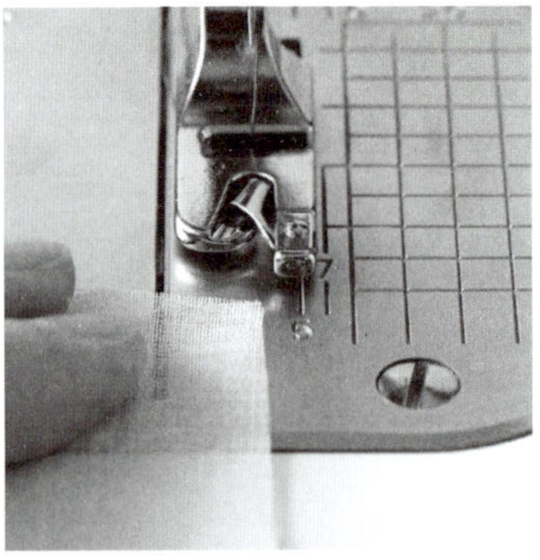

**2** Die Stoffkante in die Säumertüte des Rollsaumfußes einführen.

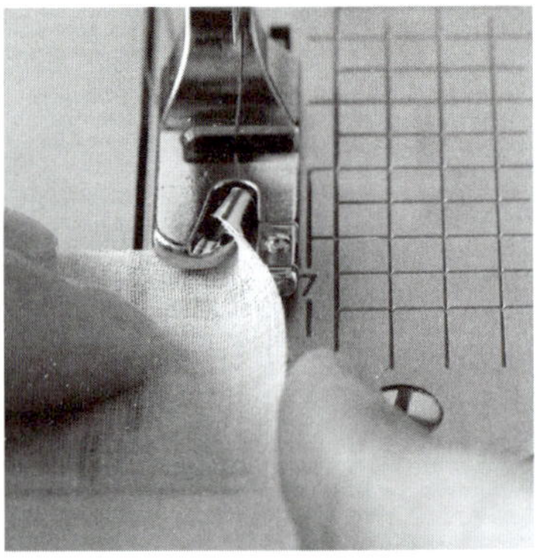

**3** Den Saum nähen und dabei den Stoff mit der Hand so nachführen, dass die Stoffkante sich einrollt.

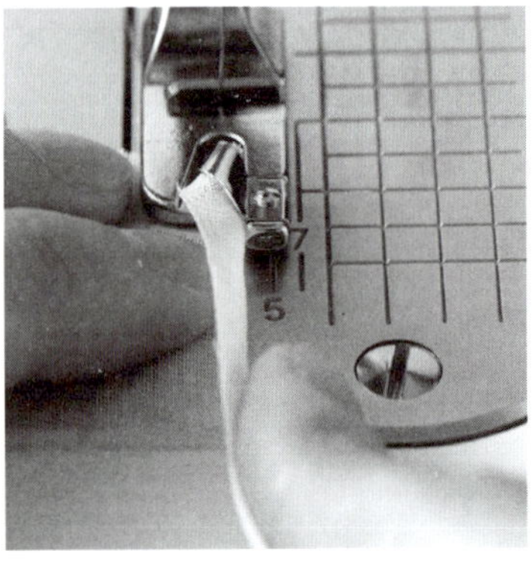

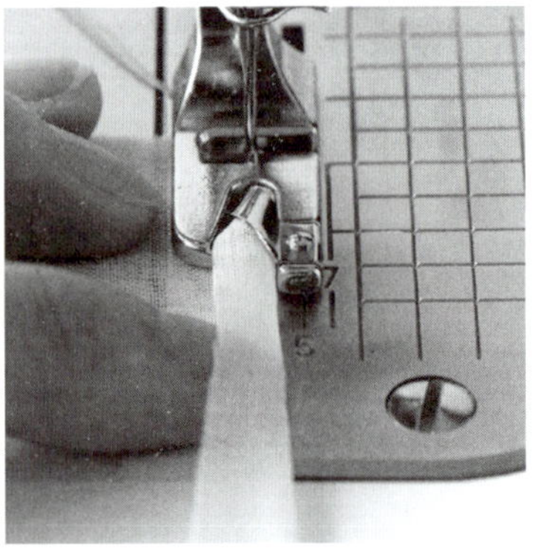

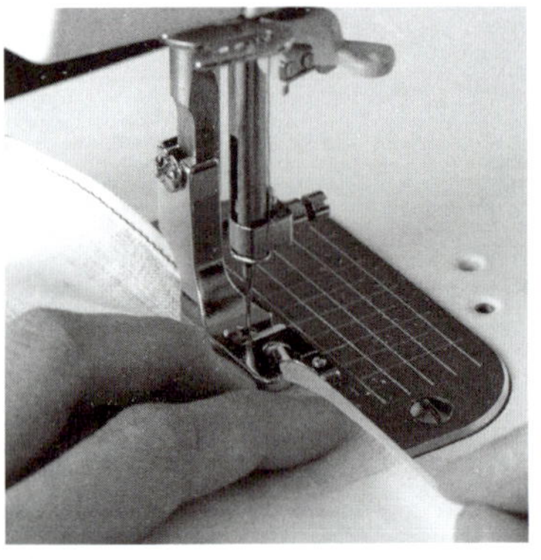

**4** Das Nachführen mit den Fingerspitzen in der seitlichen Ansicht.

## Verbinden von Rollsäumen

Da das Einrollieren von bereits vernähten Stoffkanten mit dem Rollsaumfuß nicht ganz einfach ist, wird in diesem Fall erst der Rollsaum genäht und die Naht erst dann geschlossen.

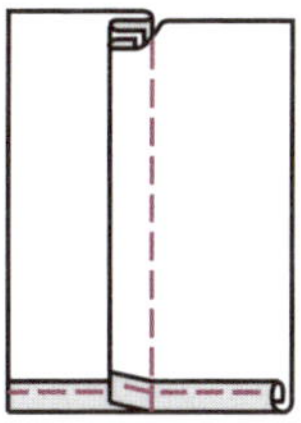

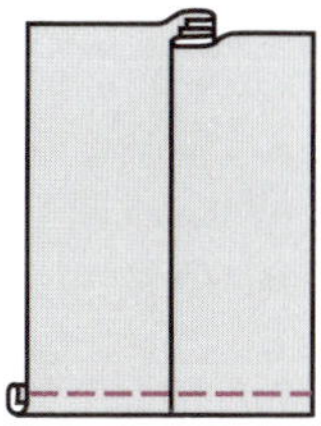

Auf dem Bild sind zwei Stoffteile zu sehen, bei denen zunächst die Stoffkanten einrolliert und anschließend mit einer französischen Naht (siehe S. 84) zusammengenäht wurden. Besonders bei durchscheinenden Stoffen sieht diese Verarbeitung sehr sauber aus.

Rechte Seite.

● Da der Saum gleichzeitig einrolliert und festgesteppt wird, lassen sich Kanten auf diese Weise nicht gut versäubern.

### ◆ Rollsaumfuß

Nähfuß, mit dem sich schmale, doppelt eingeschlagene Säume nähen lassen. Da sich dicke Stoffe nicht gut einrollieren lassen, ist er eher für dünne Stoffe geeignet.

Rollsaum

# Briefecke

Saumtechnik für Ecken mit festgelegter Saumbreite. Funktioniert nicht bei spitzen Winkeln.

**Tipp:** Zunächst die Kanten umschlagen und in Form bügeln.

## Einfach eingeschlagen

**Tipp:** An den Stoffbruchlinien falten und den Überlappungspunkt an den Nahtzugaben präzise markieren.

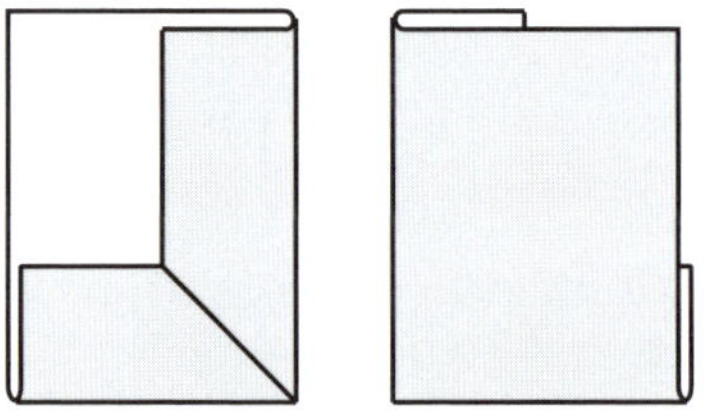

1 Die Kanten an den Stoffbruchlinien umschlagen und bügeln. Den Überlappungspunkt der Kanten markieren.

2 Wieder öffnen.

3 Den Stoff rechts auf rechts so falten, dass die Markierungen aufeinanderliegen.

4 Von der Falzecke bis zur Markierung zusammennähen.

5 Die Nahtzugaben der Ecke öffnen.

Darauf achten, dass keine zusätzlichen Stoffbrüche entstehen.

**Tipp:** Bei dicken Stoffen oder voluminösen Nahtzugaben die Nahtzugaben zurückschneiden (siehe S. 104).

6 Die Nahtzugaben sauber auf die Stoffbruchlinien ausrichten.

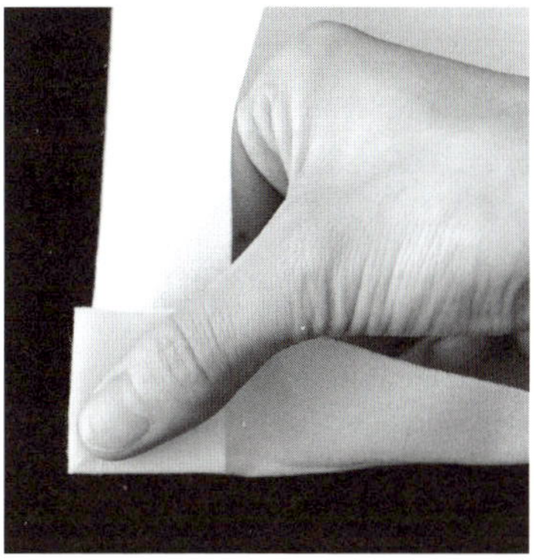

7 Die Ecke mit den Fingerspitzen festhalten und die Arbeit wenden.

8 Die Ecke mit dem Pfriem herausziehen.

9 Fertige Briefecke, linke Seite.

Fertige Briefecke, rechte Seite.

# Breiter doppelter Saum

**Tipp:** Die Nahtzugaben der Briefecke mit Druck umbügeln.

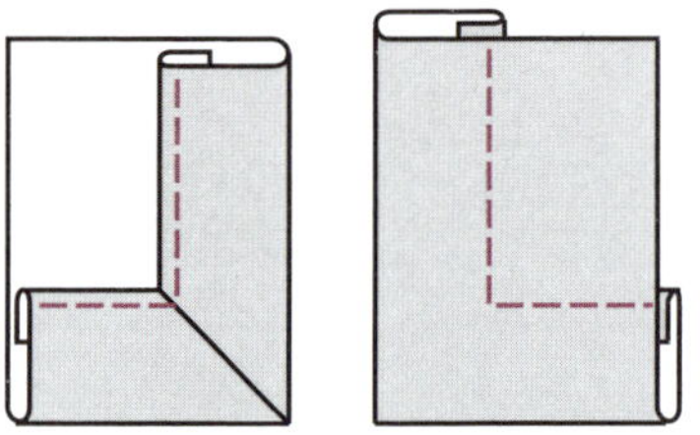

1 Die Kanten an den Stoffbruchlinien zweimal umschlagen und bügeln. Den Überlappungspunkt der Stoffbrüche markieren.

2 Wieder öffnen.

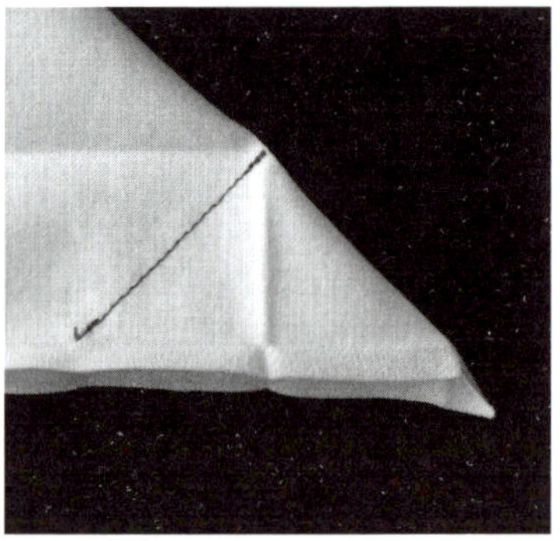

3 Den Stoff rechts auf rechts so falten, dass die Markierungen aufeinanderliegen. Von der Falzecke bis zur Markierung zusammennähen.

4 Die Nahtzugaben auf 1 cm zurückschneiden.

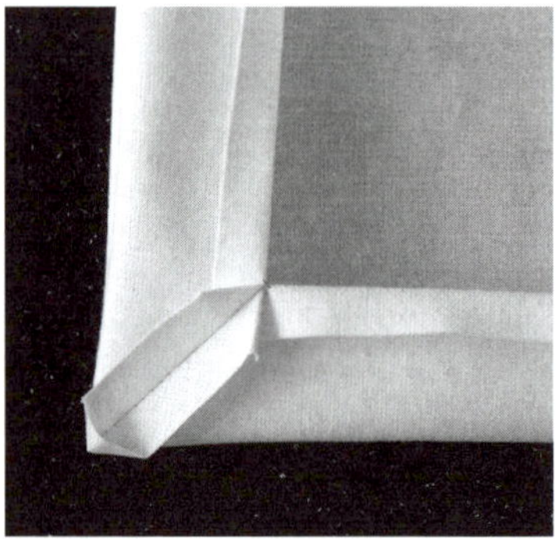

5 Die Nahtzugaben aus Schritt 4 öffnen.

6 Die Arbeit wenden (siehe S. 103).

7 Die Stoffbrüche knappkantig feststeppen.

Fertige Briefecke, rechte Seite.

# Abschlussarbeiten

In diesem Kapitel werden einige einfache Abschlussarbeiten behandelt. Wenn Sie nicht genau wissen, wie Sie ein Stück nähen sollen, sehen Sie sich in Ihrer Umgebung um. Unter Ihren gängigen Kleidungsstücken finden sich sicher auch viele Beispiele für eine passende Nähweise. Achten Sie bei Kleidungsstücken, die Ihnen gefallen, auf Schnitt und Verarbeitung und prüfen Sie auch bei Teilen, die Ihnen zufällig unterkommen, wie diese genäht wurden. Auf diese Weise lernen Sie ständig Neues hinzu. Versuchen Sie, solche Erkenntnisse in Ihren Lernprozess mit einzubauen.

# Besätze

Der Stoff, mit dem man Hals- und Armausschnitte, Verschlusskanten etc. versäubert, wird Besatz genannt. Besätze können aus dem Oberstoff angefertigt werden, aber Besätze aus einem anderen Stoff können auch sehr dekorativ aussehen.

## Extra zugeschnittene Besätze

Wenn der Saum besonders solide versäubert werden soll oder ein Verstürzen mit Schrägband etc. nicht möglich ist, wird mit einem extra zugeschnittenen Stück Stoff versäubert. Noch stabiler wird das Ergebnis, wenn der Besatz mit einer Bügeleinlage verstärkt ist.

### ○ Gerade Linien

Das Ergebnis ist stabiler als beim reinen Versäubern durch Umschlagen.

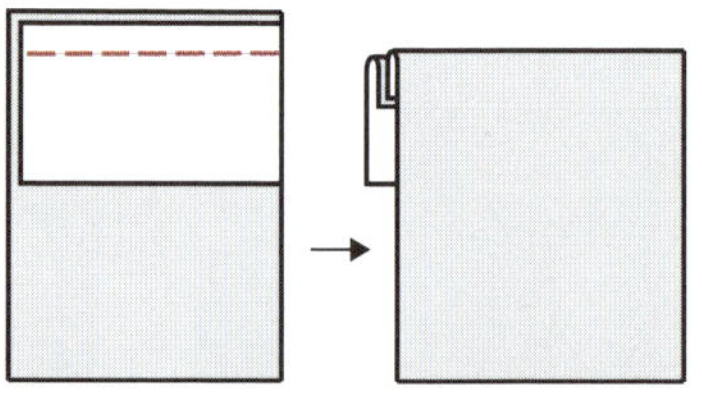

1 Oberstoff und Besatz rechts auf rechts aufeinander ausrichten und zusammennähen.

2 Die Nahtzugaben an der Naht auf eine Seite bügeln (siehe S. 38).

3 Den Besatz auf die linke Seite umschlagen, dabei die Naht etwas nach innen versetzen (siehe S. 42). Bügeln.

Fertige Kante, rechte Seite.

Besatz nach innen falten und feststeppen

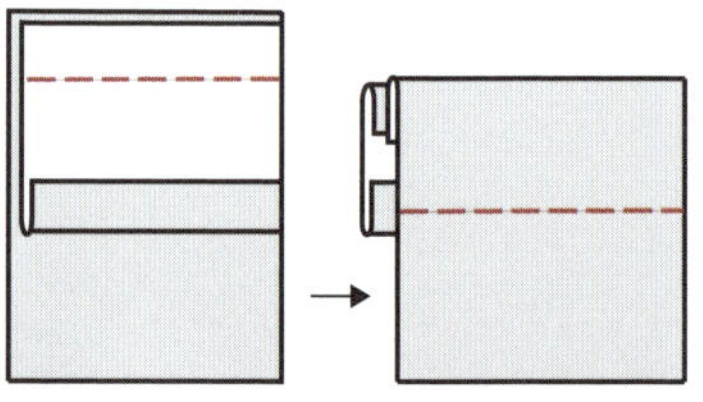

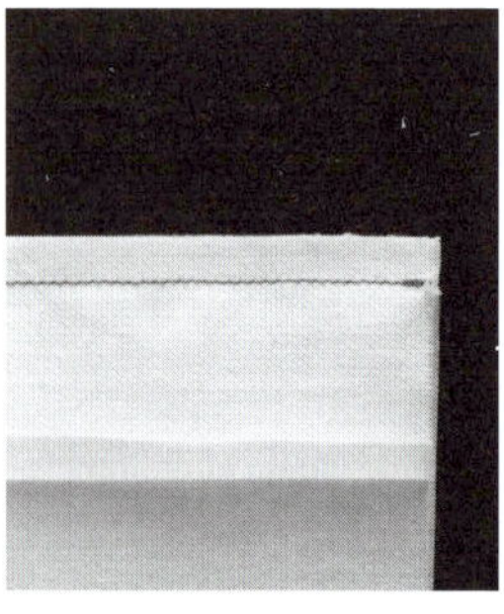

1 Besatz an Kante 5–10 mm einschlagen, rechts auf rechts mit dem Oberstoff zusammennähen.

2 Die Nahtzugaben an der Naht auf eine Seite bügeln (siehe S. 38).

3 Den Besatz auf die linke Seite umschlagen und die umgeschlagene Besatzkante feststeppen.

Fertige Kante, rechte Seite.

## ○ Besatz an Ecke

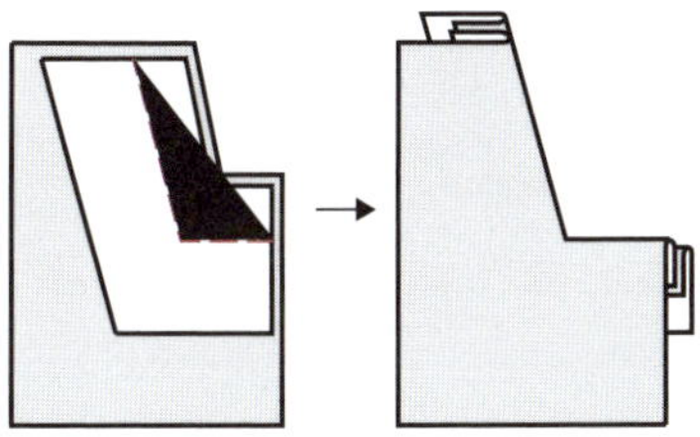

Nach der Anleitung „Nach innen verstürzte Ecke“ auf Seite 48 verstürzen und Stoß an Stoß bügeln.

Fertige Kante, linke Seite.

Fertige Kante, rechte Seite.

## ○ Besatz an Rundung

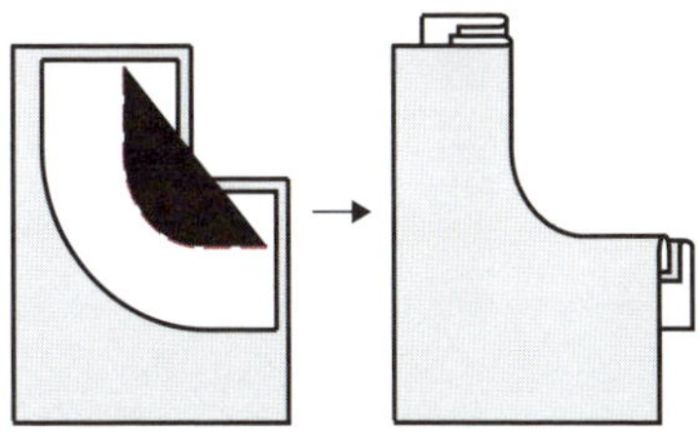

Nach der Anleitung „Nach innen verstürzte Rundungen“ auf Seite 64 verstürzen, Stoß an Stoß ausrichten oder die Naht leicht nach innen versetzen und bügeln.

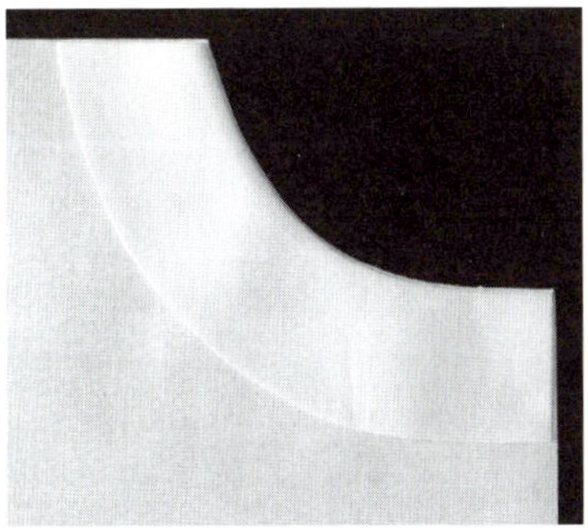

Fertige Kante, linke Seite.

Fertige Kante, rechte Seite.

# Besatzband

## ○ Schrägband

An Rundungen kann auch ein Schrägband zum Einsatz kommen (siehe S. 98). Falls der Oberstoff nach dem Umschlagen des Schrägbands Falten wirft, dieses mehrfach einschneiden.

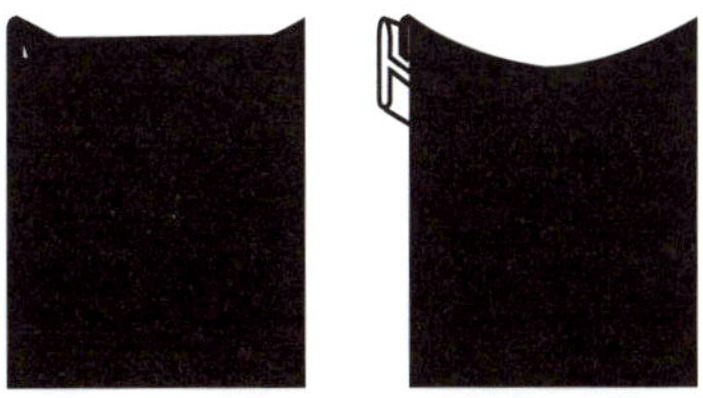

1 Eine Kante des doppelt gefalteten Schrägbands öffnen. Rechts auf rechts mit dem Stoffbruch auf die Nahtlinie des Oberstoffs legen. Feststecken und absteppen.

2 Das Band auf die linke Seite umschlagen und Stoß an Stoß ausrichten oder die Naht leicht nach innen versetzen und bügeln.

3 Das Schrägband knappkantig feststeppen. Der fertige Besatz sieht auf der linken Seite nun aus wie auf dem Bild.

Fertiger Besatz, rechte Seite.

## ❍ Geradband

Verwendet man als Besatz für gerade Kanten ein Geradband in Leinwandbindung oder Köper mit zwei versäuberten Kanten, braucht dieses nicht umgeschlagen zu werden und der Abschluss wird schön flach. Im Handel sind Geradbänder in Breiten zwischen 0,5 und 5 cm erhältlich.

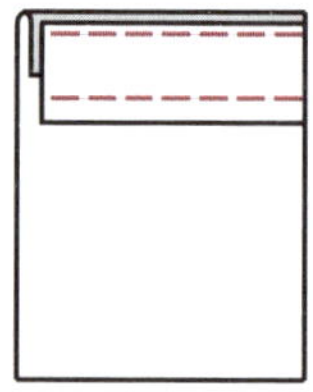

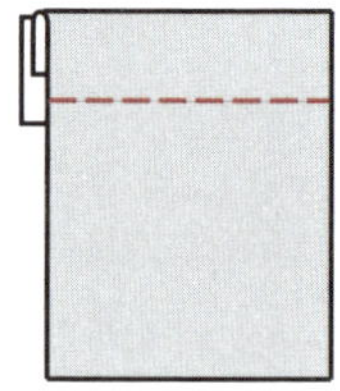

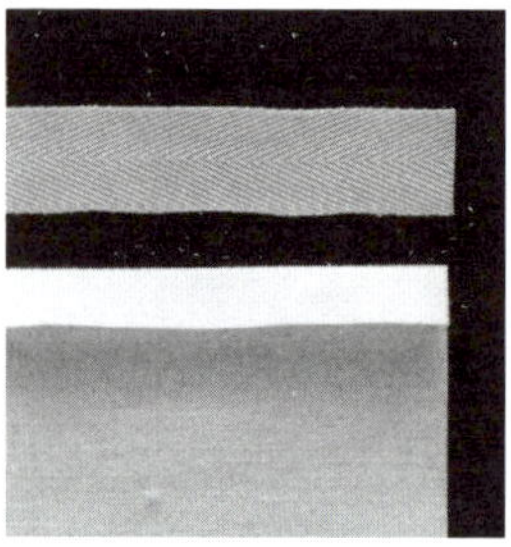

1 Die Nahtzugabe am Oberstoff an der Nahtlinie auf die linke Seite umschlagen.

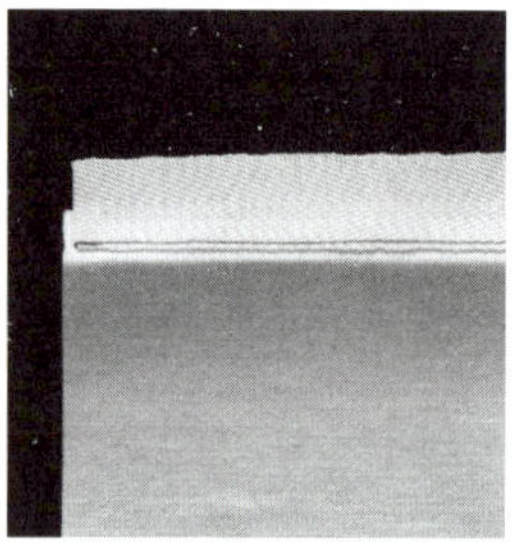

2 Die Kante des Geradbands 1–2 mm unter dem Stoffbruch feststeppen.

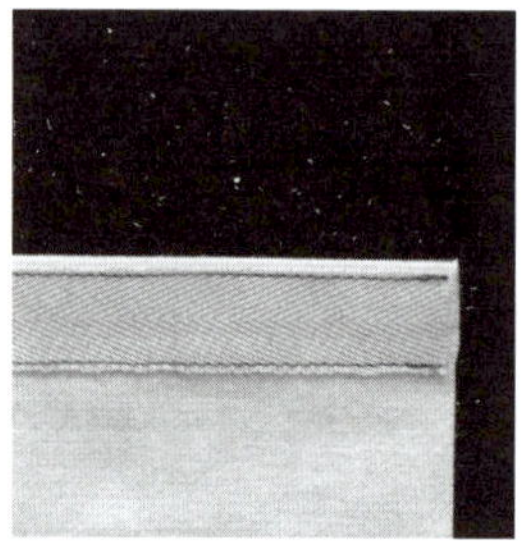

3 Den Stoffbruch noch einmal bügeln und die andere Bandkante knappkantig so feststeppen, dass das Band die Nahtzugabe verdeckt.

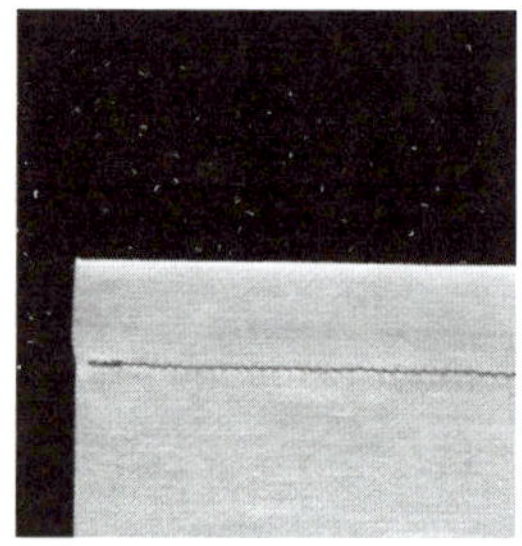

Fertiger Besatz, rechte Seite.

## Einfassen mit Geradband

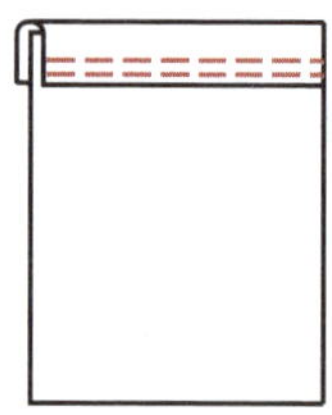

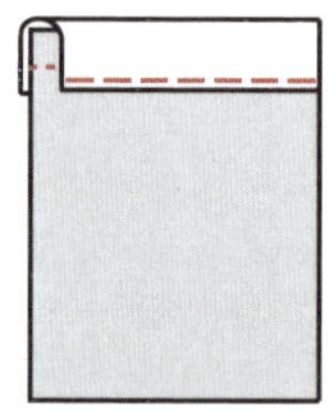

1 Am Oberstoff keine Nahtzugabe belassen, sondern an der Nahtkante zuschneiden. Das Geradband zur Hälfte falten.

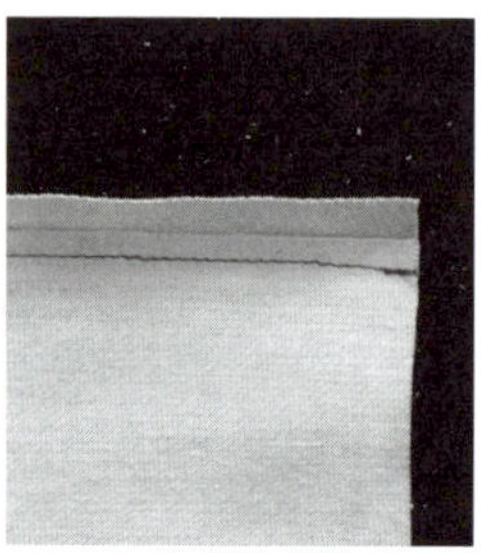

2 Die Schnittkante des Oberstoffs und Stoffbruch des Geradbands aufeinander ausrichten. Naht der linken Seite steppen.

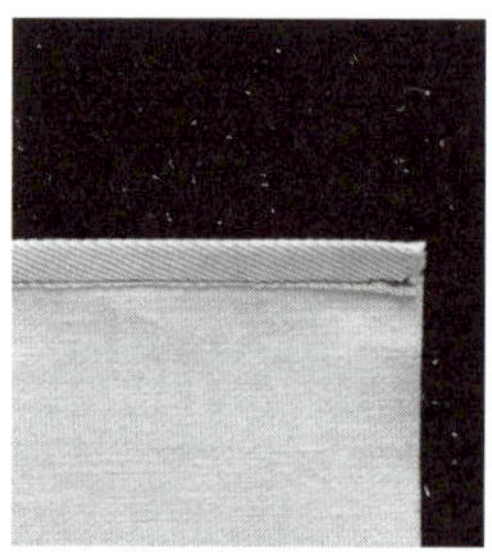

3 Das Geradband um die Stoffkante auf die rechte Seite schlagen und das Band auf rechts knappkantig feststeppen.

Fertige Einfassung, linke Seite.

# Schlitze

In den Stoff geschnittene Öffnungen. Bei dieser Methode wird mit einem Besatz gearbeitet und anschließend verstürzt. Da die Nahtzugaben am Schlitz sehr schmal sind, empfiehlt es sich, Schlitz und Besatz auf der linken Seite mit einer Bügeleinlage zu verstärken.

**Tipp:** Den Schlitzbereich mit kleinen Stichen mit der Maschine vornähen.

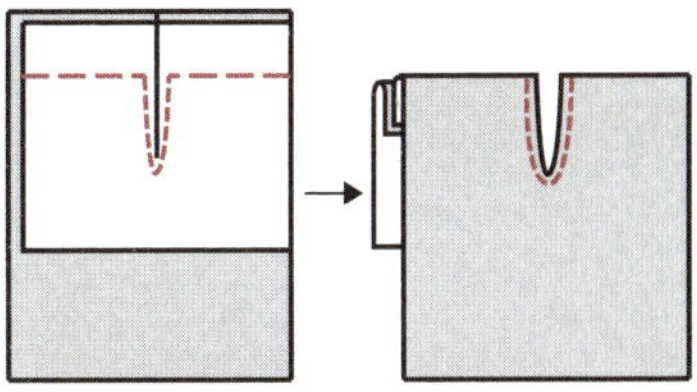

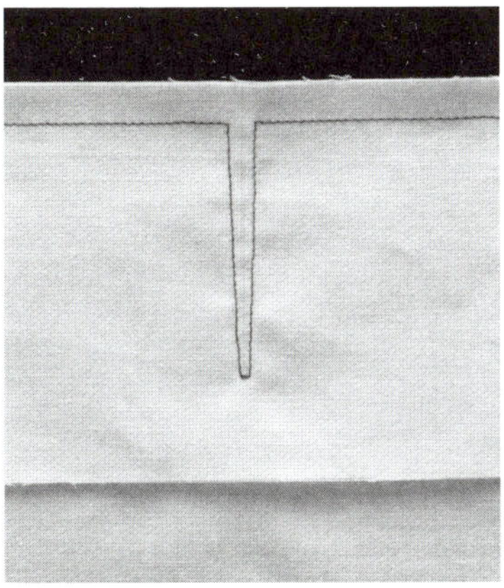

1 Oberstoff und Besatz rechts auf rechts aufeinander ausrichten. Vom Besatzbeginn bis zum Schlitz durchgehend mit der Maschine zusammennähen.

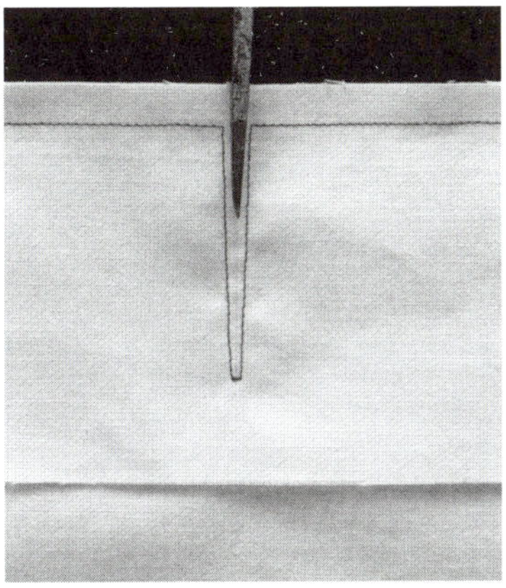

2 Den Stoff am Schlitz bis kurz vor der Spitze einschneiden. Dabei den Nahtfaden nicht durchschneiden.

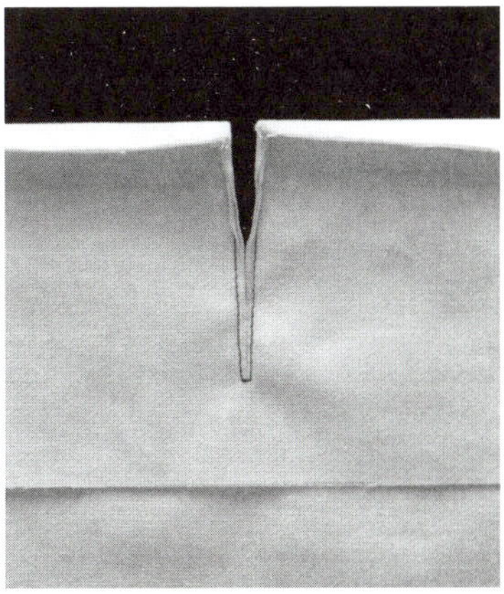

3 Die Nahtzugaben am Besatz an der Schlitznaht zurückfalten.

4 Die Arbeit wenden, Stoß an Stoß ausrichten und bügeln.

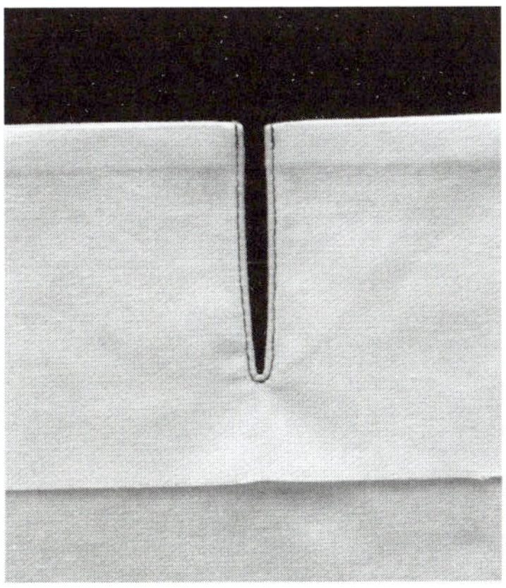

5 Den Schlitz absteppen. Der fertige Schlitz sieht auf der linken Seite aus wie auf dem Bild.

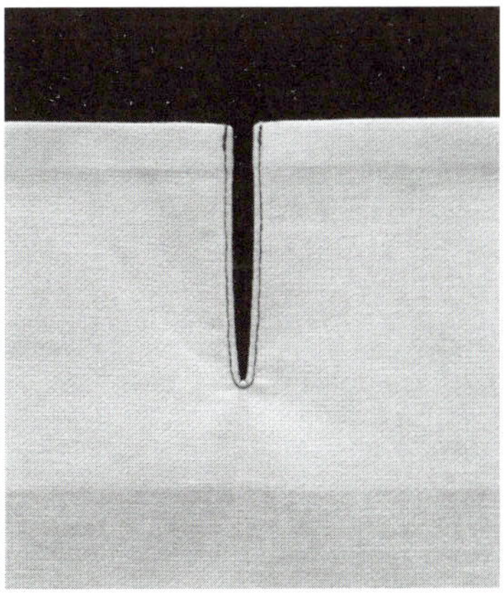

Fertiger Schlitz, rechte Seite.

# Abnäher

**Tipp:** Den Abnäher so nähen, dass er an der Spitze sanft ausläuft.

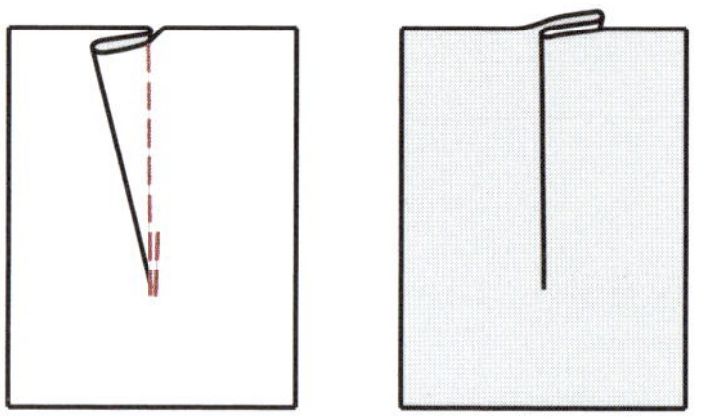

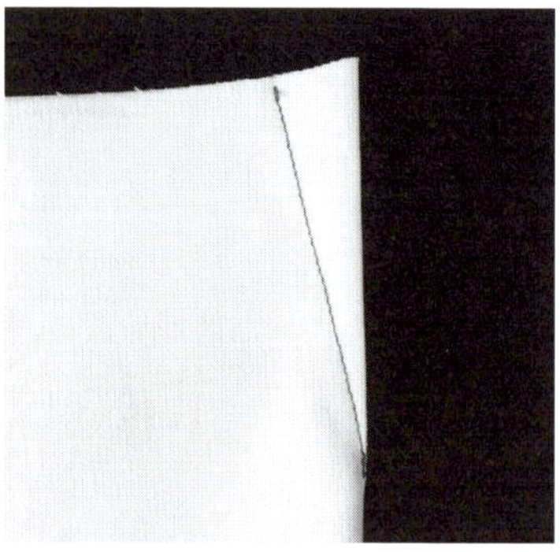

1 Den Abnäher so setzen, dass er auf der rechten Seite an der Spitze mit 3–4 Stichen sanft ausläuft. Mit Rückstichen sichern.

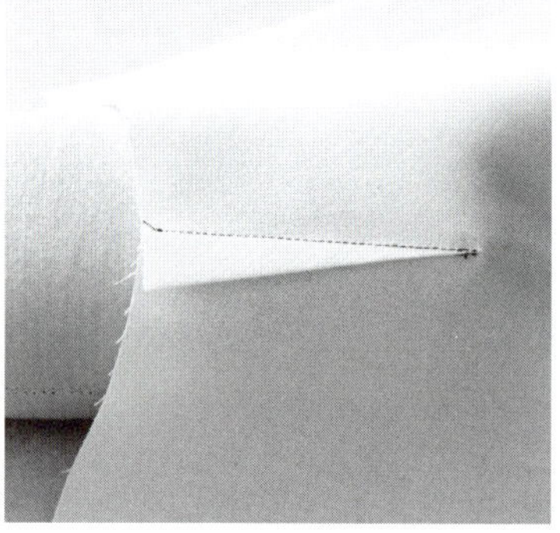

2 Den Abnäher auf eine Seite bügeln. Am saubersten sieht das Ergebnis aus, wenn die Spitze dabei über die Rundung eines Ärmel- oder Bügelkissens gebügelt wird.

3 Fertiger Abnäher, rechte Seite.

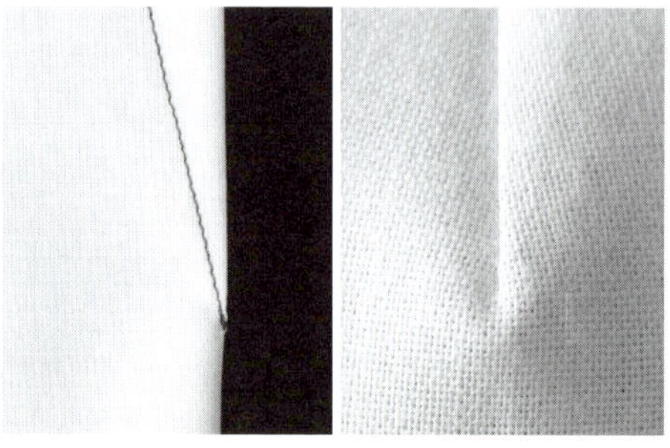

✕ Lässt man den Abnäher nicht auslaufen, steht die Spitze deutlich im Stoff hervor.

### ◆ Bügelkissen

Bügelhilfe für gerundete Teile. Eignet sich wegen seiner geringen Größe besonders gut zum Bügeln von Abnäherspitzen.

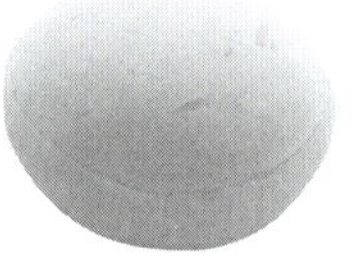

## ❍ Dünne Stoffe

Da Rückstiche bei dünnen Stoffen die Naht schnell zu dick wirken lassen, wird der Faden stattdessen verknotet.

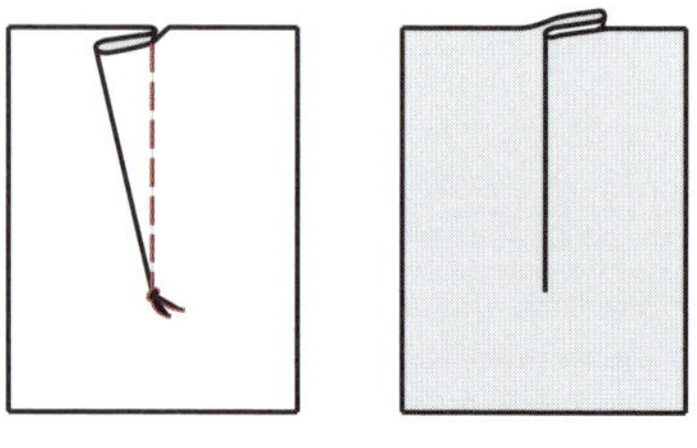

1 Bis zur Abnäherspitze nähen, den Stoff aus der Maschine ziehen und den Faden dabei lang lassen. Den Faden neben der Spitze verknoten.

2 Wie oben den Abnäher auf eine Seite bügeln. Der fertige Abnäher sieht auf der rechten Seite nun aus wie auf dem Bild.

## ❍ Sehr dicke Stoffe

Wenn der Abnäher zu voluminös ist, werden die Nahtzugaben auseinandergebügelt.

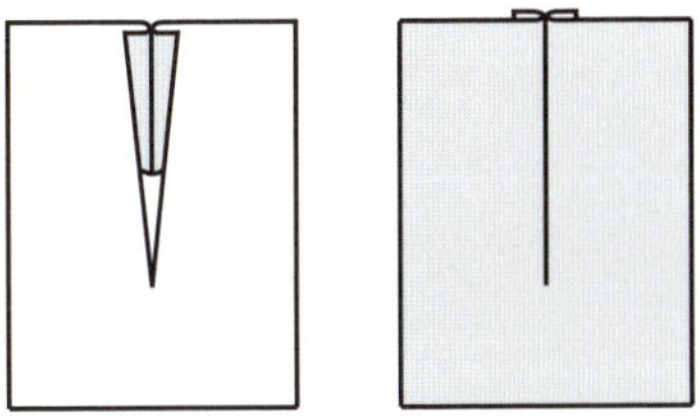

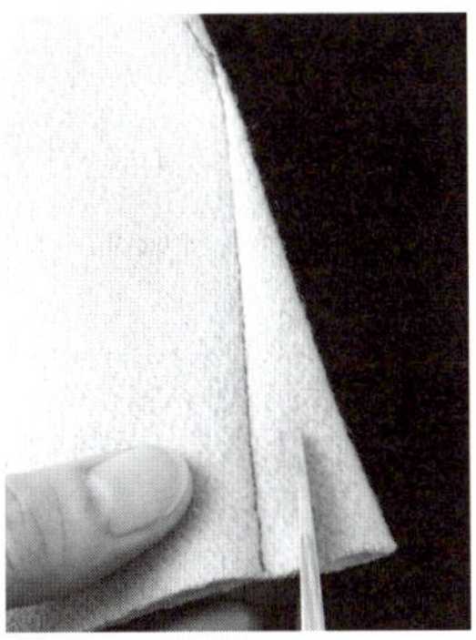

**1** Den Abnäher so zurückschneiden, dass 5–7 mm Nahtzugabe stehen bleiben.

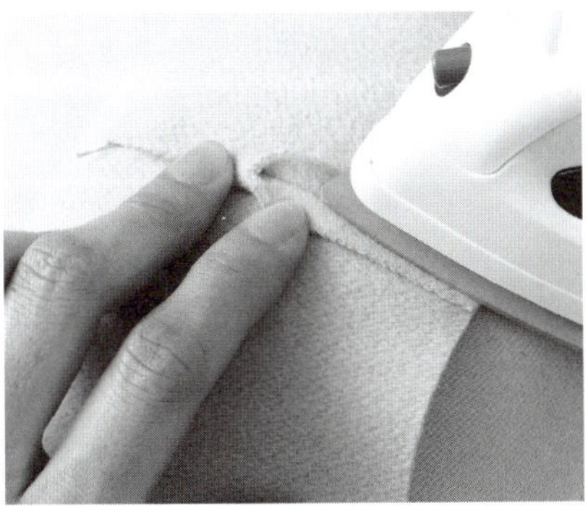

**2** Die Nahtzugaben mit der Spitze des Bügeleisens auseinanderbügeln, die Abnäherspitze flach bügeln.

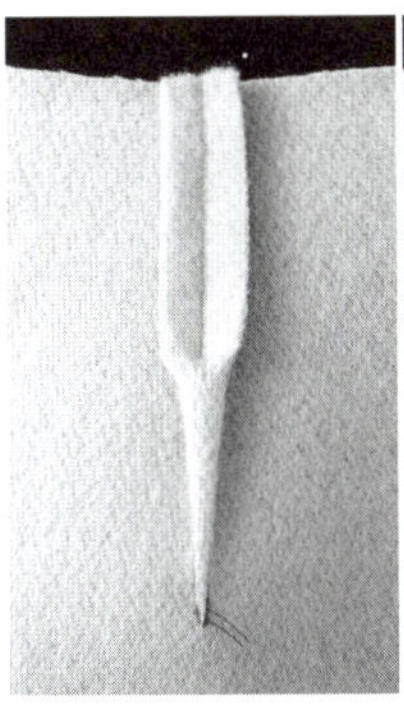

Fertiger Abnäher, linke Seite.

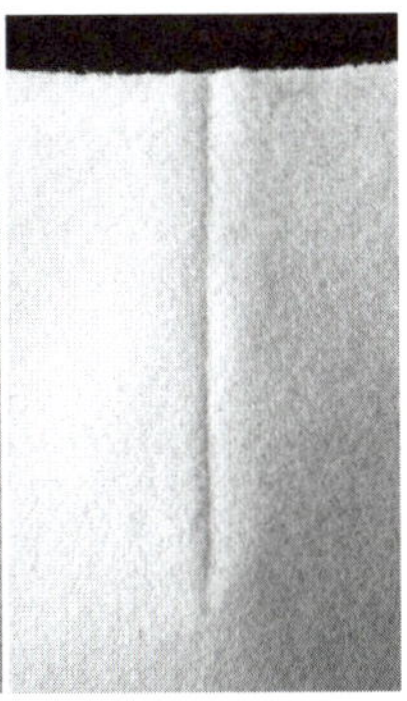

Fertiger Abnäher, rechte Seite.

## ❍ Futterstoff

Damit der Futterstoff den Bewegungen des Oberstoffs folgen kann, werden die Abnäher hier mit etwas Mehrweite gesetzt.

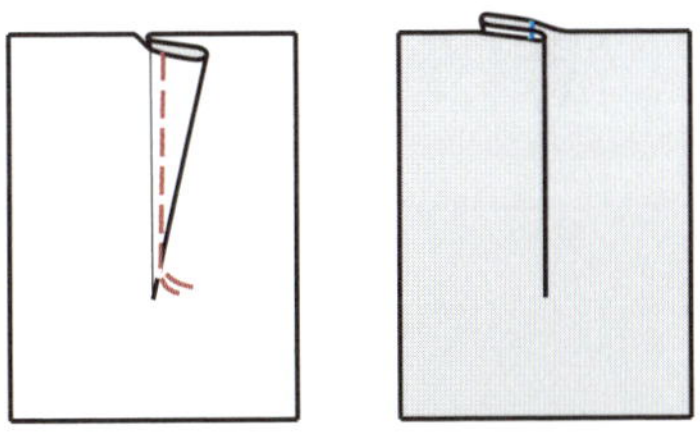

**1** Den Abnäher 2 mm neben die Nahtlinie auf die Nahtzugaben setzen.

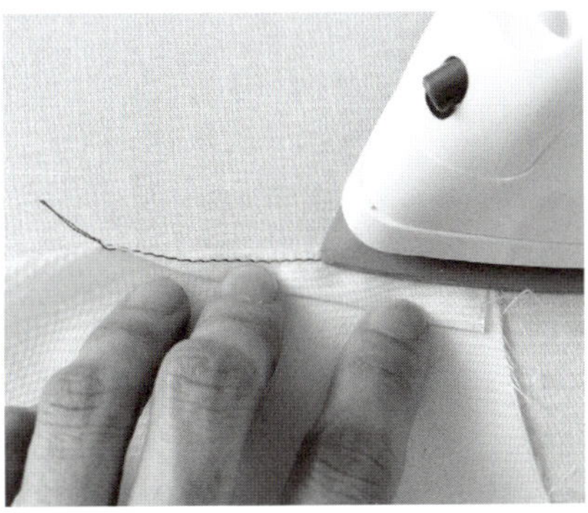

**2** Den Stoff an der Nahtlinie in eine Richtung umbügeln (siehe S. 39).

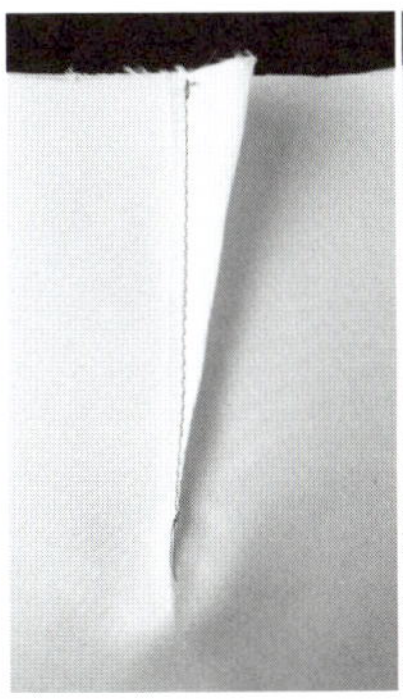

Fertiger Abnäher, linke Seite.

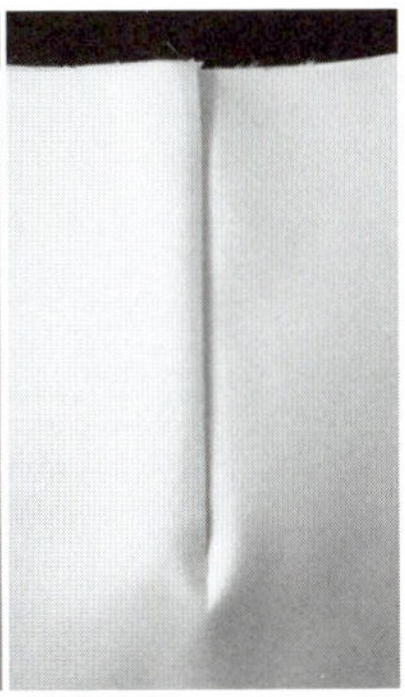

Fertiger Abnäher, rechte Seite.

# Kräuseln

## ❍ Stoff einhalten

Wichtig: Den Stoff so einhalten, dass die Kräuselfalten senkrecht zur Nahtlinie verlaufen und gleichmäßig verteilt sind.

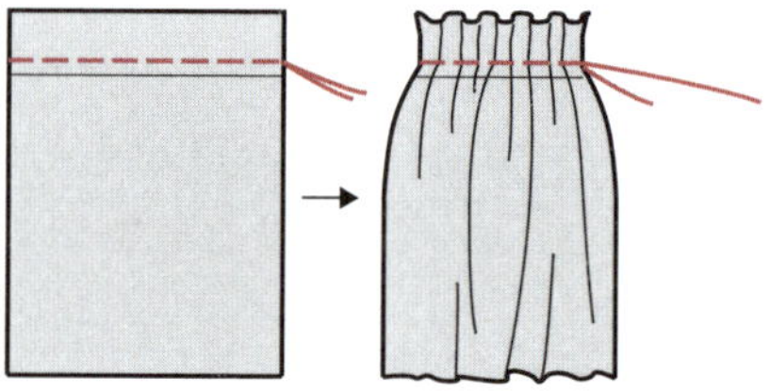

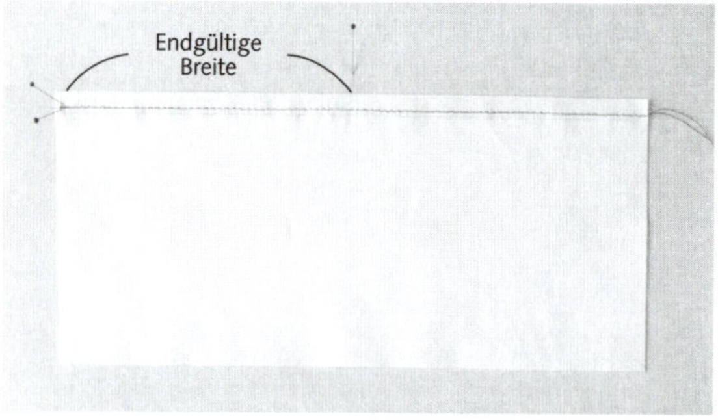


1 3 mm neben der Nahtlinie auf der Nahtzugabe eine Einhaltenaht mit großer Stichlänge (Grobstich) setzen. Ohne Rückstiche nähen und den Faden lang lassen. Eine Seite mit Stecknadeln auf einem Bügelbrett fixieren, als Markierung für die endgültige Breite ebenfalls eine Stecknadel setzen.

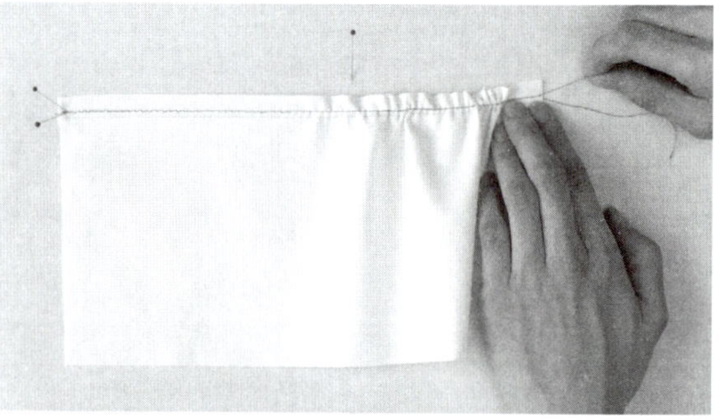

2 Den Ober- oder Unterfaden festhalten und den Stoff in Falten legen.

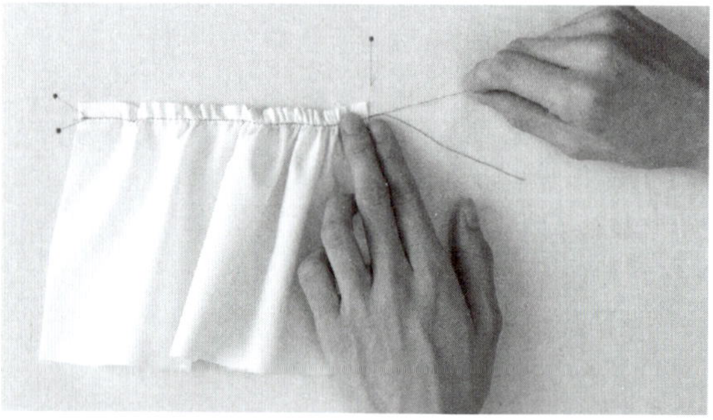

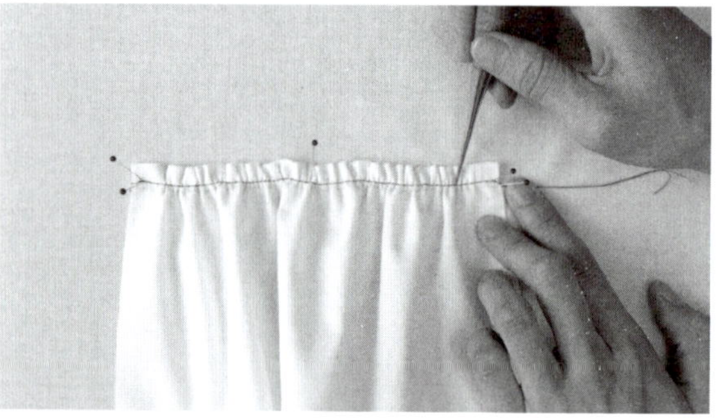

3 Mit einem Pfriem o. Ä. die Kräuselfalten gleichmäßig verteilen.

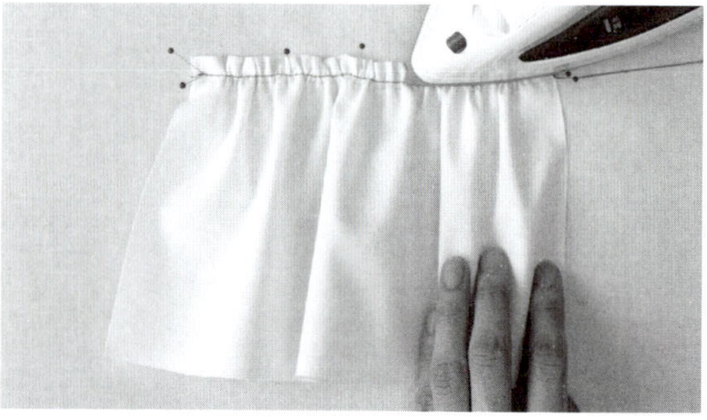

4 Die Nahtzugabe über den Falten mit dem Bügeleisen glätten.

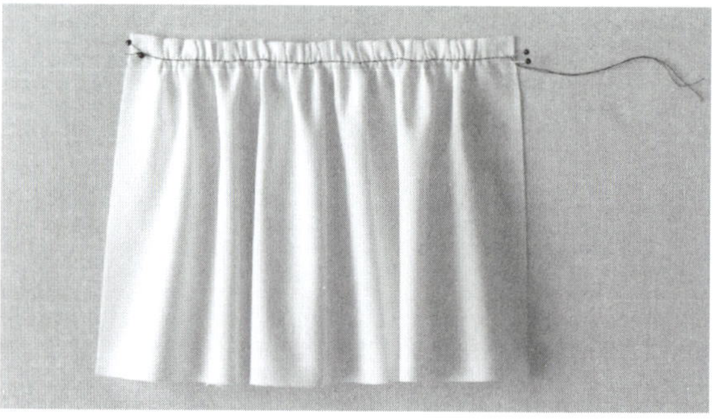

Mit dieser Methode verschieben sich die Falten beim Zusammennähen nicht.

## ❍ Gekräuselten und glatten Stoff zusammennähen

**Tipp:** Den gekräuselten Stoff zum Zusammennähen nach oben legen.

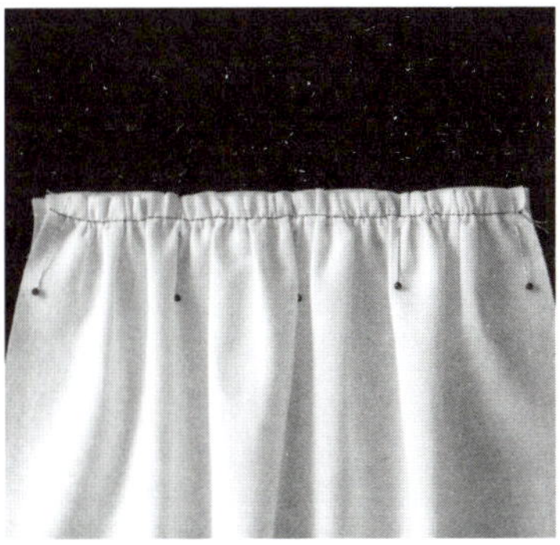

1 Beide Stoffe rechts auf rechts aufeinanderlegen, aufeinander ausrichten und mit Stecknadeln feststecken.

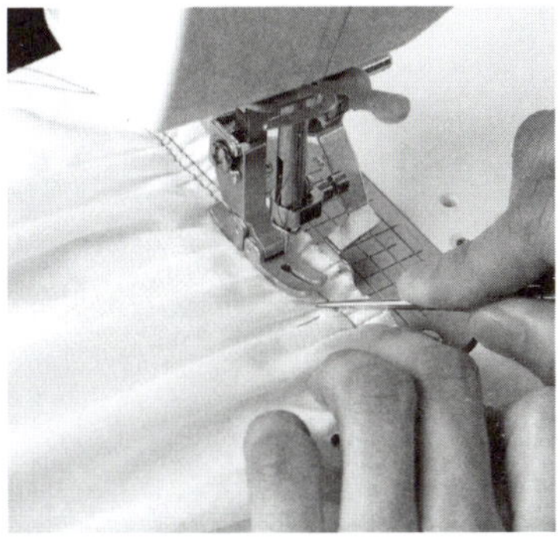

2 Mit der Maschine zusammennähen.

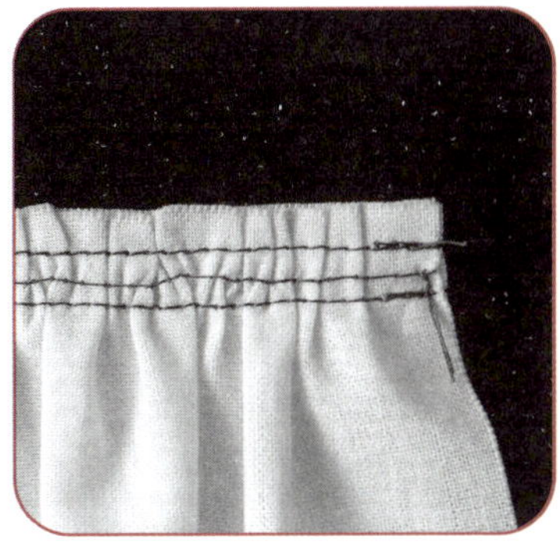

Mit einer zusätzlichen Naht auf der Nahtzugabe bleibt die Raffung noch stabiler.

3 Die Nahtzugabe wie beim Glätten der Naht mit dem Bügeleisen flach bügeln.

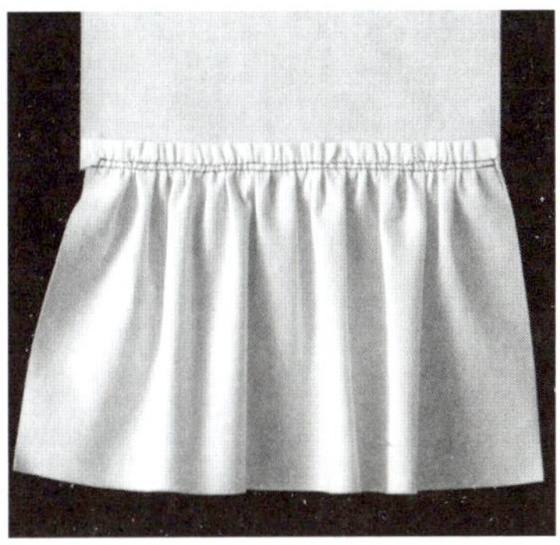

4 Die Nahtzugaben auf die Seite ohne Raffung bügeln. Die fertige Naht sieht auf der linken Seite nun aus wie auf dem Bild.

Fertige Naht, rechte Seite.

## ❍ Gekräuselten Stoff an Ecken und Rundungen nähen

Beim Verzieren von Ecken und Rundungen mit gerafften Rüschen o. Ä. darauf achten, dass die Außenkante des gerafften Stoffteils ausreichend lang ist. Ändert man die Raffbreite, verändert sich auch die Länge der Außenkante.

○

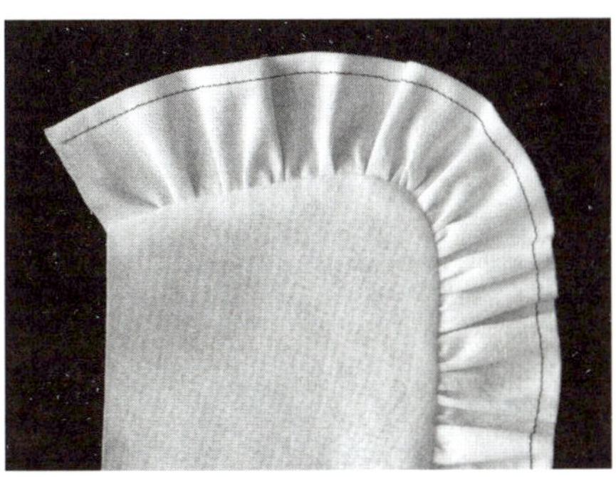

Damit die Außenkante der Kante oder Rundung nicht zu kurz wird, das geraffte Stoffteil breiter wählen als das gerade Teil.

×

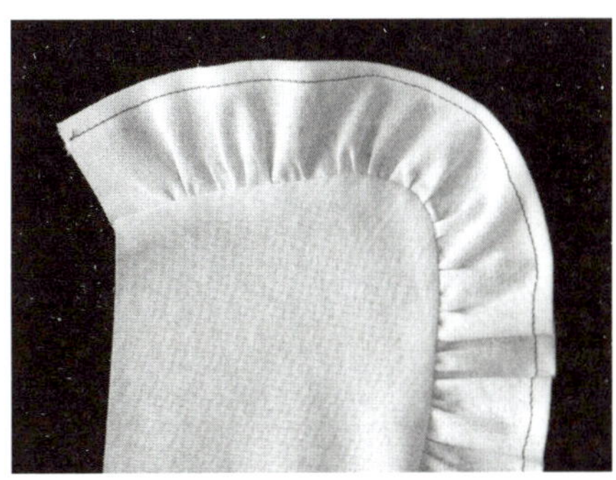

Hier ist die Außenkante des Rüschenteils zu kurz.

# Reißverschlüsse annähen

In diesem Abschnitt wird die Einarbeitung von Öffnungen mit Reißverschluss beschrieben. Die Art des Reißverschlusses richtet sich dabei nach dem Verwendungszweck. Da manche Reißverschlussbänder nicht hitzebeständig sind, sollte das Bügeln mit hoher Temperatur vermieden werden.

## Nahtverdeckt

Bei dieser Methode ist die Reißverschlussnaht auf der rechten Seite unsichtbar. Verdeckte Reißverschlüsse lassen sich nur ca. 2–3 cm vor dem Ende des Reißverschlusses befestigen und müssen daher 2–3 cm länger sein als der Schlitz.

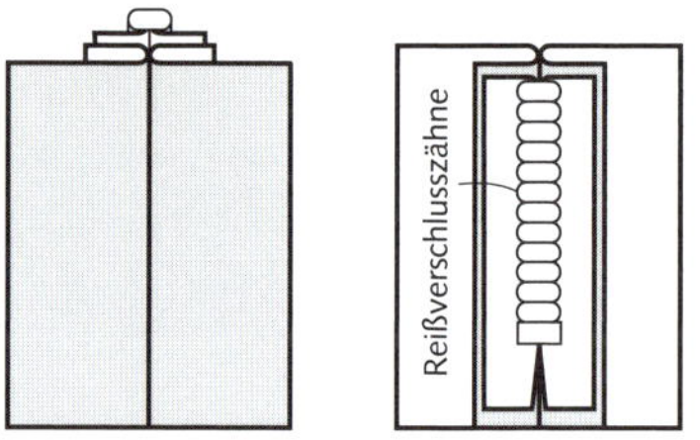


**Tipp:** Nähfuß für verdeckte Reißverschlüsse benutzen.

Sie können auch den verstellbaren Reißverschlussfuß aus dem Zubehör der Nähmaschine verwenden. Einfacher geht es jedoch mit dem speziellen Nähfuß.

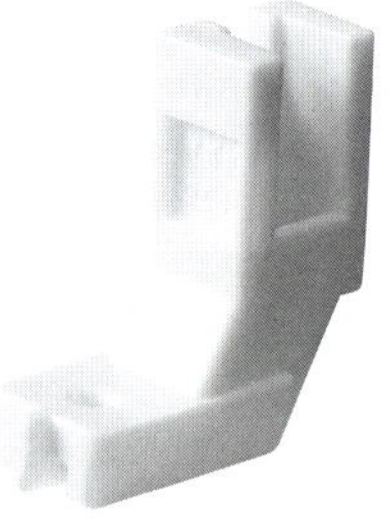

**◆ Nähfuß für verdeckte Reißverschlüsse**

Spezieller Nähfuß mit einem Vorsprung, der die Reißverschlusszähne beim Nähen nach oben klappt.

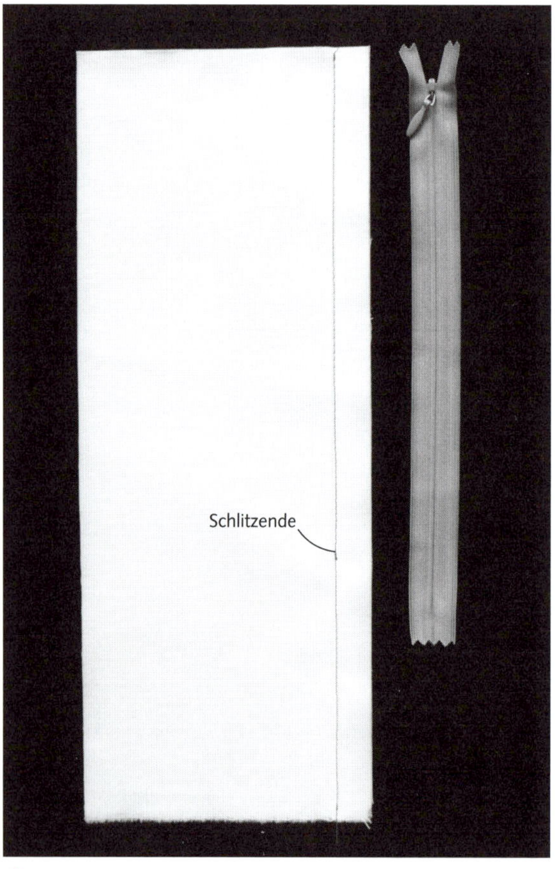


1 Die Stoffteile bis zum Schlitzende im Grobstich und vom Schlitzende bis zur unteren Kante mit normalem Stich zusammennähen. Anfang und Ende der Seitennaht unter der späteren Reißverschlussöffnung mit Rückstichen sichern.

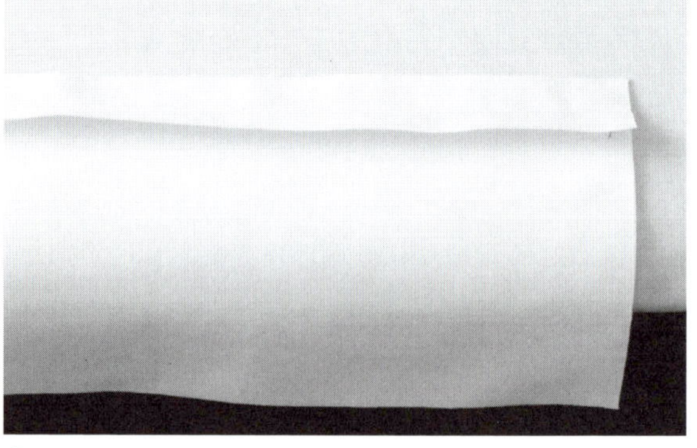

2 Die Nahtzugaben auseinanderbügeln.

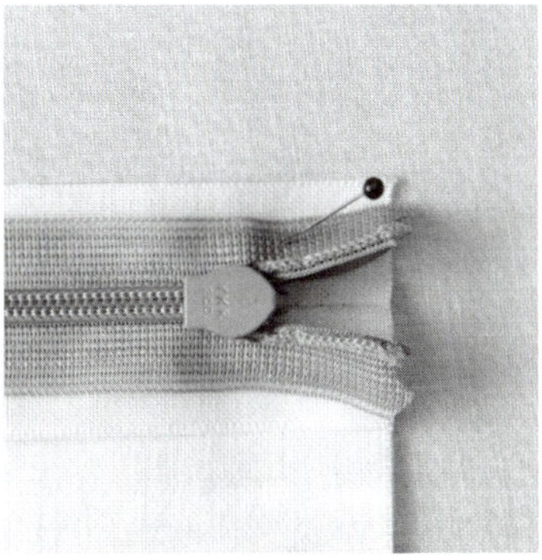

3 Die Reißverschlussmitte auf die Grobstichnaht ausrichten.

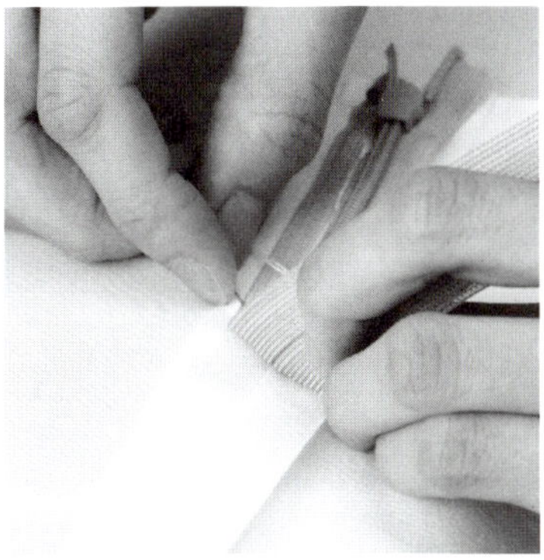

Ein Reißverschlussband mit Heftstichen an einer Nahtzugabe befestigen, dabei kontinuierlich die richtige Position der Mittellinie überprüfen.

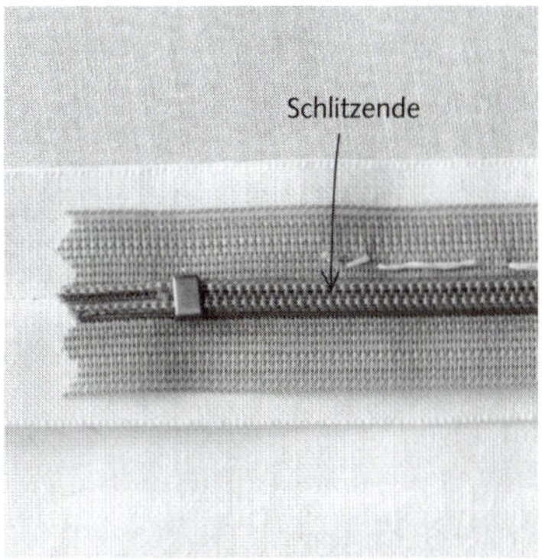


Beim Heften von der Mittellinie des Reißverschlusses ausgehen.

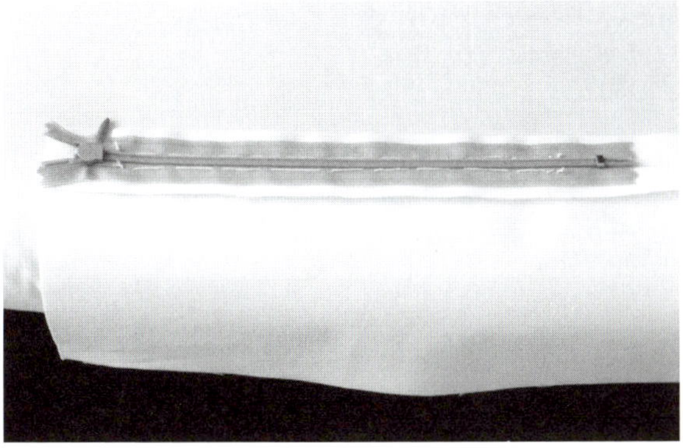

4 Auf der anderen Reißverschlussseite ebenso vorgehen.

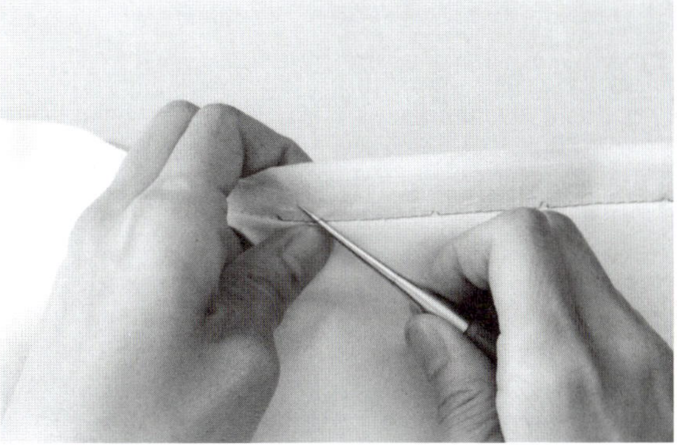

5 Die Grobstichnaht über dem Reißverschluss öffnen.

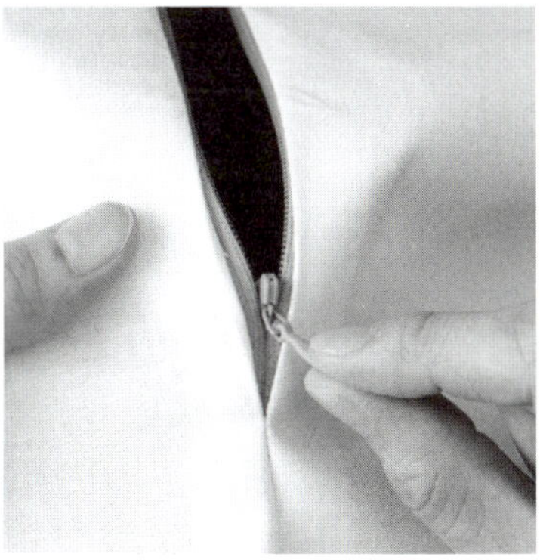

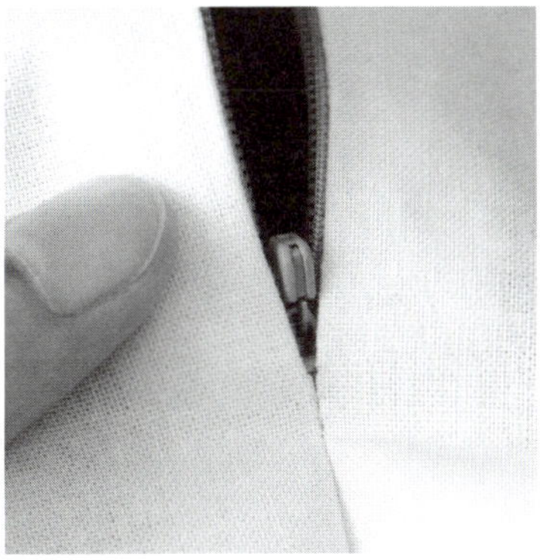

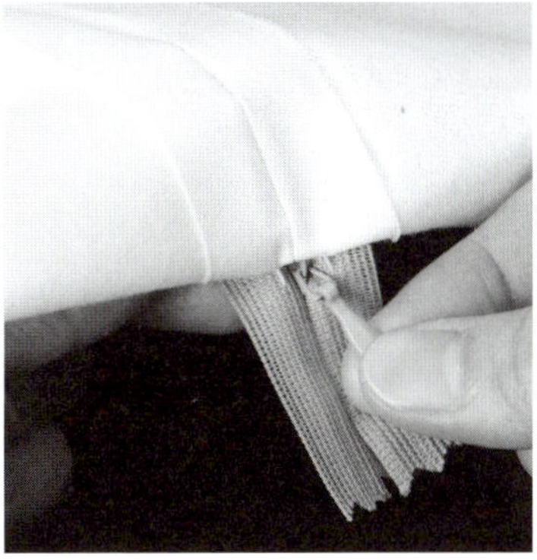

6 Den Schieber am Schlitzende auf die linke Stoffseite durchschieben und den Reißverschluss ganz aufziehen.

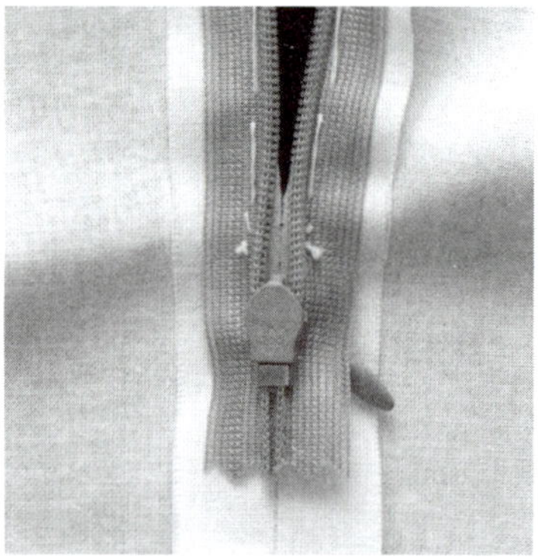

7 Vollständig aufgezogener Reißverschluss.

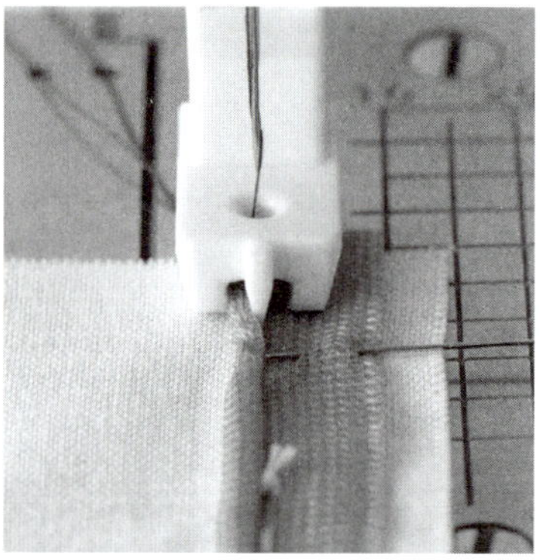

8 Die Reißverschlusszähne an den Vorsprung des Nähfußes legen und den Reißverschluss festnähen.

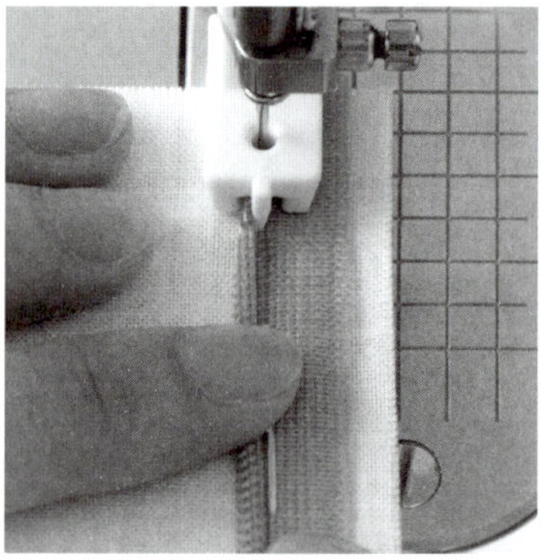

9 Klappt man die Zähnchen zusätzlich mit den Fingern um, kann man noch enger an ihnen entlangnähen.

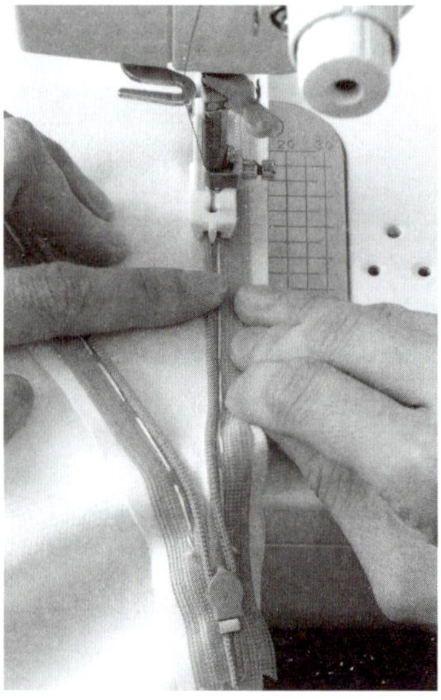

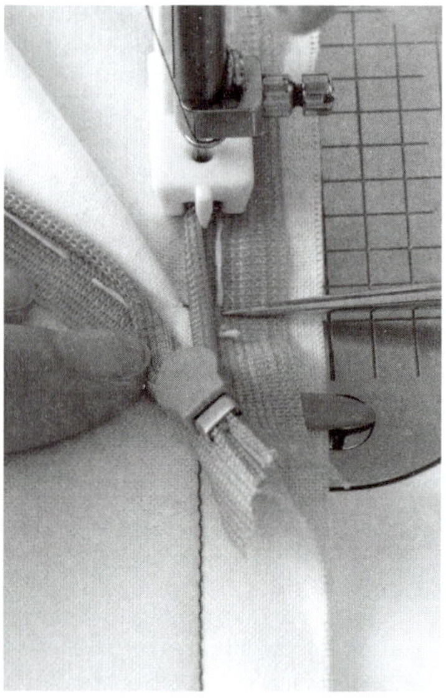

Wenn die Zähnchen sich kurz vor dem Schlitzende nur noch schwer hochklappen lassen, erleichtert das Herunterdrücken des Reißverschlussbands mit der Spitze eines Pfriems an dieser Stelle das Nähen.

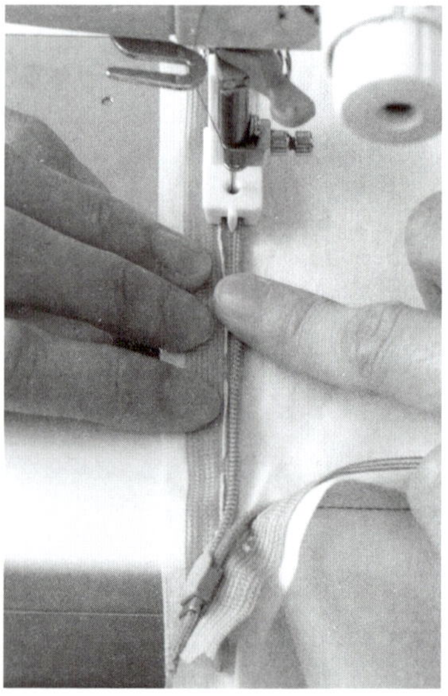

10 Auf der anderen Reißverschlussseite ebenso vorgehen.

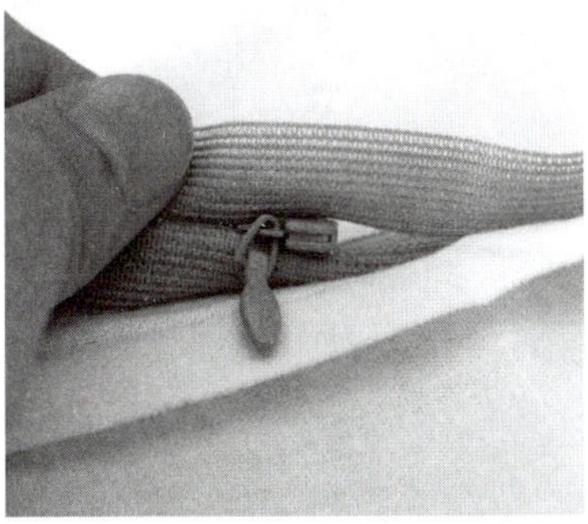

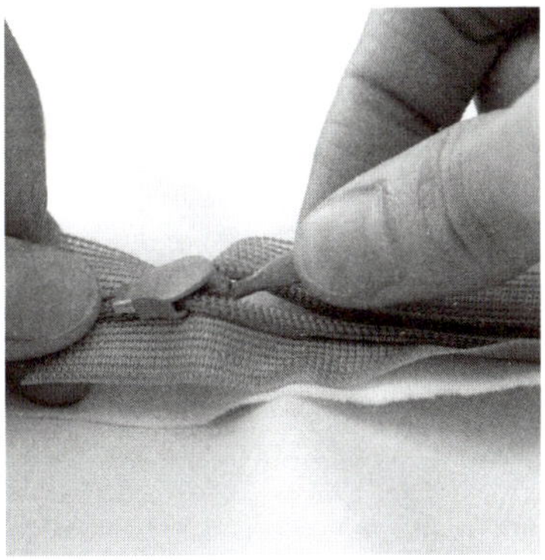

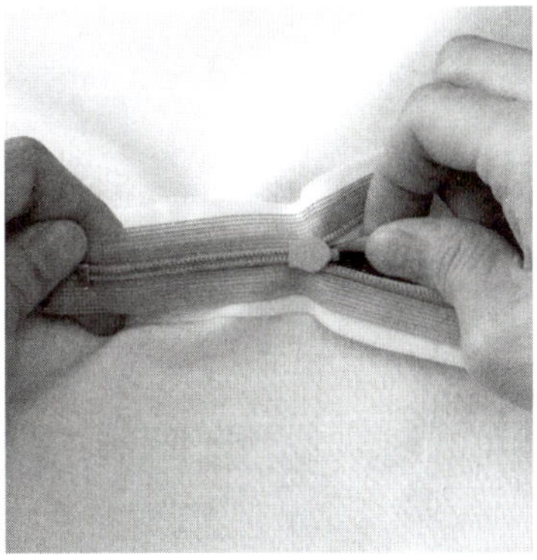

**11** Den Schieber wieder auf die rechte Seite durchschieben.

**12** Das Endteil des Reißverschlusses bis zum Schlitzende hochschieben und mit einer Zange so fixieren, dass es sich nicht mehr verschieben kann.

**13** Nahtverdeckter Reißverschluss, rechte Seite.

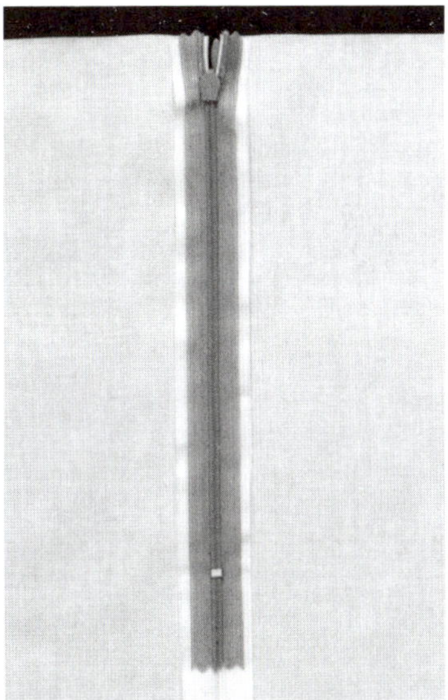

Nahtverdeckter Reißverschluss, linke Seite.

# Sichtbar

Bei dieser Variante sind die Reißverschlusszähne zu sehen.

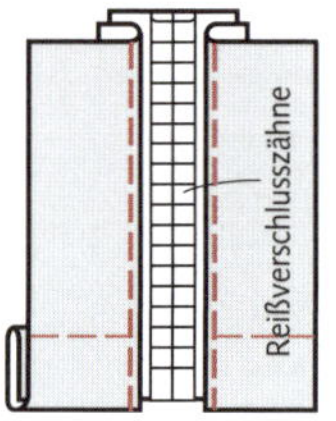


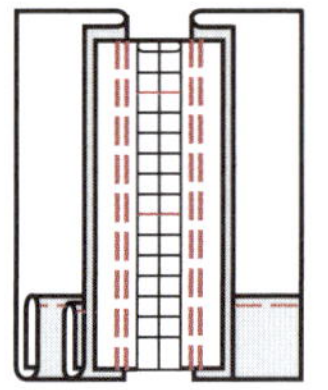

**Tipp:** Breite von Reißverschlussband und Nahtzugaben am Oberstoff aufeinander abstimmen.

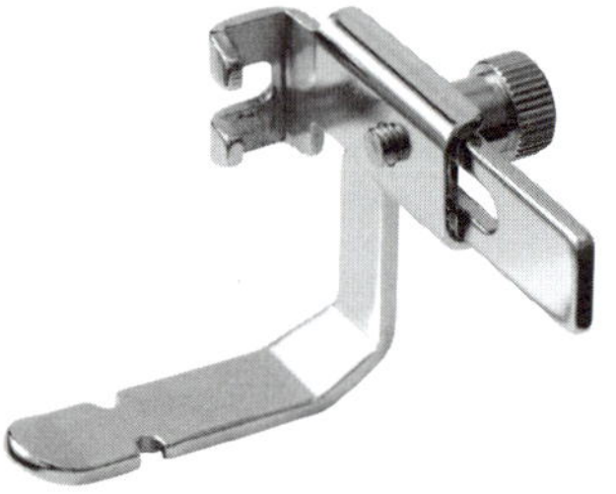

### ◆ Verstellbarer Reißverschlussfuß

Drückt den Stoff nur auf einer Seite der Nadel hinunter. Da sich der Fuß nach rechts und links verschieben lässt, kann auf beiden Seiten in derselben Richtung genäht werden.

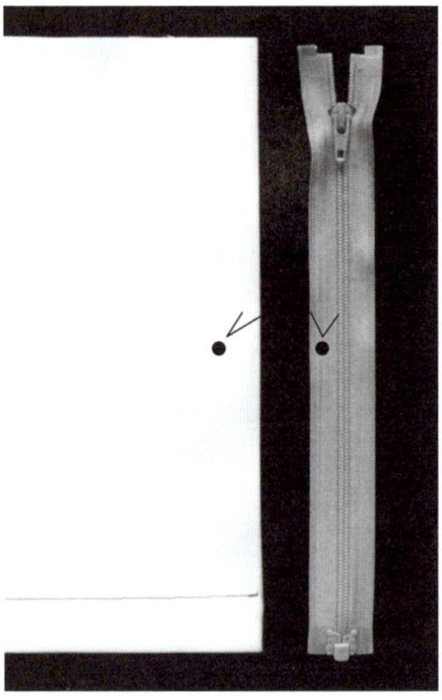

1 Reißverschlussband und Nahtzugabe am Oberstoff (●) aufeinander ausrichten. Den unteren Saum des Oberstoffs versäubern.

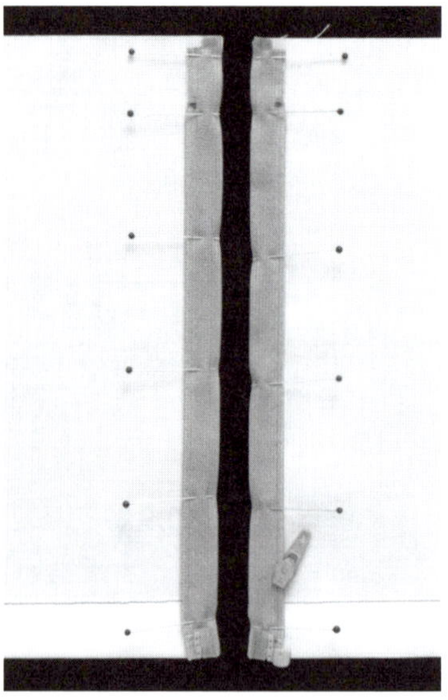

2 Oberstoff und Reißverschlussband rechts auf rechts und Stoß an Stoß aufeinanderlegen und mit Stecknadeln feststecken.

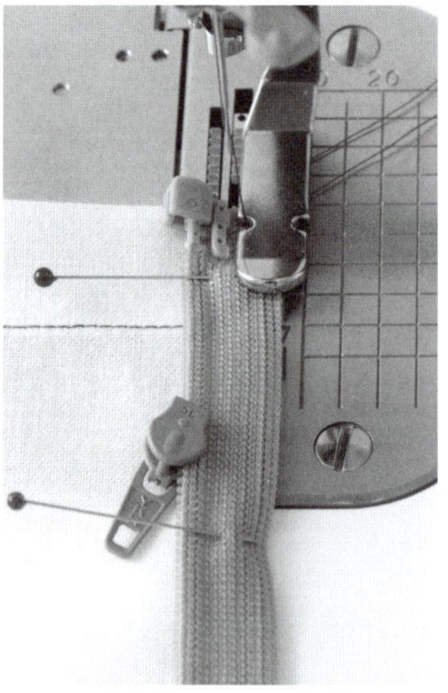

3 Den verstellbaren Reißverschlussfuß an der Nähmaschine befestigen und Reißverschluss und Stoff zusammennähen.

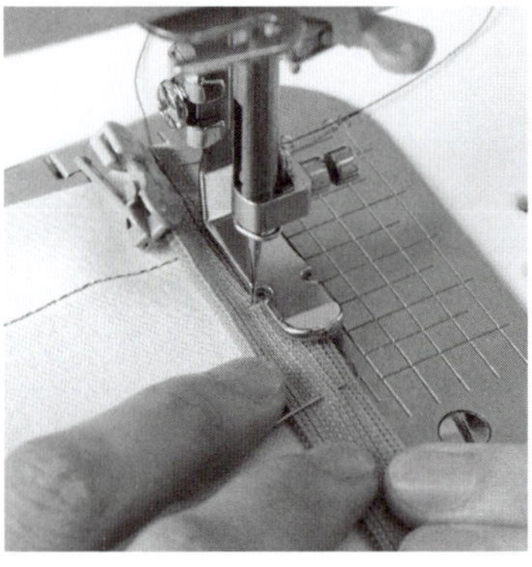

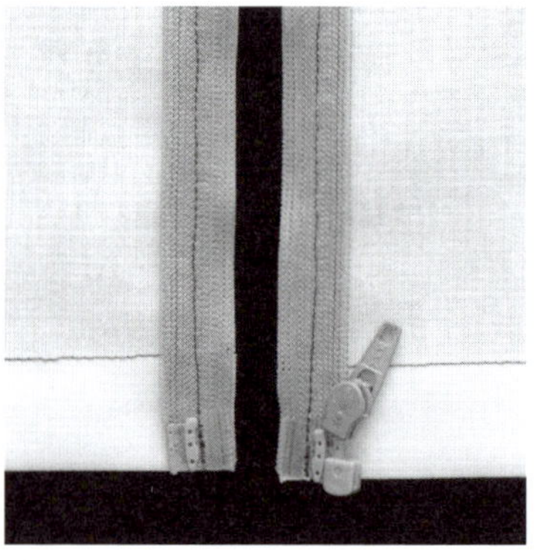

4 Das andere Reißverschlussteil ebenfalls annähen.

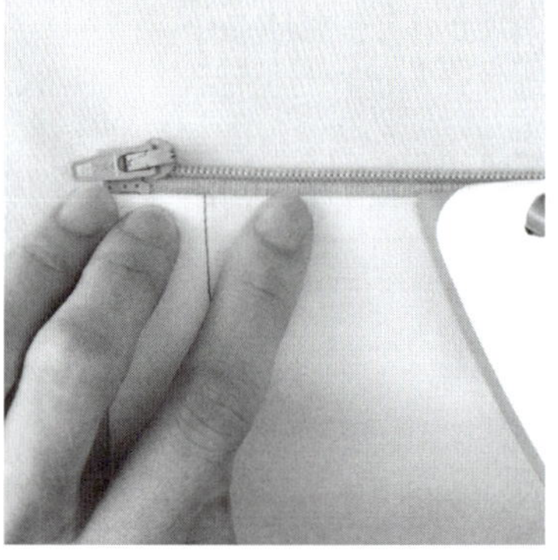

5 Die Nahtzugabe an der Nahtlinie umbügeln.

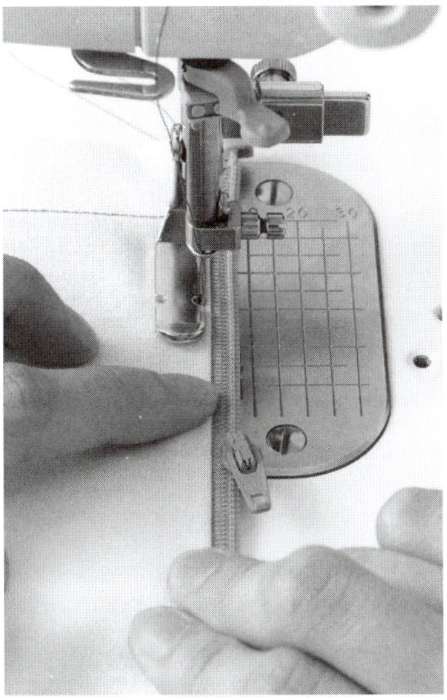

6 Auf der rechten Seite knappkantig absteppen.

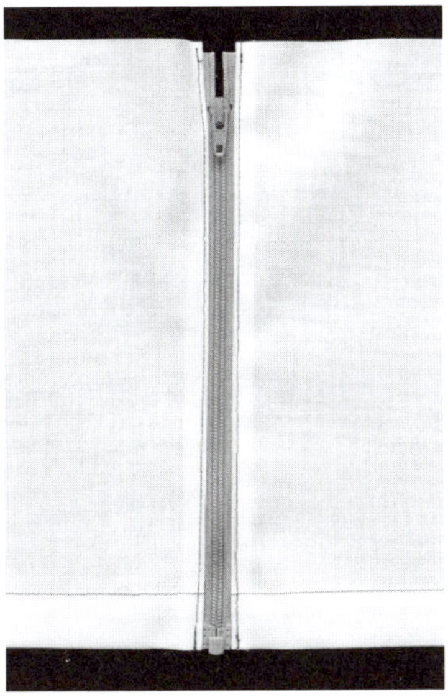

7 Eingenähter Reißverschluss, rechte Seite.

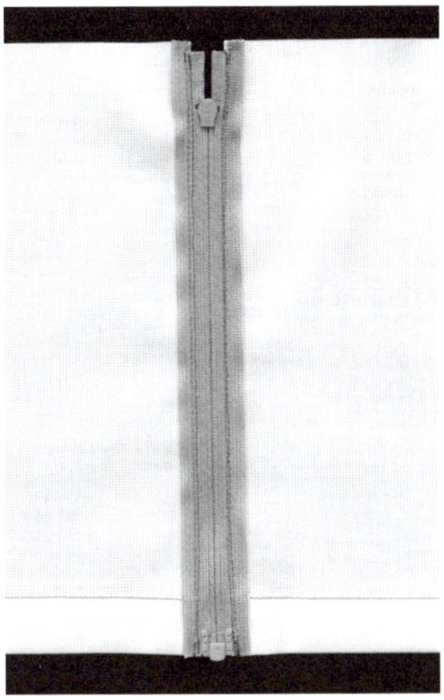

Eingenähter Reißverschluss, linke Seite.

## Verdeckt mit Naht

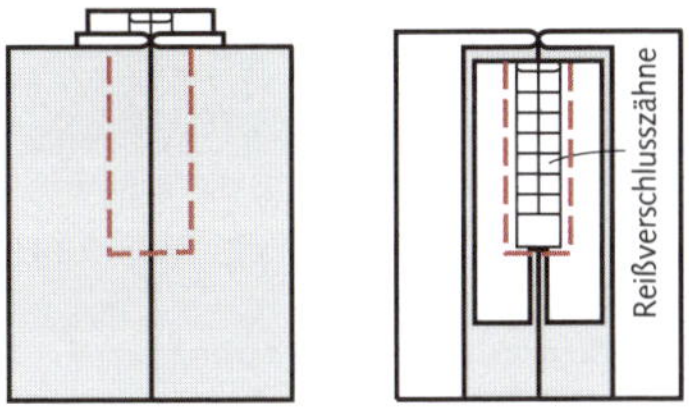


Bei dieser üblichen Methode sind die Reißverschlusszähne nicht zu sehen.

**Tipp:** Den Reißverschluss so anheften, dass Grobstichnaht und Mittellinie des Reißverschlusses sich nicht gegeneinander verschieben können.

Reißverschlüsse annähen

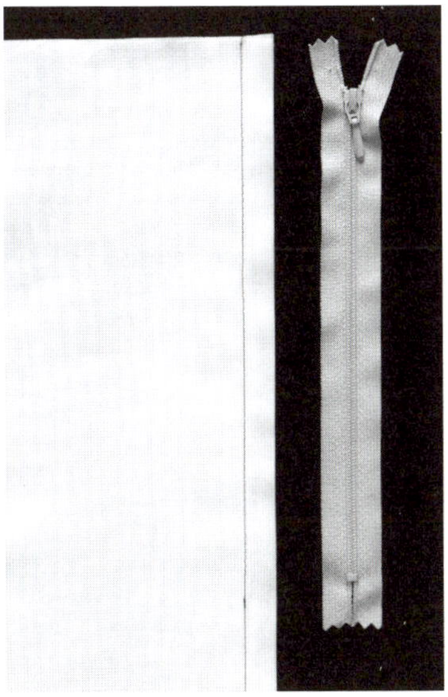

1 Die Stoffteile bis zum Schlitzende im Grobstich und vom Schlitzende bis zur unteren Kante mit normalen Stichen zusammennähen. An der Reißverschlussöffnung mit Rückstichen sichern.

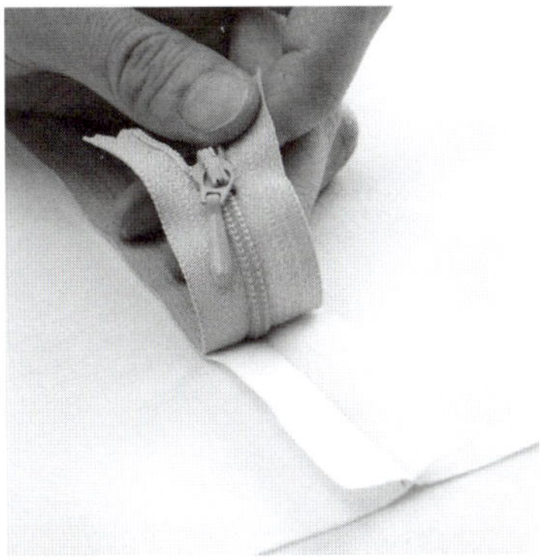

2 Die Nahtzugaben auseinanderbügeln, Mitte des Reißverschlusses auf die Grobstichnaht ausrichten.

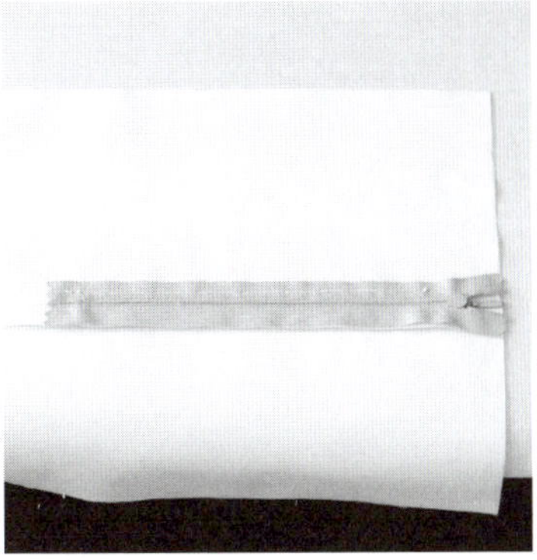

3 Beide Reißverschlussbänder durch alle Stofflagen hindurch anheften.

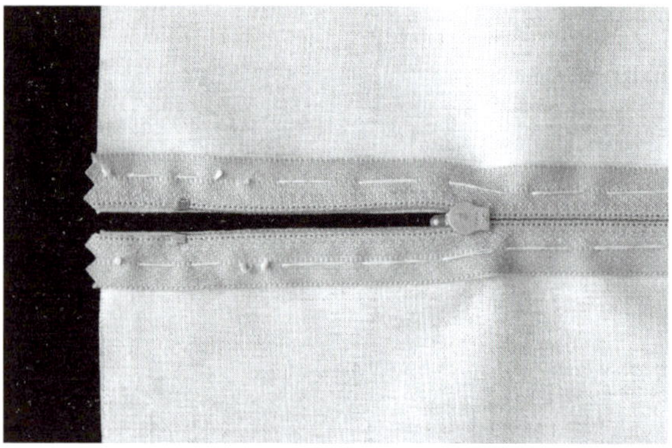

4 Die Grobstichnaht auftrennen.

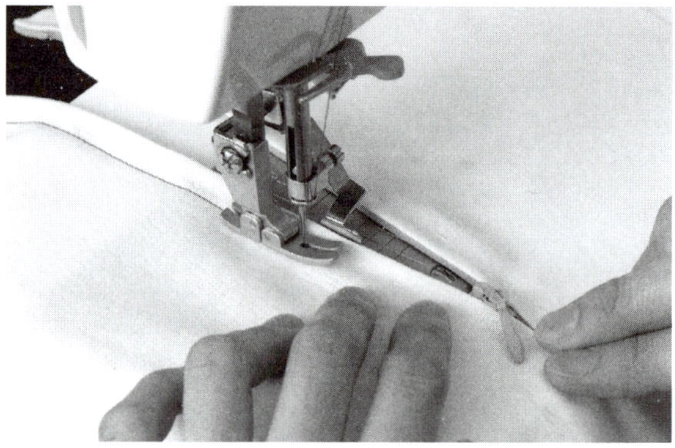

5 Den Reißverschluss öffnen und auf der rechten Seite festnähen.

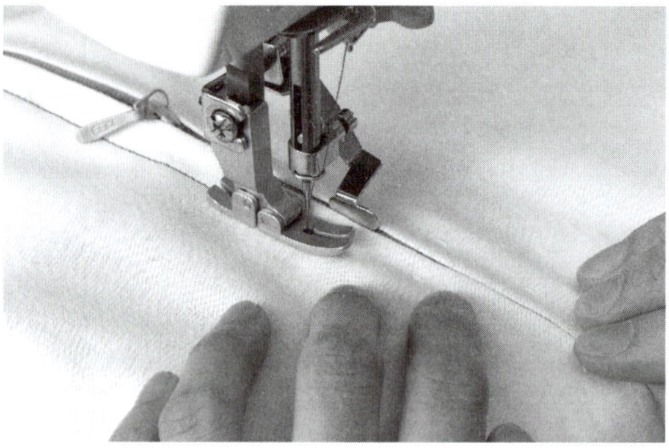

6 Wenn der Schieber beim Nähen stört, den Nähfuß anheben (Nadel dabei im Stoff lassen), den Reißverschluss schließen und weiternähen.

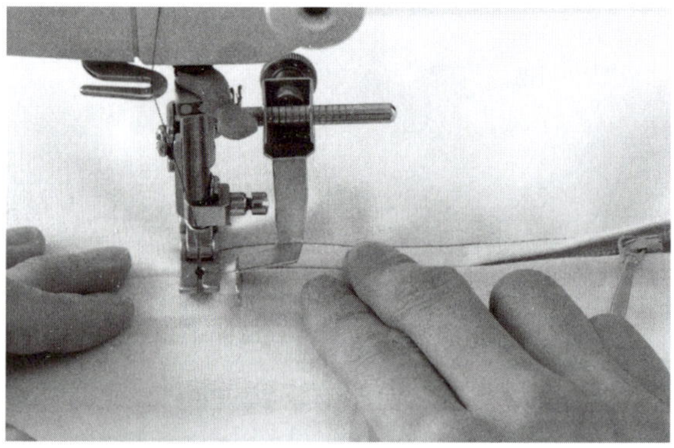

7 Am Schlitzende die Nährichtung ändern, die Naht mit einigen Rückstichen sichern und die andere Seite ebenso festnähen.

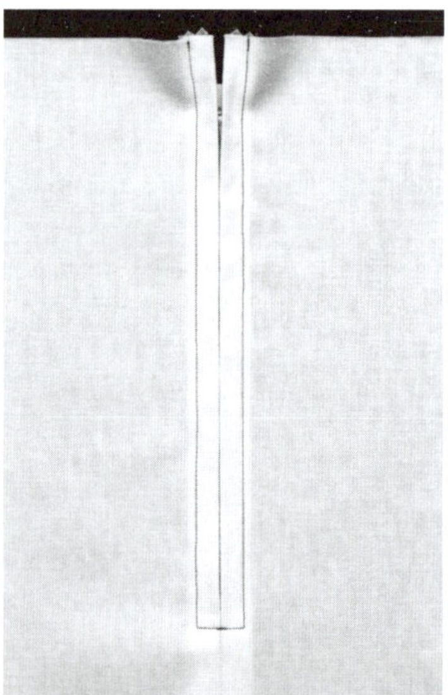

8 Eingenähter Reißverschluss, rechte Seite.

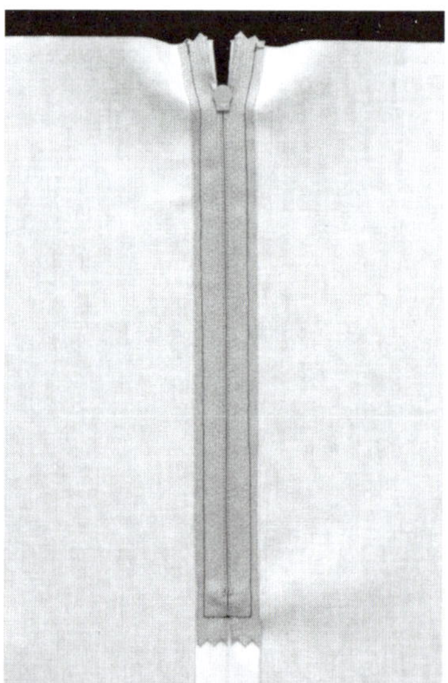

Eingenähter Reißverschluss, linke Seite.

# Bund

Oberer Abschluss an Rock oder Hose etc. mit Untertritt auf einer Seite.

**Tipp:** Beim Untertritt auf die Faserrichtung achten.

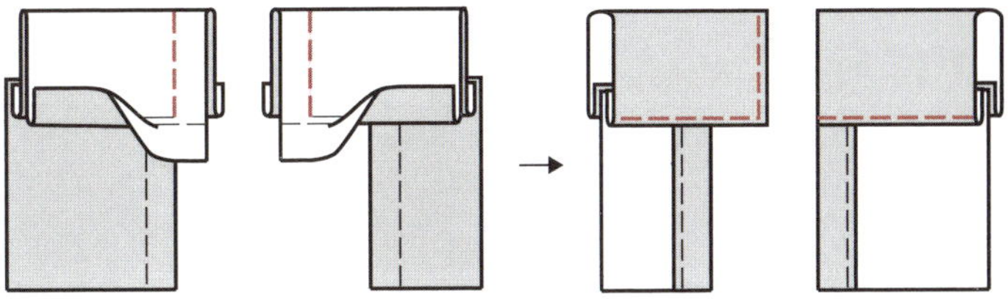

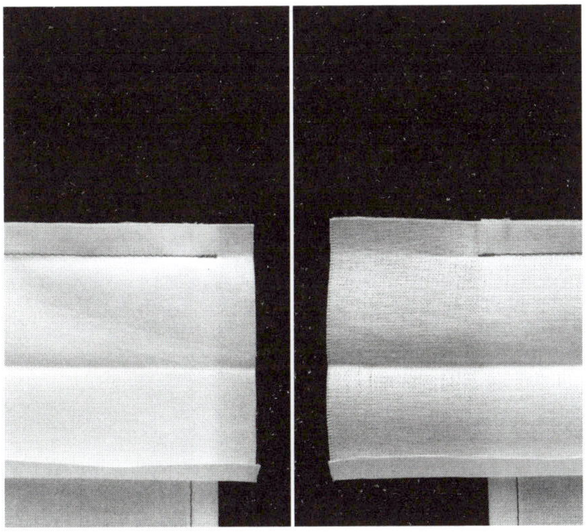

1 Den rückseitigen Bundrand 2 mm neben der Nahtlinie auf der Nahtzugabe umschlagen. Bund und Oberstoff zusammennähen. Nicht über den Überstand auf beiden Seiten nähen.

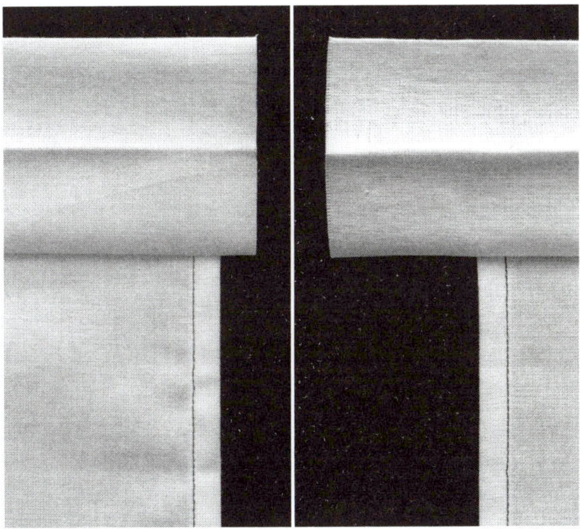

2 Den Bund auf der Nahtlinie nach oben umschlagen.

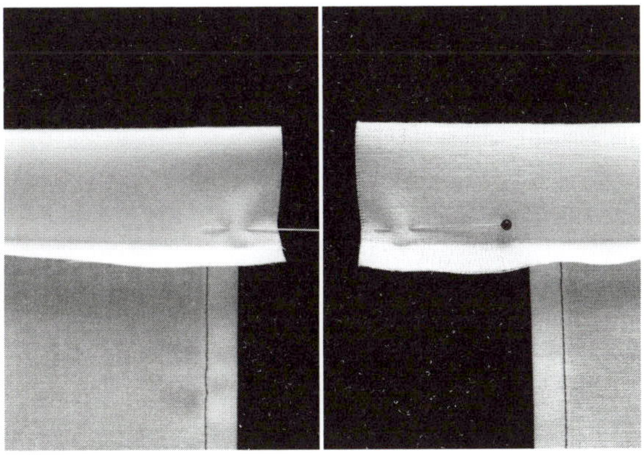

3 Den Bundstoff rechts auf rechts zusammenlegen.

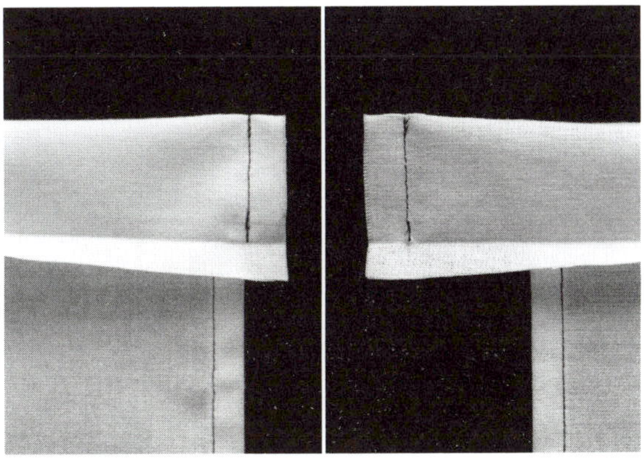

4 Die Seitenkanten des Bundes zusammennähen, dabei die Nahtzugabe auf der späteren linken Seite aussparen. Auf der späteren rechten Seite dagegen die Nahtzugabe umschlagen und mit festnähen.

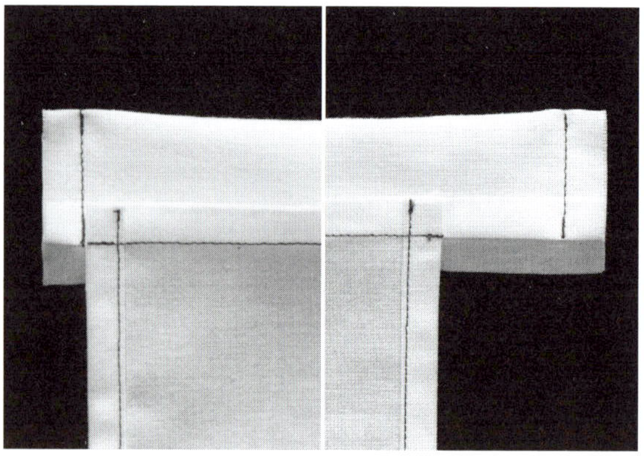

Ansicht von links.

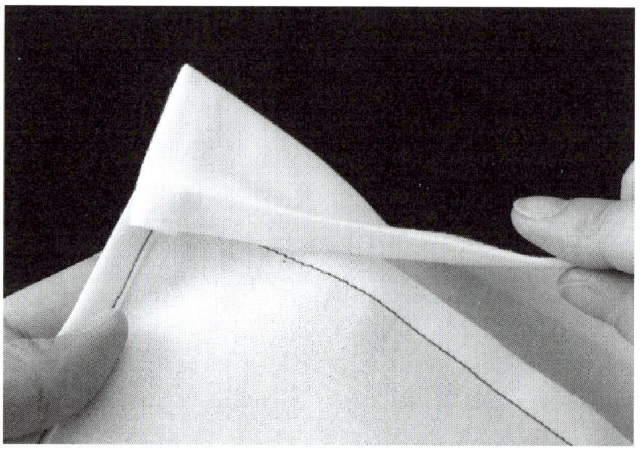

5 Nach der Anleitung „Ecke verstürzen" auf Seite 44 die Ecke wenden und die Nahtzugabe auf der linken Seite umschlagen.

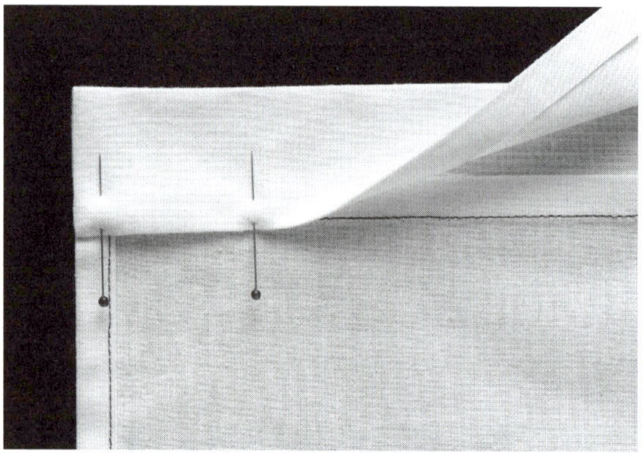

6 Den Bund auf der linken Seite so feststecken, dass der Stoffbruch 2 mm unter der Ansatznaht liegt.

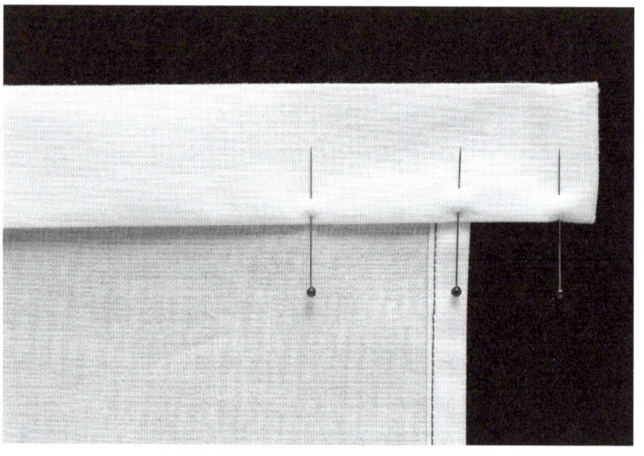

7 Im Untertritt die Stoffbrüche aufeinander ausrichten und mit Stecknadeln feststecken.

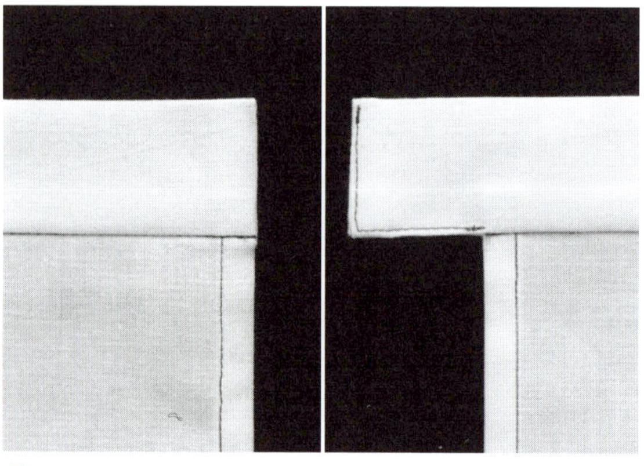

8 Die linke Bundseite von rechts mit einer unsichtbaren Saumnaht befestigen. Die offenen Kanten des Untertritts absteppen.

Fertiger Bund, linke Seite.

## Praktisch zum Heften: Schmelzklebefaden

Vor dem Zusammennähen mit dem Oberstoff auf der Nahtzugabe der linken Bundseite eine Grobstichnaht setzen, sodass der Schmelzklebefaden auf der rechten Seite des Bundstoffs erscheint. Nun kann der Bund in Schritt 6 und 7 auf Seite 122 anstatt der Stecknadeln mit dem Bügeleisen am Oberstoff fixiert werden.

### ◆ Schmelzklebefaden

Garn, das durch Hitze schmilzt. Wird auf die Unterspule gewickelt und als Unterfaden eingesetzt.

## ❍ Befestigung mithilfe der Webkante

Soll der Bund besonders flach und sauber befestigt werden, schlägt man die Webkante des Stoffes nicht ein.

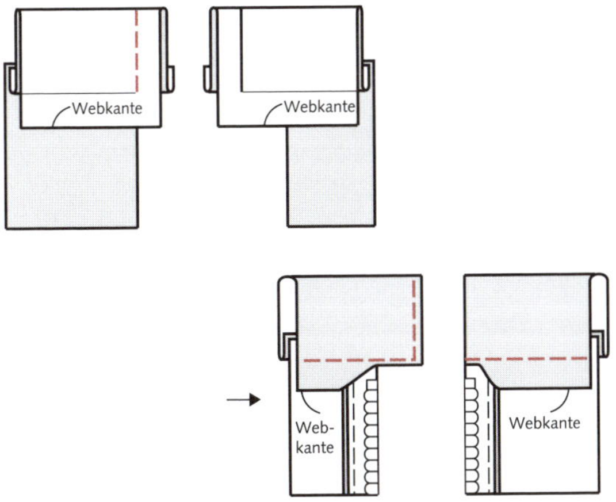


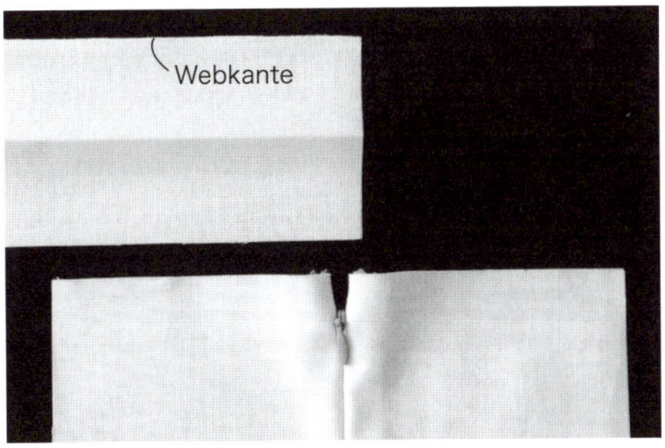


1 Die Webkante liegt auf der linken Bundseite.

2 Die Nahtzugaben am Reißverschluss umschlagen und mit unsichtbarem Saumstich befestigen. Die Nahtzugaben am Untertritt ebenfalls umschlagen und absteppen. Der angenähte Bund sieht auf der rechten Seite nun aus wie auf dem Bild.

Angenähter Bund, linke Seite.

Bund

# Tunnelbund

Je nachdem, wo der Gürtel durchgeführt werden soll, wird eine stabile Tunnelöffnung auf unterschiedliche Weise hergestellt.

## Umgeschlagen aus der Stoffkante

### ○ An der Naht, Nahtzugaben auseinandergebügelt

**Tipp:** Die Tunnelöffnung rundherum absteppen.

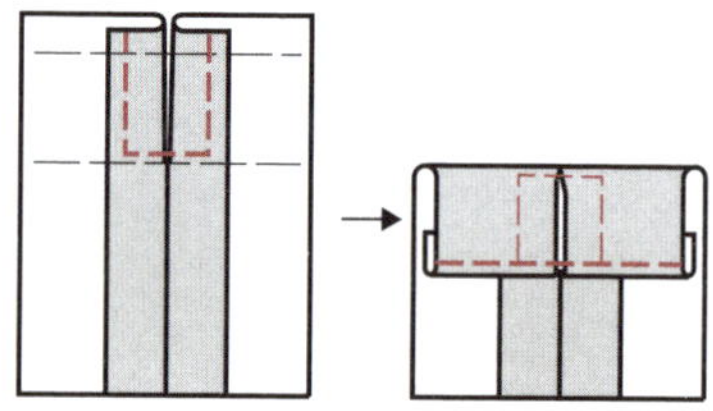

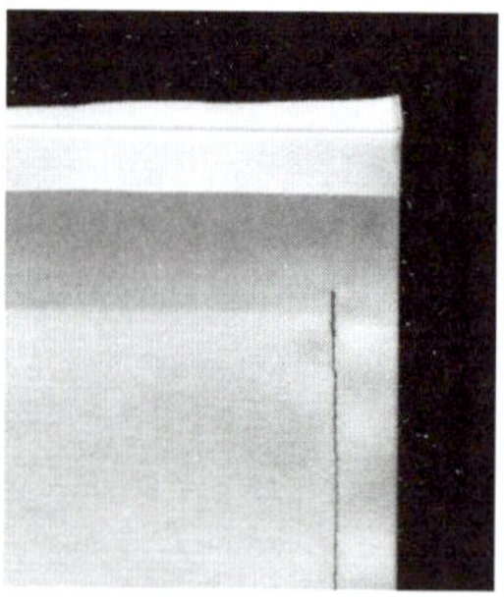

**1** Den Saum doppelt einschlagen und bügeln (siehe S. 89), die Seitennaht bis zur Öffnung des Tunnelbunds schließen.

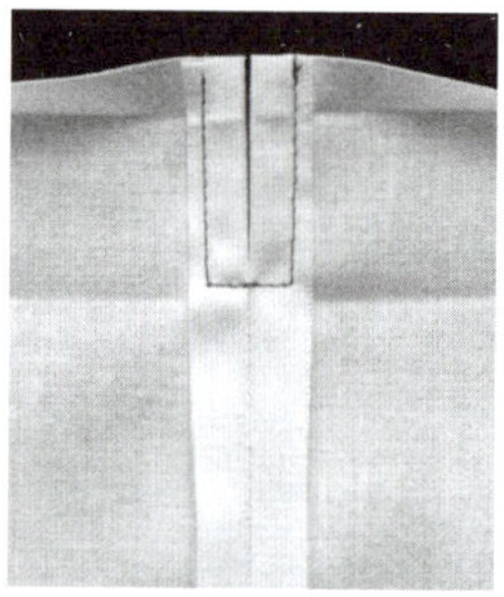

**2** Die Nahtzugaben auseinanderbügeln und die Tunnelöffnung absteppen.

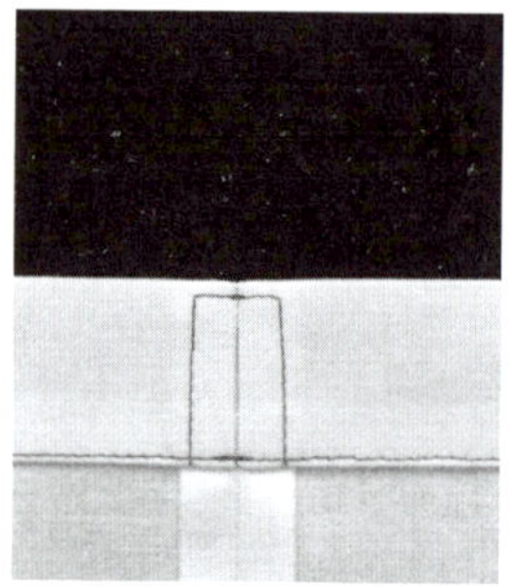

**3** Den Saum erneut doppelt einschlagen und den Stoffbruch auf der linken Seite knappkantig feststeppen.

Fertiger Tunnelbund, rechte Seite.

### ○ An der Naht, Nahtzugaben in eine Richtung gebügelt

**Tipp:** Den Einschnitt in die Nahtzugabe unter der Nahtlinie verstecken.

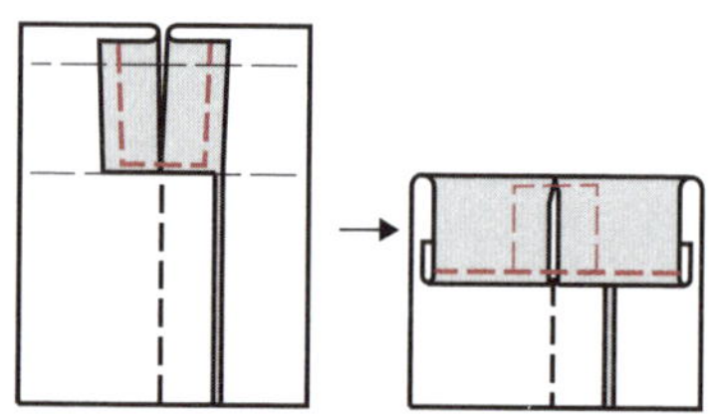

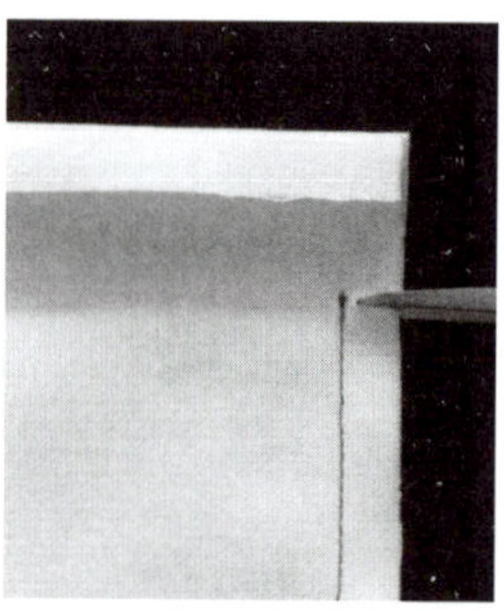

**1** Die Naht schließen wie oben in Schritt 1. Eine Nahtzugabe an der Nahtlinie einschneiden.

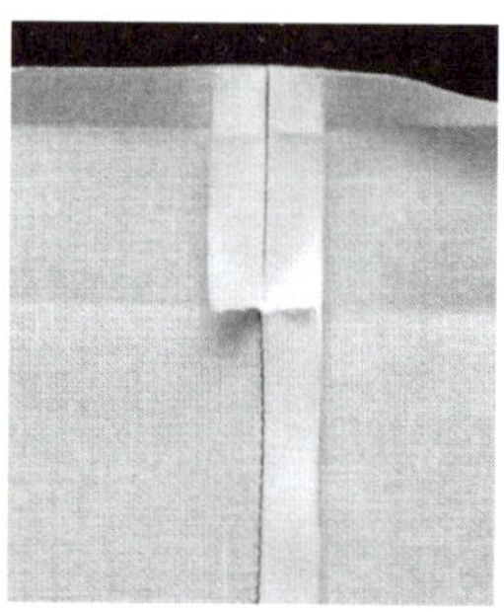

**2** Die Nahtzugaben umbügeln. An der Tunnelöffnung die Nahtzugaben auseinanderbügeln und rundherum absteppen.

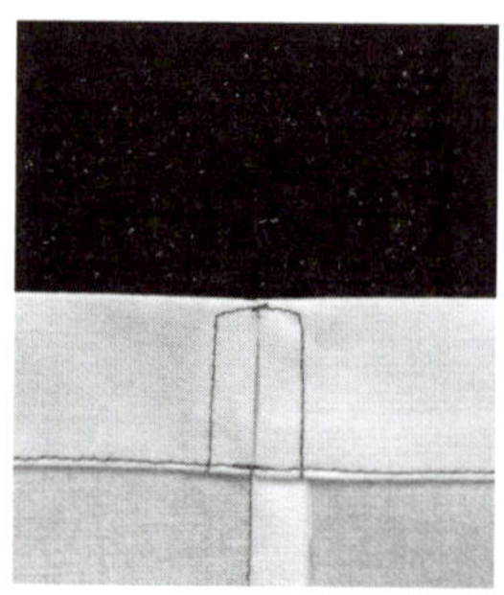

**3** Den Saum erneut doppelt einschlagen und den Stoffbruch auf der linken seite knappkantig feststeppen.

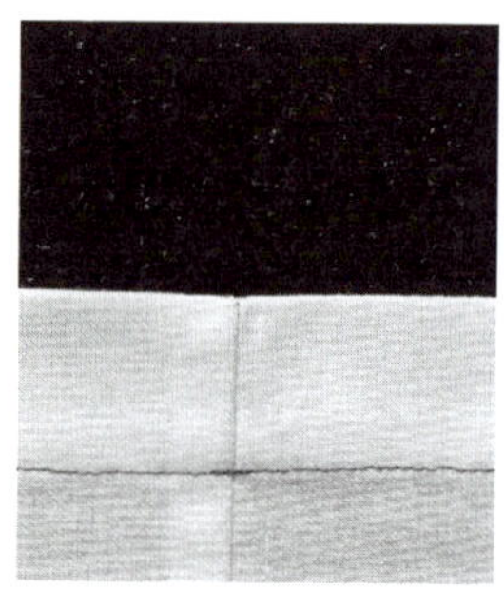

Fertiger Tunnelbund, rechte Seite.

## ❍ Knopflöcher einfügen

**Tipp:** Knopflöcher auf der linken Seite mit einer Bügeleinlage verstärken.

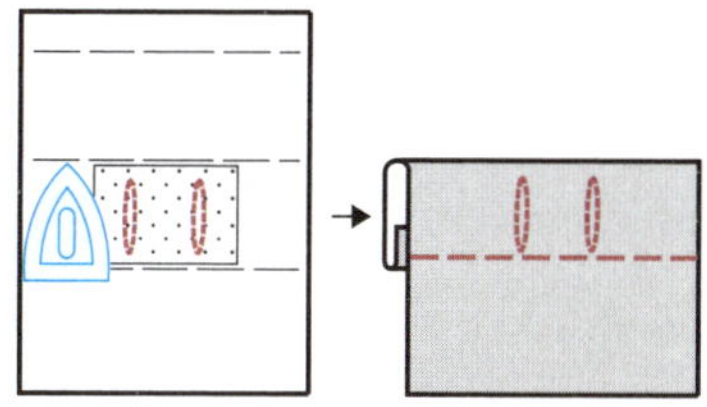

1 An der Stelle, an der später die Knopflöcher sitzen sollen, ein Stück Bügeleinlage aufbügeln.

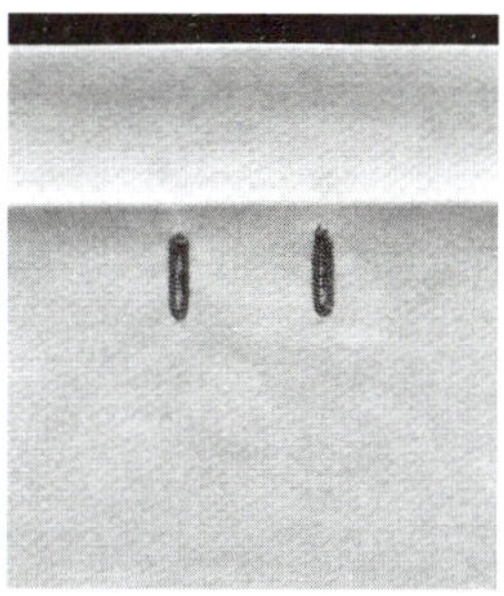

2 Knopflöcher einfügen.

3 Den Bund doppelt einschlagen und auf der linken Seite knappkantig feststeppen.

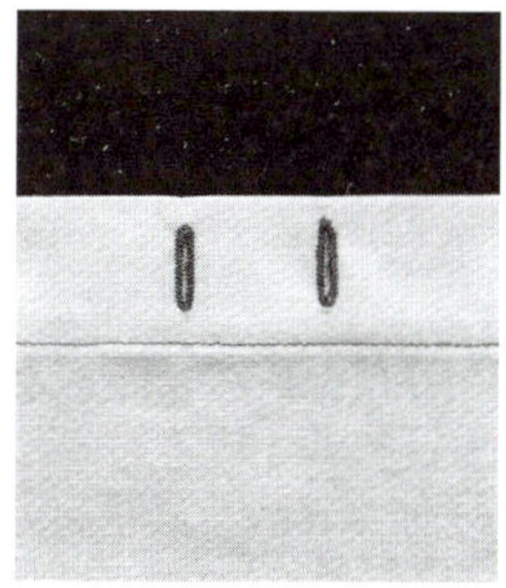

Fertiger Tunnelbund, rechte Seite.

# Auf die Außenseite genäht

Bei dieser Methode wird ein Stofftunnel aufgenäht, durch den der Gürtel gezogen wird.

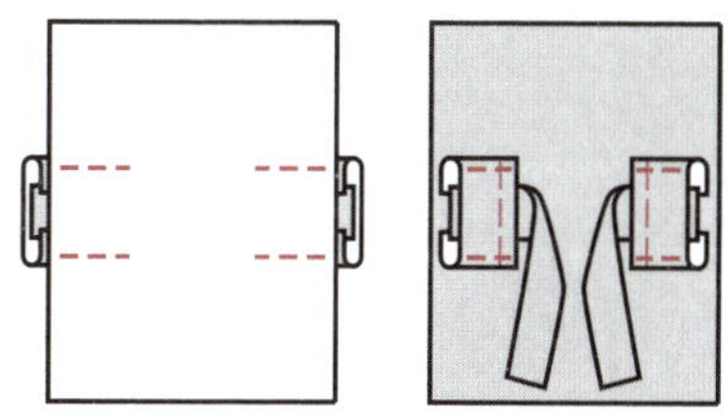

**Tipp:** Der Stofftunnel kann auch aus beidseitig eingeschlagenem Schrägband oder nicht eingeschlagenem Geradband bestehen.

1 Die schmalen Seiten des Tunnels als Öffnung umschlagen und absteppen. An den langen Kanten einschlagen.

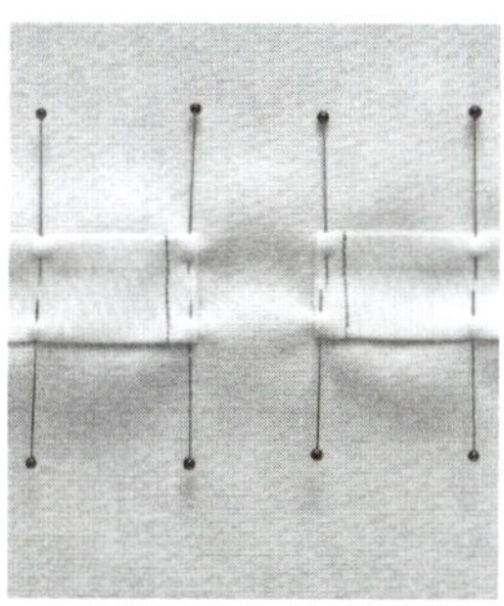

2 Den Tunnel auf der rechten Stoffseite platzieren und mit Stecknadeln feststecken.

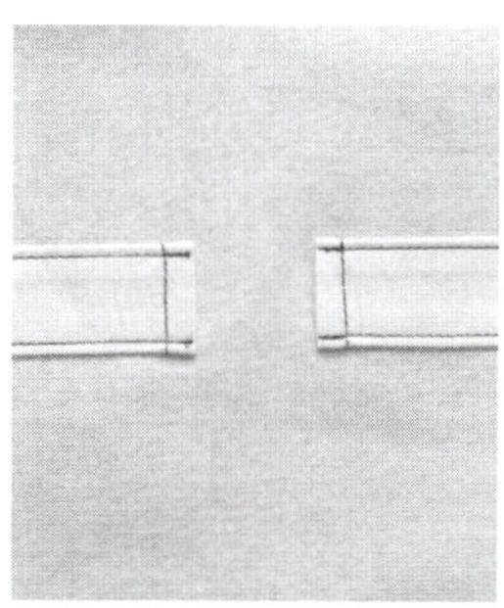

3 Den Tunnel an Ober- und Unterkante feststeppen, die Öffnungen dabei aussparen. Mit Rückstichen sichern.

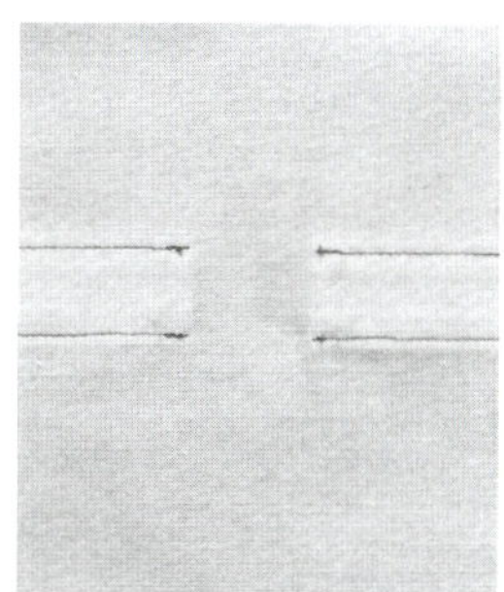

Fertiger Tunnelbund. linke Seite.

# Tunnelgürtel

Um das arbeitsintensive Verstürzen eines langen Gürtels zu vermeiden, wird er bei dieser Methode nur gefaltet.

## Schmaler Gürtel aus einem Stoffteil

**Tipp:** Damit die Ecken sauber aussehen, müssen die Stoffkanten in der richtigen Reihenfolge gefaltet werden.

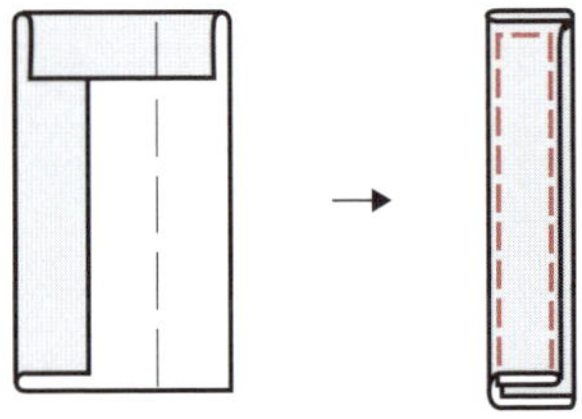

1 Stoff in der vierfachen Breite der späteren Gürtelbreite zuschneiden.

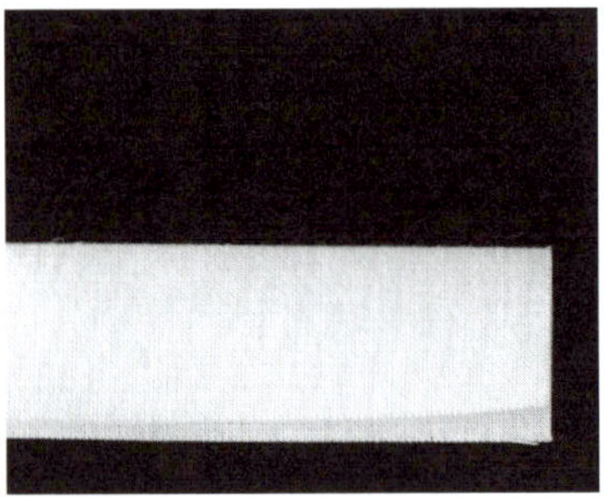

2 Den Stoff links auf links zur Hälfte falten.

3 Den Stoff wieder öffnen und erneut bis zum Stoffbruch einschlagen.

4 Vor dem Umschlagen der anderen Stoffkante die Kante der späteren Ecke 1 cm breit umschlagen.

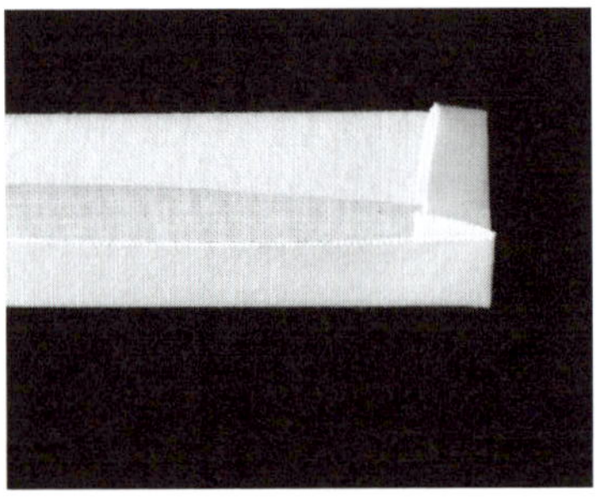

5 Die untere Stoffkante bis zum Stoffbruch einschlagen.

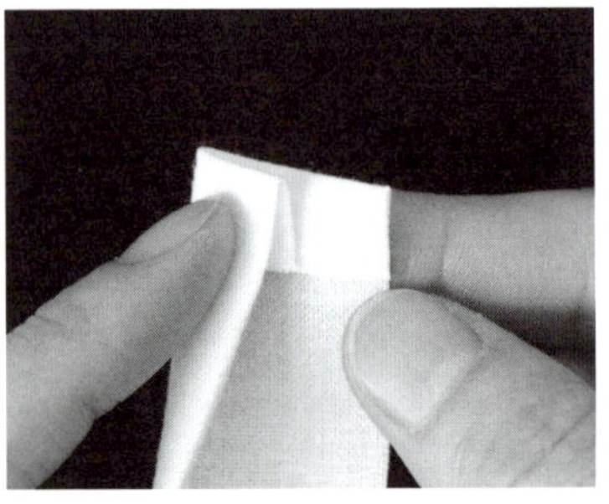

6 Die Seitenkante der zuletzt eingeschlagenen Nahtzugabe unter die Nahtzugabe der Ecke schieben.

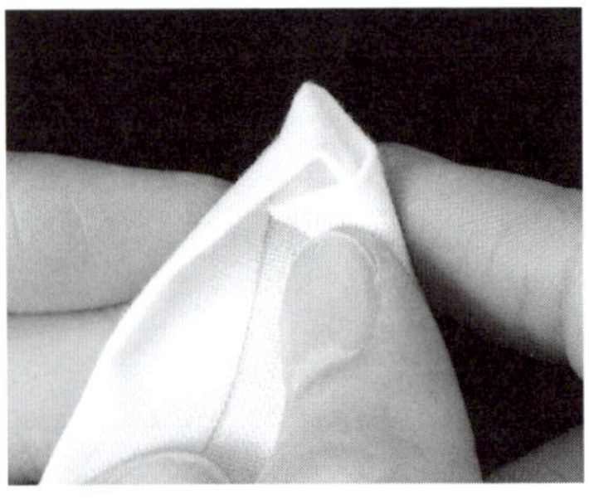

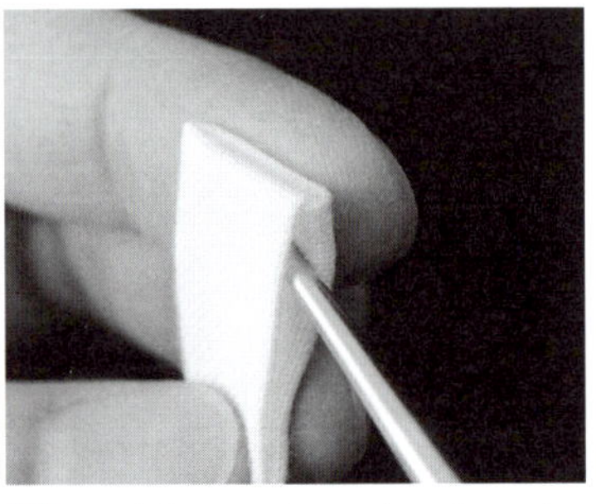

7 Mithilfe eines Pfriems die Nahtzugabe ganz nach hinten durchschieben.

8 Die Stoffbrüche präzise aufeinander ausrichten und den Gürtel absteppen.

# Breiter Gürtel aus zwei Stoffteilen

**Tipp:** Auf einer Seite zusammennähen, dann die Nahtzugaben auf den restlichen Seiten an der Nahtlinie umschlagen und feststeppen.

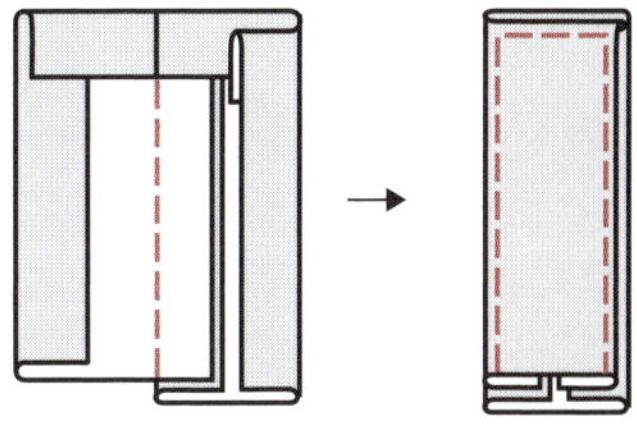

1 Die beiden Stoffteile rechts auf rechts aufeinanderlegen und auf einer Seite zusammennähen. Die Nahtzugaben an der Naht umbügeln.

2 An der Naht entlang Stoß an Stoß falten (siehe S. 42).

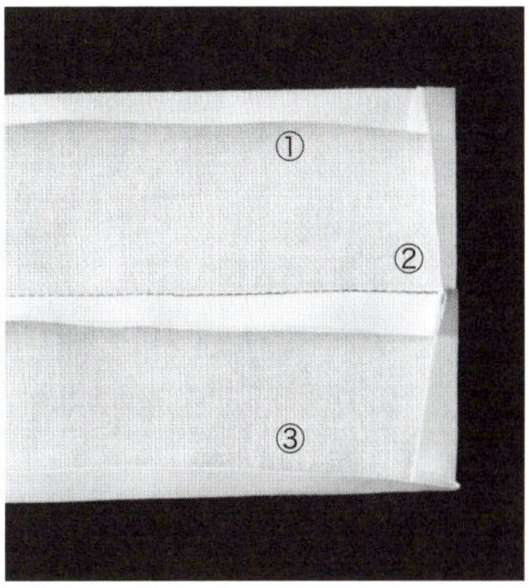


3 Den Stoff wieder öffnen und an den drei Außenkanten nach der Reihenfolge im Bild jeweils 1 cm Nahtzugabe umschlagen.

4 Erneut links auf links zusammenlegen und die Nahtzugaben in der Ecke ineinanderschieben (siehe S. 26).

5 Die Kanten absteppen (siehe S. 126).

Tunnelgürtel

# Register

Yoshiko Mizuno
Nähdesignerin
Yoshiko Mizuno, Jahrgang 1971, ist Absolventin des berühmten Bunka Fashion College, hat als Designerin in einem Modeunternehmen gearbeitet und sich später selbständig gemacht. Sie hat zahlreiche Fachbeiträge über Design, Herstellung, Nähtechniken, Schnittmusteranfertigung veröffentlicht und steht bei Nähfans in hohem Ansehen. Sie beschäftigt sich außerdem sehr aktiv mit einer breiten Palette anderer Teilbereiche rund um das Thema Nähen, etwa mit der Herstellung von Bühnenkostümen oder dem Musterschneidern.

KIREI NI NUU TAME NO KISO NO KISO by Yoshiko Mizuno

Original Japanese edition published by EDUCATIONAL FOUNDATION BUNKA GAKUEN BUNKA PUBLISHING BUREAU.
This German edition is published by arrangement with EDUCATIONAL FOUNDATION BUNKA GAKUEN BUNKA PUBLISHING BUREAU, Tokyo
in care of Tuttle-Mori Agency, Inc., Tokyo

Buchdesign: Tomoko Okayama
Fotos: Takeshi Fujimoto
Verleger: Sunao Oonuma
Redakteur: Nobuko Hirayama (BUNKA PUBLISHING BUREAU)

5., durchgesehene Neuauflage 2022

Aus dem Japanischen von der MCS Schabert GmbH, München, www.mcs-schabert.de, unter Mitarbeit von Susanne Schmidt-Wussow (Übersetzung).

Bibliografische Information der Deutschen Nationalbibliothek
Die Deutsche Nationalbibliothek verzeichnet diese Publikation in der Deutschen Nationalbibliografie; detaillierte bibliografische Daten sind im Internet über http://dnb.dnb.de abrufbar.



Printed in the EU

www.stiebner.com

ISBN: 978-3-8307-2129-1